GUANGDONG-HONG KONG-MACAO

GREATER BAY AREA

NEW DEVELOPMENT PARADIGM
AND GRAND STRATEGY

粤港澳
大湾区

新格局与大战略

严亦斌　罗志恒　著

人民出版社

目　录

第四篇　行走大湾区——广州样板与黄埔样本

序

潮起宜踏浪，风正好扬帆。党的二十大擘画了中国式现代化的宏伟蓝图和高质量发展的路径，为中国经济巨轮在全球变局和时代大潮中指明了前进方向、提供了根本遵循。当前逆全球化甚嚣尘上、国际地缘政治冲突多发、全球经济增长乏力，中国经济增速换挡、发展不平衡不充分的问题依然突出，房地产、金融和地方债务风险依然存在，更需进一步加大改革开放力度，加快构建新发展格局，加快建设现代化产业体系。

中国式现代化离不开高质量发展的区域经济，离不开高质量发展的城市群。作为习近平总书记亲自谋划、亲自部署、亲自推动的重大国家战略，粤港澳大湾区建设通过基础设施互联互通、规则机制衔接协调、公共服务融合发展等方式积极构建统一大市场、共建宜居宜业优质生活圈，促进了人流、物流、资金流、信息流的畅通，有力地推动开放、促进创新、助力区域协调发展。由此，一个充满活力和国际竞争力的一流湾区和世界级城市群正加速崛起。

从国际国内人口流动趋势以及空间发展的经济规律看，作为要素资源、企业主体汇集的空间载体，城市群将日渐成为实现高质量发展的主引擎、动力源。城市群有利于发挥规模经济效应和城市间的协同效应，通过要素的自由流动提高资源配置效率，降低交易成本，形成分工协作的产业集群和优势产业链；同时，人口聚集和城镇化加速，带动大量的就业机会和消费投资需求，释放出超大规模市场的内需活力。从世界范围看，旧金山湾区、纽约湾区、东京湾区等均成为经济增长极。从中国范围看，京津冀、长三角和粤港澳大湾区均成为科技创新源。相对于京津冀、长三角，粤港澳大湾区不仅承载着扩大内需、促进公平、协同发展和制度创新的历史重任，更是全面开放的最佳抓手，还事关港澳长期繁荣稳定，在国家大局中举足轻重。

2023年4月，习近平总书记再次视察广东，对粤港澳大湾区建设提出了新的要求、作出了新的部署，为大湾区赋予了新的定位：使之成为新发展格局的战略支点、高质量发展的示范地、中国式现代化的引领地。加快构建新发展格局是立足实现第二个百年奋斗目标、统筹发展与安全作出的重大战略决策，是基于我国的市场优势、全球"脱钩断链"风险和维护国家经济安全的必然要求；高质量发展是全面建设社会主义现代化国家的首要任务，要求加快实现高水平科技自立自强。粤港澳大湾区聚集了大量人口，既有广阔的市场优势，又有较强的科技创新和现代产业基础，已成为电子信息、软件、医药等领域的全球科技竞争前沿，有利于从需求端和供给端共同促进高水平的国内大循环；同时，大湾区的外资活跃、制度多元，包容性强、制度创新能力强，港澳长期作为中国对外开放的桥梁，天然是国内国际双循环的链接点，有利于推动国际国内双循环相互促进。殷殷嘱托催人奋进、勇挑重担无上光荣，广东和港澳联手在新的定位指引下将大湾区的大文章做深做实，大湾区必将焕发出更大活力、续写出新的辉煌。

有鉴于此，深入剖析全球局势和时代大潮，全面梳理大湾区的经济社会发展成就与不足，扎实研究大湾区科技、产业、金融和公共服务四大关键领域的现状，提出对策和建议，正当其时，非常必要。这既是我们当代人的使命与责任，也是我们长期耕耘广州的国企担当与情怀。实际上，当前研究粤港澳大湾区的著作已有较多，有的侧重政策梳理，有的侧重国际湾区比较，有的侧重成就总结。总结过往固然重要，但更重要的是展望未来、探寻未来的路，发现问题、解决问题，最终推动发展。"路虽远行则将至，事虽难做则必成"，研究的过程固然困难不易，但我们愿意做一尝试。我们认为，研究应当坚持问题导向，立足中国土地的问题做文章：如何解决大湾区科技领域原始创新能力成果不足、关键核心技术受制于人、科技体制机制不适应新的形势、金融支持创新作用未充分发挥等问题？如何解决大湾区产业链面临全球经济波动、地缘政治、能源变局等冲击，产业协同水平不足、规则体系不统一等问题？如何解决大湾区金融面临的互联互通制度差异和障碍、金融对科技促进程度有待提高等问题？如何进一步促进大湾区医疗、教育等公共服务领域一系列体制机制的改革与协同？以上问题的准确回答事关打造全球领先的现代化产业集聚地、创建世界级战略性创新高地、建设比肩纽约的国际金融枢纽、构建宜居宜业宜游的优质生活圈，事关大湾区的活力和竞争力，事关大湾区内循环对国际大循环的吸引力。

研究应当是一种主义，是一种信仰，研究上述问题既有情感上对这片南国热土的偏爱，更有理性上对都市圈城市群建设规律的凝思。总体上，呈现在读者面前的这本书具有以下特点：其一，数据翔实。一般研究可能主要聚焦于城市层面，本书对 122 个区县的经济和社会发展做了全面梳理，从全球到中国，到省，到市，到区县，层层往下。虽有部分区县不属于粤港澳大湾区建设的范围，但是对这些区县的全面认知能让读者看到解决发展不平衡任重道远。其二，聚焦解决问题。在大量分析现状和总结成绩的基础上，试图提出产业、科技、金融和公共服务四大关键领域的核心问题，进而提出我们的建议与对策。其三，宏观与微观结合。本书既有宏大叙事，对中国经济发展逻辑转变的分析；又有中观层面城市的比较分析，尤其是比较分析了广州深圳和香港澳门四个城市，提出四座城市在金融定位的错位竞争与互补；更有微观案例，以广州市践行"制造业当家"

为例分析产业发展，以广州开发区金融为例分析金融赋能科创实业的发展历程。

具体而言，全书共分为四个篇章：

第一篇是粤港澳大湾区——时代巨浪中的弄潮儿。本篇主要聚焦在大湾区面临的时代背景，从中国发展逻辑的转变，再到区域战略的提出，由外及内，以历史大视角一步步对焦，最终定格在大湾区的使命和方向上。当前，中国经济已步入新发展阶段，中长期发展逻辑正经历五大转变：从效率到公平，从先富到共富，从速度到安全，从侧重资本到保护劳动，从房地产繁荣到科技和制造强国。这一过程中，发展经济内外双循环成为宏观政策重点，其核心是在继续参与国际分工基础上，进一步扩大内需、推动要素市场化配置以应对百年变局，塑造国际竞争新优势。立足湾区，经过多年耕耘，粤港澳大湾区建设已取得重大进展，产业模式从初级的贸易加工互补模式升级到现代制造业—先进服务业互补模式；空间结构从"散点"变为多极支撑下的网络互联结构；开放模式从低层次贸易联系走向高层次规则对接。未来亟需朝着五个方向发力，建设成为经济增长更显动力，创新创业更具引力，全面开放更富活力，区域协同更聚合力，安全发展更有定力的世界一流湾区。

第二篇是纵览大湾区——区域发展全景观察。本篇主要描绘了粤、港、澳三地的经济发展全貌。首先是广东，改革开放以来"一马当先"，连续30多年经济总量全国第一。目前已形成以广深为核心、湛江及汕头为两个副中心的三大增长极以及"一核一带一区"战略布局，但在地市和区县视角下，结构分化与发展不平衡的"顽疾"仍未根治。如市级层面，人均GDP呈现"一省三世界"的格局。珠三角的深圳、珠海、广州、佛山、东莞五市，人均GDP超过世界银行划定的高收入经济体标准，可认为进入了第一世界；除梅州、揭阳外的其余地市可认为处于第二世界水平；梅州、揭阳人均GDP最低，仍处于第三世界经济体水平。其次，重点探讨了大湾区境内的两个核心城市广州和深圳的发展情况，分析了广深产业结构对经济动能的影响，研究了两市财政体制的差异，并提出广深的独特竞争优势分别在于基础设施和金融。最后，聚焦香港、澳门两个境外核心城市，从城市经济、区位地理、都会功能、公共财政、发展规划等层面详述了两城发展特色。同时，本书提出，港澳作为小型开放型经济体，在新时代面临六大重要转变。一是内地与港澳从分割市场切换为一体化市场；二是从去工业化切换到再工业化；三是从低技术产业切换到创新科技；四是从人口红利切换到人才红利；五是从高密度老城切换到规划新都会；六是从强调规模速度切换到强调安全发展。

第三篇是活力大湾区——谱写转型升级新乐章。本篇针对大湾区产业、金融、科技、公共服务四个方面的发展现状和问题进行了专题研究。产业层面，大湾区先后经历三个发展阶段，当前正处于由低端走向中高端、由高耗能转向高精尖、由外需导向转向内外结合的转型路上。本书进一步详述了信息产业、汽车产业、石化产业等十大产业的发展现状，提出当前大湾区存在产业链脆弱、城市协同不足、要素支撑匮乏三大问题及相应的对策建议。金融方面，粤港澳大湾区无论是平均每个城市的存贷款余额，还是平均市值、平均保费收入，均显著高于长三角，在全国范围内遥遥领先；香港、深圳、广州更在银行、证券、保险等方面形成错位竞争、差异发展的新格局。但目前大湾区金融业仍然面临互联互通程度不足、城际金融供给差异大、金融与科技资源的对接弱等问题，未来亟待把握全面注册制、人民币国际化等机遇，从五个方面入手加强互联互通，优化基础制度，加强金融对实体经济的服务能力。科技层面，本书概括出大湾区科技发展具有"研发投入高、支撑重大战略、大科学设施密集落地、粤港澳科技合作加速、科技与金融联动"五大特征，并提出目前存在的四项短板以及解决之道。公共服务层面，粤港澳大湾区公共服务财政支出的总量大、增速快，但较高的常住人口规模对公共服务需求快速攀升，存在教育、卫生健康等领域公共服务水平低于长三角和京津冀等问题。对此，本书提出以加强基本公共服务供给能力、优化体制规则对接、改善交通基础设施、提高普惠非基本公共服务水平四大目标为抓手，以政府托底、市场改善的形式推动粤港澳大湾区公共服务融合共享、促进人才流动，建设宜居宜业宜游的优质生活圈。

第四篇是行走大湾区——广州样板与黄埔样本。本篇聚焦广州市产业以及广州市黄埔区金融发展，以期通过一市一区的微观透视，以"窥斑见豹"的方式，让读者更真切地触碰到大湾区高质量发展的广州样板、黄埔样本。习近平总书记指出，"广州是中国民主革命的策源地和中国改革开放的排头兵。1000 多年前，广州就是海上丝绸之路的一个起点。100多年前，就是在这里打开了近现代中国进步的大门。40 多年前，也是在这里首先蹚出来一条经济特区建设之路。现在广州正在积极推进粤港澳大湾区建设，继续在高质量发展方面发挥领头羊和火车头作用。"近年来，广州市坚决扛起国家中心城市、国家一线城市、省会城市的责任担当，坚持制造业当家，持续推进现代化产业体系建设和高水平科技自立自强，持续高质量实现老城市新活力和"四个出新出彩"。广州市黄埔区、广州开发区作为粤港澳大湾区的"湾顶明珠"，同时也是广州经济发展重要的动力区，用不到 40 年的时间，以占广州市 6.5% 的土地面积，创造了全市 40%的工业产值，在生物医药、新能源、集成电路、新型显示等高端制造行业已展现出蓬勃生机。珠江潮再起，风劲潮涌，生生不息。笔者坚信，在建设社会主义现代化强国的峥嵘之路上，粤港澳大湾区将是践行"一国两制"基本国策、孕育制度创新的最佳范本，也将成为区域协调新模式。

本书的形成是集体智慧的结果，感谢广州开发区控股集团有限公司、粤开证券股份有限公司同事们的帮助，是他们和千千万万奋斗者的辛勤奋斗让粤港澳大湾区更美好，在与他们的一次次交流中我们的想法和思路得以更加清晰。尤其要感谢粤开证券研究院的徐凯舟、原野、马家进、贺晨、方堃、牛琴、程嘉仪、李致远等同志在本书写作以及校对环节的重要贡献。近年来，粤开证券研究院以打造大湾区"湾顶明珠"的"一流智库"为目标，致力于实现"服务国家大局、凝聚社会共识、推动公司发展"的三重价值，当好党政部门的参谋助手，当好社会正能量的传播者，当好公司"三投联动"的推动者。我坚信只有踏踏实实做好研究才能真正赢得尊重，我坚信行稳致远、水到渠成。事实证明，我们的努力和尝试获得了市场、政府与社会的诸多认可和较好反响：研究院深耕宏观经济、区域经济和产业研究，尤其是在大湾区研究、财税研究领域形成了系列高质量报告，澄清误区、凝聚共识；我们承接的中央部委、省市党政部门课题等获得了有关领导同志的肯定和批示；我们参加财政部、发改委、国家税务总局等部委的建言献策和专家座谈，发挥智库价值，既讲"自转"，更讲"公转"。每一份成绩和认可都是对我们的莫大信任，也是对我们继续向前的鞭策。我们仍将不忘初心、笃定前行，以更高质量的研究成果回馈各方厚爱。

最后，感谢人民出版社的编校团队，如果没有他们的辛苦付出，本书也将难以呈现在读者面前。我不揣冒昧，特捧此书以求教于诸君，还望诸位不吝赐教。

是为序。

2023 年 4 月 25 日

第一篇

粤港澳大湾区——时代巨浪中的弄潮儿

- 中国经济面临五大转变，迈向高质量发展
- 粤港澳大湾区肩负时代使命，确立为重大国家战略

第一章
中国经济面临五大转变，迈向高质量发展

粤港澳大湾区，得中国改革开放风气之先，是中国开放程度最高、经济活力最强的区域之一，见证了过去40余年中国经济的辉煌成就。随着中国经济进入新的发展阶段，粤港澳大湾区建设再度肩负起创新驱动发展和深化改革开放的重大使命，成为新时代的重大发展战略。

任何重大战略都是顺应时代而生，有其独特的时代背景和历史使命。概要言之，粤港澳大湾区建设的时代背景集中体现在三个方面：一是中国经济发展的中长期逻辑已发生五大转变，尤其是发生了从效率到公平、从先富到共富的转变；二是中国进入加快构建新发展格局的新时代，是逆全球化环境下的主动作为；三是中国人口流动进入大迁徙时代，对应到空间形态就是都市圈城市群大发展的时代。这三大背景是粤港澳大湾区当前及长远建设的底色、机遇与约束。

第一节 中国经济中长期发展逻辑的五大转变

改革开放征程已历40余年，中国经济取得了举世瞩目的"增长奇迹"：经济总量跃居世界第二位；人均GDP超过1万美元，实现从低收入国家到中等偏上收入国家的历史性跨越；近8亿人摆脱贫困，打赢了人类

历史上惠及人口最多的脱贫攻坚战（见图 1-1）。

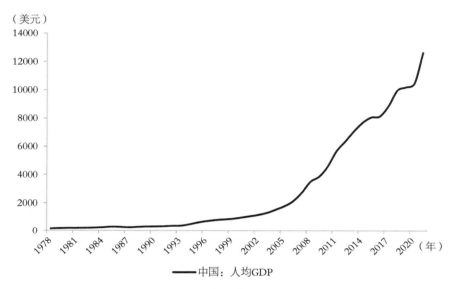

图 1-1　1978—2020 年中国人均 GDP 快速增长

资料来源：Wind、粤开证券研究院。

　　成绩的大幅提升通常意味着进一步上升的难度显著增大。当前，中国正由追赶型经济体向欧美等前沿国家快速逼近，"低垂的果实"已基本采摘完毕，科技创新、制度革新等的重要性日益凸显，改革开放步入深水区。新的经济发展阶段以及国际国内环境的巨大变化，使得中国经济的中长期发展逻辑发生五大转变：一是从效率到公平，二是从先富到共富，三是从速度到安全，四是从侧重资本到保护劳动，五是从房地产繁荣到科技和制造强国。

　　其一，从效率转向公平。在改革开放之初，"效率优先，兼顾公平"的原则对于激发微观主体活力、实现经济快速增长有着巨大作用。但当经济发展到一定阶段，公平分配的重要性显著上升，不仅能释放出新的经济增长潜能，也是经济发展的重要目标。公平不只是收入分配、财富分配更加公平，更重要的是实现起点公平，尤其是人力资本投资的公平，这需要促进基本公共服务均等化。当前医疗、教育和养老等基本公共服务在城乡间、区域间、行业间的差距显著，尤其是农村基础教育、医疗卫生、养老服务等一直较为薄弱，农民、新市民的基本公共服务有待加强。

其二，从先富转向共富。共同富裕是社会主义的本质要求，也是中国老百姓的共同期盼，更是中国共产党的庄严承诺。20世纪80年代以来，全球贫富分化加剧，中国也不例外，至2008年基尼系数一度达到0.491的峰值，随后持续回落，2021年为0.466（见图1-2）。贫富分化加剧会对经济发展产生严重的负面影响：一是降低微观主体的创新动力，削弱经济的潜在增长动能；二是制约中低收入人群的消费能力，抑制消费和总需求的扩大；三是可能加剧社会冲突和矛盾，不利于社会稳定。这意味着，实现共同富裕已经不只是渺远的理想，而是推动经济再上台阶的必然举措。当然，共同富裕绝不是平均主义，而是要在发展中做大"蛋糕"，优化分配制度；实现共同富裕、优化和改革分配制度也并非一蹴而就，更不可能单兵作战。未来，更需要站在全局的视角，统筹推动财税制度、资本市场、房地产、教育、养老等领域的全面改革，切实提升居民收入获得感、优化宏观收入分配格局。

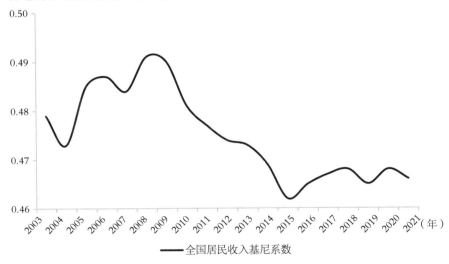

图1-2　2003—2021年中国居民收入基尼系数

资料来源：Wind、粤开证券研究院。

　　其三，从速度转向安全。一方面，国际政治经济格局进入动荡变革期，全球贫富分化加剧导致民粹主义思潮泛起、经济全球化遭遇逆流，突发疫情扰动、地缘政治冲突等进一步恶化外部环境，各国都更加重视发展的安全性。另一方面，国内的微观主体出现了明显的避险化趋势。地方政府层面，以前面临单一的 GDP 考核，现在面临多重目标考核，不仅有经济增长，还有环境保护、防范化解重大风险、脱贫攻坚、共同富裕、乡村振兴等，这也意味着地方政府被问责的概率提高，每项工作都不能出差错。相应地，地方政府的理性选择就是追求稳定，甚至在某种程度上采取一刀切方式贯彻执行。企业层面，经济下行期叠加防止资本无序扩张的政策背景，企业从过去的扩张模式逐步转到相对收缩状况，企业家信心较为低迷。居民层面，疫情产生疤痕效应，改变了居民的风险偏好，居民部门减少消费，增加预防性储蓄，平均消费倾向迟迟没有回到疫情前水平（见图1-3）。

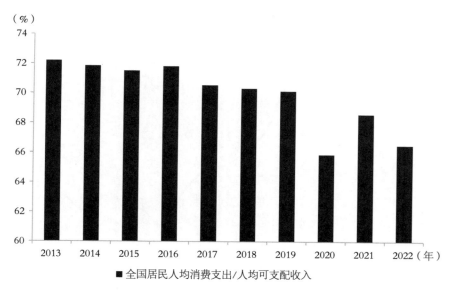

图 1-3　2013—2022 年居民平均消费倾向

资料来源：Wind、粤开证券研究院。

其四，从侧重资本转向保护劳动。中国人口老龄化加速，劳动年龄人口的绝对数和占比持续下降，资本和劳动生产要素的稀缺关系发生逆转（见图1-4）。1978年改革开放之初，中国的劳动相对过剩，资本相对稀缺。当时的环境下，谁掌握了资本就能创造财富，所以土地、社保及税制等各种制度安排都朝着有利于资本的方向倾斜，劳动被忽视。例如，税制结构是以生产型税收为主，而不是以消费型税收为主，这导致哪个地方有了资本，哪个地方就有了税，而不是哪个地方有了人口和消费就有了税。各个省份税收的占比并不是跟人口和消费相关，而是跟资本相关，自然的结果是地方政府招商引资优待资本，而忽视对于基本公共服务的有效供给。

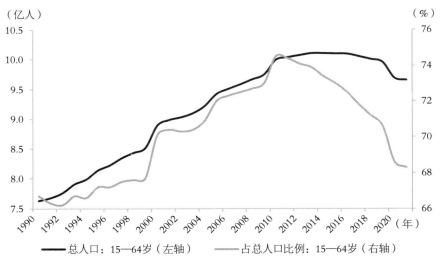

图1-4　1990—2020年中国劳动年龄人口的绝对数和占比对比

资料来源：Wind、粤开证券研究院。

其五，从房地产繁荣转向科技和制造强国。房地产贡献了GDP、财政税收，解决了就业，带动了上下游产业，在整个经济中起着重要的作用。但是房地产的发展已积累起巨额债务，导致财政、金融风险交织。同时，房价大涨导致贫富分化和社会焦虑，抑制了创新和消费，提高了制造业的要素成本。在中国朝着高质量发展和共同富裕的道路上，经济发展要由粗放型的债务驱动转向更高效率的创新驱动。房地产繁荣要转变为科技和制造强国，政策导向集中体现为"房住不炒"和支持科技创新发展。"房住不炒"以来房价趋于平稳（见图1-5）。

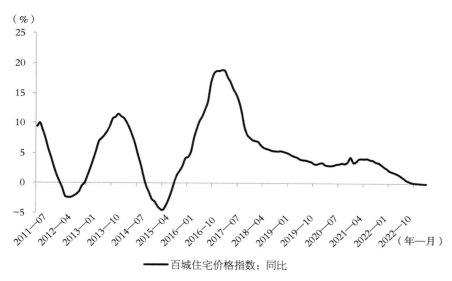

图1-5 2011年7月—2022年10月中国百城住宅价格指数
资料来源：Wind、粤开证券研究院。

第二节 改革开放进入2.0阶段，构建双循环新发展格局

当前经济由高速增长阶段转向高质量发展阶段，以及前述中长期发展逻辑的转变，加上复杂的国际环境和国内发展不平衡不充分等问题，都要求我国加快构建以国内大循环为主体、国内国际双循环相互促进的新发展格局。这不仅是把握发展主动权的先手棋，更是适应我国发展新阶段形势、塑造国际合作和竞争新优势的必然要求。

构建新发展格局包括两层含义：其一是国内大循环和全国统一大市场，其二是对外开放仍要加快推进。

一、加快建设全国统一大市场，畅通国内大循环

统一大市场就是市场基础制度规则统一、市场设施高标准联通、市场监管公平统一的高标准市场体系，具备高效规范、公平竞争、充分开放的特征，可以充分发挥集聚资源、推动增长、激励创新、优化分工、促进竞争等作用，最终促使商品、要素、资源在全国范围内畅通流动。由此，建设全国统一大市场是构建新发展格局的基础支撑和内在要求。

其一，构建全国统一大市场是发挥市场在资源配置中起决定性作用的必然要求，是经济增速下行时期提振经济效率、挖掘新的经济增长点的重要举措。当前我国商品市场已基本实现市场化，但要素市场仍受部分体制机制改革不到位的影响，未能充分发挥市场决定性作用，导致效率不高。事实上，中国经济已从高速增长阶段转向高质量发展阶段，经济的驱动力量逐步从要素投入转向创新和效率的提高。这个时候构建全国统一大市场、破除地方保护主义，能够发挥出区域间的比较优势，发挥大市场的规模经济效应。

其二，构建全国统一大市场是应对百年未有之大变局的积极举措。当前我国正处于百年未有之大变局的一个时期，全球经济逆全球化、全球政治民粹主义及全球性贫富差距拉大等结构性问题凸显。外部环境的动荡和不确定性明显增强，加快构建国内高水平的大循环极为必要。因此，加快内部循环的畅通，有利于应对外部循环的不畅，确保中国经济行稳致远。只有这样，中国经济才能在极端的全球政治经济格局动荡的环境下，仍然取得良好的发展状况。

其三，构建全国统一大市场是稳定市场信心、激发微观主体活力的重要保障。改革开放以来，宏观上的经济快速发展，源于微观主体活力的迸

发，地方政府、企业家、居民充分调动积极性，供给和需求互相促进，形成良性循环。当前中国经济发展面临需求收缩、供给冲击、预期转弱三重压力，同时还可能面临新的不确定因素。虽然这些风险是短期的，但也需要制度层面更高规格的举措来稳住市场信心。

然而，当前我国仍然存在市场分割和地方保护比较突出，要素和资源市场建设不完善，商品和服务市场质量体系尚不健全，市场监管规则、标准和程序不统一，超大规模市场对技术创新、产业升级的作用发挥还不充分等问题。[①] 背后有多方面的原因：一是纵向政府治理导致的市场条状分割，例如不同部门对不同行业、不同所有制等进行不同标准的管理，不同市场主体间存在不平等对待；二是横向政府治理导致的市场块状分割，例如各地方政府根据行政边界制定本地利益最大化的区域政策，限制商品和要素的自由流动；三是市场力量导致的市场结构扭曲，例如部分平台企业依靠其垄断力量，出现"二选一"等排他性行为。

未来，迫切需要加快建设高效规范、公平竞争、充分开放的全国统一大市场。利用发挥、巩固增强我国市场资源巨大优势（14 亿多人口、4 亿多中等收入群体，人均 GDP 超 1 万美元）；有效破除地方保护、区域壁垒、行业垄断和市场分割，规范市场竞争；全面建设统一的土地、劳动力、资本、数据、能源市场；打通制约经济循环的关键堵点，促进商品要素资源在更大范围内畅通流动。

二、持续推进更高水平对外开放，应对百年大变局

当前我国经济发展的内外部环境更趋复杂严峻。外部，百年未有之大变局，国际秩序深刻调整，世界局势剧烈动荡，逆全球化思潮抬头、全球

---

① 安蓓、潘洁：《加快建设全国统一大市场　筑牢构建新发展格局的基础支撑——专访国家发展改革委负责同志》，2022 年 4 月 10 日，见 http：//www.gov.cn/zhengce/2022-04-10/content_ 5684417.htm。

价值链重构、俄乌冲突爆发、欧美高通胀与加息周期交织，不稳定不确定因素明显增多；内部，需求收缩、供给冲击、预期转弱三重压力有所缓解但未根本解决，国内居民消费低迷、房企债务风险等进一步增大经济下行压力。

内外部环境越是复杂严峻，越要坚持高水平对外开放。第一，外需和出口是拉动我国经济稳步恢复的重要力量。稳住外贸外资基本盘，是实现经济社会发展预期目标的重要支撑。第二，坚定不移全面扩大开放，是我国经济发展的重要法宝。1978 年改革开放、2001 年加入世界贸易组织（WTO）、2013 年倡议共建"一带一路"等，都极大地释放了经济增长的潜力与活力，使我国成功跃居为全球第二大经济体、制造业第一大国、货物贸易第一大国。第三，扩大高水平开放，是我国推动构建人类命运共同体、承担大国责任、展现大国担当的必然要求。习近平总书记指出："中国扩大高水平开放的决心不会变，同世界分享发展机遇的决心不会变，推动经济全球化朝着更加开放、包容、普惠、平衡、共赢方向发展的决心不会变。"[1]

改革开放 40 多年来，我国积极推动商品和要素流动型开放。尤其是加入 WTO 的 20 多年来，超额履行承诺，以负责任的大国姿态，持续扩大开放市场，消除贸易、投资、技术等进入壁垒，推动构建开放型世界经济。我国关税总水平由 15.3% 降至 7.4%，低于 9.8% 的入世承诺，也远低于大部分发展中国家；在服务领域，我国承诺在 2007 年开放 9 大类 100个分部门，但实际开放接近 120 个分部门。[2] 我国已成为全球 120 多个国家和地区的主要贸易伙伴，进口和出口总额分别从 2001 年的 2436 亿美元和 2661 亿美元增长至 2022 年的 27145 亿美元和 35920 亿美元，涨幅均超

---

[1] 《习近平谈治国理政》第四卷，外文出版社 2022 年版，第 237 页。

[2] 于佳欣：《"入世" 20 周年，商务部回应热点问题》，2021 年 10 月 29 日，见 http：//www.gov.cn/xinwen/2021-10/29/content_ 5647510.htm。

10 倍。

新形势下，对外开放进入新阶段，除了持续深化商品和要素流动型开放，还要稳步拓展规则、规制、管理、标准等制度型开放。制度型开放是指主动对标和对接国际先进的市场规则，在清理国内不合理、不相容的法律法规基础上，进一步形成与国际贸易和投资通行规则相衔接的、规范透明的基本制度体系和监管模式。一方面，随着经济全球化深入发展，全球价值链分工深入调整，国际贸易更加重视知识产权保护、劳工、环保等议题，推进制度型开放是顺应经济全球化、优化国内外资源要素配置的必然选择；另一方面，在逆全球化思潮抬头、全球贸易摩擦、供应链产业链回流的背景下，深化制度型开放是营造对外合作良好制度环境、推动构建开放型世界经济、引领全球治理体系变革的主动作为。可预期地，中国将以更大的开放拥抱发展机遇，以更好的合作谋求互利共赢，引导经济全球化朝正确方向发展，实现自身高质量发展的同时，也为世界经济注入更多动力。

总结来看，构建双循环格局已成为未来一段时间的宏观政策重点，粤港澳在其中大有可为。粤港澳大湾区是国内经济活力最强、开放程度最高的区域之一，依托优越的地理区位和政策支持，天然适合作为推动国内国际双循环的连接点。

一方面，构建国内大循环和全国统一大市场，势必要首先实现区域内商品和要素市场等的统一。在一个国家、两种制度、三种货币、四个关税区的条件下，要发挥粤港澳综合优势，创新体制机制，促进要素流通，推动三地经济运行的规则衔接、机制对接，促进人员、货物等各类要素高效便捷流动，提升市场一体化水平。

另一方面，粤港澳大湾区外向型经济特征明显、国际化优势突出，开放制度环境、贸易吞吐量、外资利用率位居全国前列，同时体制机制的多元化使得其在制度探索层面具备先天的灵活性和突破性。作为我国对外开放的重要窗口，粤港澳大湾区将为新发展阶段深化改革扩大开放、构建对外开放新格局注入强大动力。

第三节　从乡土社会到大迁徙时代，推进以人为核心的新型城镇化

人民对美好生活的向往，是经济发展的核心动力与最终目的。在这一强劲动力的驱使下，人口出现大规模流动，形成向大城市、都市圈和城市群集聚的历史潮流。在人口流动过程中，充裕的劳动力供给也带来了"人口红利"，促使生产效率不断提升，技术创新持续涌现，实现了经济的高速增长和城镇化的快速推进。

未来中长期内，人口流动和聚集仍将持续，都市圈和城市群成为城市演进和人口集聚的必然结果。坚定不移地推进城镇化，尤其是以人为核心的新型城镇化，不仅是国家现代化的必由之路和重要标志，更是践行"发展为了人民、发展依靠人民、发展成果由人民共享"的切实体现。

一、人口流动大趋势：从乡土社会到大迁徙时代

中国已从乡土社会到大迁徙时代。传统中国是乡土社会，小农经济将人丁与土地牢牢地绑在一起，安土重迁是社会的主流。"生于斯，长于斯，死于斯，铭于斯"，是过去几千年的写照。1982 年我国的流动人口仅657 万人，占总人口的 0.66%，而到了 2021 年，流动人口已高达 3.85 亿人，占比 27.3%。人口从农村流向城市，带动城镇化率由 1978 年的17.9% 升至 2022 年的 65.2%。

人口流动的影响因素有很多，主要是行政和市场两大力量。一是行政力量驱动，如 20 世纪 60 年代解决城市青年就业的上山下乡运动、三线建设、西部大开发，以及此前部分一线城市为控制人口而疏解中低收入人群

离开的人口流动等；二是市场力量的驱动，如新中国成立后不久人口从农村奔向城市、改革开放以来开启的工业化和城镇化进程。

但中国历史上最大规模、持久且自发的人口流动始于 1978 年，源于就业机会、收入水平和公共服务水平的城乡差异和区域差异。政策也在不断放开，1984 年国务院发布《关于农民进入集镇落户问题的通知》，标志着户籍制度的破冰，农民自理口粮进城合法化；1994 年全国各地均取消了粮票、油票等定量供应制度，人口外出流动不再受依附在户籍上的粮食供应制度的限制，可以自由地购买粮食和副食品，从而可以进入城市；党的十八大以来，城市落户门槛大幅降低，城区常住人口 300 万以下城市基本取消落户限制，城区常住人口 300 万以上城市有序放宽落户条件。

随着人口集聚和城市发展，资源要素突破城市边界，在地理空间邻近的数个城市之间集聚、扩散，推动城市之间互联互通，继而形成都市圈和城市群。当前我国"19+2"城市群布局总体确立，京津冀协同发展、粤港澳大湾区建设、长三角一体化发展取得重大进展，成渝地区发展驶入快车道，长江中游、北部湾、关中平原等城市群集聚能力稳步增强。长三角以上海为核心，带动南京、杭州、合肥、苏锡常、宁波五大都市圈共同发展。粤港澳大湾区以香港、澳门、广州、深圳四大中心城市为引擎，辐射周边区域。京津冀以北京、天津为核心城市，带动河北省及周边省区邻市，成为我国北方经济规模最大、最具有活力的经济圈。成渝、长江中游、关中平原等城市群省际协商协调机制不断建立健全，一体化发展水平持续提高。①

二、破除人口流动障碍，推进以人为核心的新型城镇化

当前人口在物理意义上的流动因现代交通、通信的完善而快速发展，

---

① 《新型城镇化建设扎实推进 城市发展质量稳步提升——党的十八大以来经济社会发展成就系列报告之十二》，2022 年 9 月 29 日，见 http：//www.stats.gov.cn/sj/sjjd/202302/t20230202_ 1896688.html。

但是隐性的户籍制度以及基于此的社保差异、就业歧视等仍制约人口自由流动。户籍人口与常住人口城镇化率的缺口持续扩大，2021 年分别为 46.7% 和 64.7%，相差 18 个百分点（见图 1-6）。人口流动的隐性障碍不仅降低了相关人员的福利水平，也阻碍了劳动力要素全国统一大市场的形成，影响资源配置效率，削弱经济潜在增长动能。

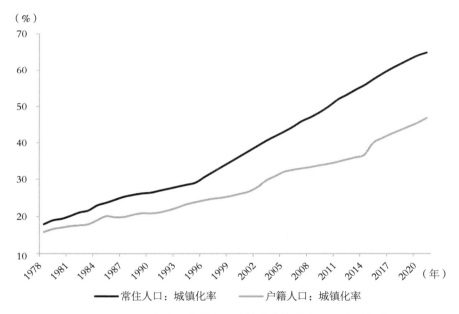

图 1-6　1978—2020 年我国户籍人口城镇化率与常住人口城镇化率对比

资料来源：Wind、粤开证券研究院。

以人为核心的新型城镇化仍任重道远，应积极推进户籍、社保、财政等系列制度改革。一是尊重人口向大城市集聚的客观规律，以中心城市和城市群等经济发展优势区域为重点，带动全国经济效率整体提升。二是破除资源流动障碍，进一步放宽户籍限制，提高中心城市综合承载能力和资源优化配置能力，强化对区域发展的辐射带动作用。三是完善财政转移支付和城镇新增建设用地规模与农业转移人口市民化挂钩政策，实现公共服务均等化，增进民生福祉。

　　大迁徙时代下，作为城市群领头羊的粤港澳大湾区，呈现出强大的人口虹吸效应。2022 年粤港澳大湾区经济总量已达到 13 万亿元，占全国（含港澳台）的 10%。巨大的经济活力蕴含着巨大的机遇，吸引人口持续向大湾区集聚。第七次全国人口普查结果显示，2020 年粤港澳大湾区珠三角 9 市的常住人口高达 7801 万人，约占全省常住人口总数的 61.9%。与 2010 年第六次全国人口普查相比，深圳、广州、佛山、东莞、惠州和中山等 6 市常住人口增幅均超过 100 万人，合计高达 2041 万人，占同期全省常住人口增幅的 94%。

　　据《广东省新型城镇化规划（2021—2035 年）》[①]，计划到 2035 年，广东将基本实现新型城镇化，全省常住人口城镇化率将达到 82%，其中珠三角城市城镇化率将达 90.5%。而 2020 年广东省和珠三角 9 市城镇化率分别为 74.15% 和 87.2%，未来粤港澳大湾区将继续依靠优越的区位优势、开放宽松的政策环境吸引人口不断涌入。人口集聚为产业集聚夯实了基础，产业集聚进一步强化人口集聚的趋势，助力大湾区成为全国高端要素、高端产业的集聚地，进而建设成为国际一流湾区和世界级城市群。

---

　　① 《广东省人民政府关于印发广东省新型城镇化规划（2021—2035 年）的通知》，2021 年 12 月 1 日，见 http://www.gd.gov.cn/zwgk/wjk/qbwj/yf/content/post_ 3722308.html。

第二章

粤港澳大湾区肩负时代使命，确立为重大国家战略

　　粤港澳大湾区的空间概念已久，早在 2012 年，习近平总书记就提出了"广东联手港澳打造更具综合竞争力的世界级城市群"的殷殷期待。2017 年，国家发展改革委与粤港澳三地政府签约共建大湾区。2019 年，《粤港澳大湾区发展规划纲要》正式印发，描绘出大湾区的美好蓝图和宏伟愿景。近年来，大湾区凭借政策、区位、改革创新精神和文化优势，迅速成为国内的投资沃土和城市标杆，经济社会发展取得辉煌成就。但在全球百年变局、中国发展逻辑转变的背景下，大湾区的新任务新挑战也一并而来。立足当下，大湾区如何利用独特先行优势、发挥示范引领作用、实现战略目标，仍值得高度关注。

第一节　战略定位：引领全国高质量发展，促进区域协调均衡

　　日月其迈，时盛岁新。统筹区域发展是"国之大者"，也是一个因时而变的命题。我国国土幅员辽阔，地理人文差异大，区域间的比较优势及承载功能各不相同。纵观历史，各区域的发展路径截然不同，这背后"草蛇灰线"，映射着全国性的经济布局长期调整。

一、新中国成立以来区域战略的五个阶段

1949 年以来，我国区域经济布局大致经历了五个阶段，前三轮"相对集中"，聚焦在局部区域；后两轮"相对分散"，在全国范围的多个区域内开展。

早在"一五"计划时期，苏联援建的 156 项重点工程多布局在北方地区，尤其是东北，奠定了新中国坚实的工业基础。

到了 20 世纪 60 年代，由于国际战略环境等重大变化，我国开展"三线"战备建设，由东向西对产业体系进行转移。西南、西北地区布局了大批军事、工业、交通项目，部分项目至今仍是重要的国有经济力量。

党的十一届三中全会吹响改革开放的号角。在这一阶段，东南沿海成为我国新建项目最集中、发展最快的地区，尤其是"深圳速度"享誉海内外。随着改革开放的春风吹遍大江南北，各地的经济、科技、城市建设等方面都出现了日新月异的变化。

90 年代末，在经济有一定基础、区域发展存在矛盾、多种要素流动面临阻碍的情况下，我国实施西部大开发、振兴东北老工业基地、中部崛起等一批区域协调发展战略，力图通过"跨越式发展"推动中西部脱贫致富，助力区域协调发展。

党的十八大以来，在新的国际国内形势下，我国提出推进供给侧结构性改革，并结合供给侧改革的需要对区域政策进行调整完善，谋划部署京津冀、长江经济带、粤港澳大湾区、长三角一体化、黄河流域发展等五项区域重大战略（"三区两流域"），进一步完善东、中、西、东北四大板块协调发展的政策体系，开启了区域发展新战略的序章（见表2-1）。

表 2-1　我国经济布局的五轮重大调整

开始时间	发展思路或重要事件	布局特征
1953 年	苏联援建 156 项重点工程（"一五"计划时期）	70%以上的重点工程布局在北方，其中东北占 35%
1964 年	开展"三线"建设（"三五"计划时期）	在中西部的 13 个省区（三线地区）安排一批项目
1978 年	改革开放	在东南沿海设立经济特区、沿海开放城市（区域）
20 世纪 90 年代末	促进区域经济协调发展	实施西部大开发、振兴东北地区等老工业基地、促进中部地区崛起等战略，鼓励东部地区率先发展
2012 年	供给侧结构性改革、谋划部署五项区域重大战略，完善四大板块发展的支持政策，建立更加有效的区域协调发展新机制	推进京津冀协同发展、长江经济带发展、粤港澳大湾区建设、长三角一体化发展、黄河流域生态保护和高质量发展

资料来源：习近平：《推动形成优势互补高质量发展的区域经济布局》,《求是》2019 年第 24 期；粤开证券研究院。

在这五个阶段中，粤港澳大湾区的发展历程也可谓是激昂跌宕。改革开放以前，内地经济与港澳经济高度分割，珠三角处于对西方的防务前线，重大项目布局少，而英、葡控制下的香港、澳门则对接西方市场，发展劳动密集、出口导向产业。改革开放以后，港澳同胞率先参与内地尤其是珠三角地区各项建设，珠三角成为全国改革开放的领军者，此时香港的贸易枢纽功能不断增强，珠三角承接产业转移、成为制造业重镇，大湾区形成了"前店后厂"的垂直分工。20 世纪末，港澳先后回归祖国怀抱，其后的《内地与香港关于建立更紧密经贸关系的安排》《内地与澳门关于建立更紧密经贸关系的安排》（CEPA）推动内地与港澳的经贸往来愈加密切，但发展阶段差异和制度差异仍是统一大市场的障碍。党的十八大以来，粤港澳大湾区在体制机制改革、经济体系建设、全面开放、创新社会治理等方面展现强劲优势，大湾区建设上升为国家战略，成为新时代区域战略的重要组成部分。习近平总书记多次对大湾区建设作出重要指示批示、明确提出了"建设富有活力和国际竞争力的一流湾区"的目标要求。

现在的粤港澳大湾区已成为我国"19+2"城市群的领跑者之一（见表 2-2），与京津冀、长三角鼎足而立。2022 年，京津冀、长三角、粤港澳大湾区三大城市群 GDP 分别达 10 万亿、29 万亿、13 万亿元，合计超过全国的 42%，是我国经济的压舱石、动力源和改革的试验田。

表 2-2　我国建立"19+2"城市群格局

类型	城市群	类型	城市群	类型	城市群	类型	城市群（圈）
跨省区城市群	京津冀	跨省区城市群	成渝	省内城市群	山东半岛	省内城市群	宁夏沿黄
	长三角		北部湾		黔中		天山北坡
	粤港澳		关中平原		山西中部	省内城市圈	藏中南
	长江中游		呼包鄂榆		辽中南		南疆
	中原		海峡西岸		天山北坡		
	哈长				滇中		

资料来源：《推进以人为核心的新型城镇化》①、粤开证券研究院。

粤港澳大湾区一步步走到区域战略的"舞台"中央，与我国区域经济重心向东、向南移动的形势互为表里，这也是客观经济规律的反映。改革开放以来，我国经济格局表现为"东升西降""南升北降"两大趋势的叠加。东部地区 GDP 占全国比重 1993 年首次达到 50%，此后一直保持在 50%—55%（见图 2-1）。南方 16 省份比重则在近几年迅速抬升，2022 年达到 65% 的历史高位。人均方面，东部省份人均 GDP 水平明显高于中西部和东北省份，南方省份人均 GDP 中位数则在近几年反超北方省份（见图 2-2、图 2-3）。人口方面，常住人口分布亦存在向东部、南方地区集聚的趋势。

---

① 学习贯彻习近平新时代中国特色社会主义经济思想　做好"十四五"规划编制和发展改革工作系列丛书编写组：《推进以人为核心的新型城镇化》，中国市场出版社 2020 年版，第 92 页。

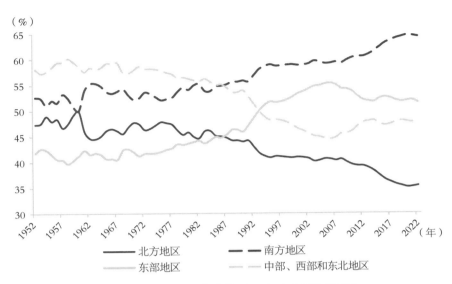

图 2-1　1952—2022 年各地区 GDP 占全国比重对比

注：北方地区指北京、天津、河北、山西、内蒙古、辽宁、吉林、黑龙江、山东、河南、陕
　　西、甘肃、青海、宁夏、新疆 15 个省份，南方地区指我国（不含港澳台）其余的 16 个
　　省份。

资料来源：国家统计局、Wind、粤开证券研究院。

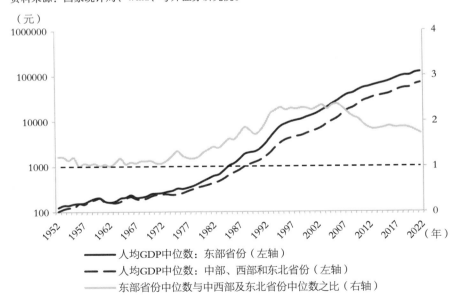

图 2-2　1952—2022 年东、中、西部和东北地区人均 GDP 中位数对比

资料来源：国家统计局、Wind、粤开证券研究院。

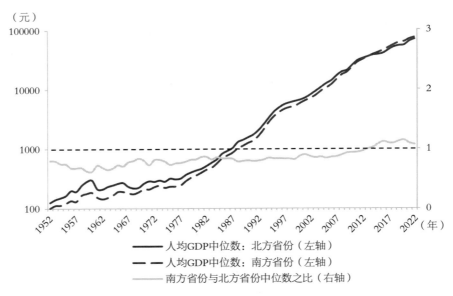

图 2-3　1952—2022 年南方、北方省份人均 GDP 中位数对比

资料来源：国家统计局、Wind、粤开证券研究院。

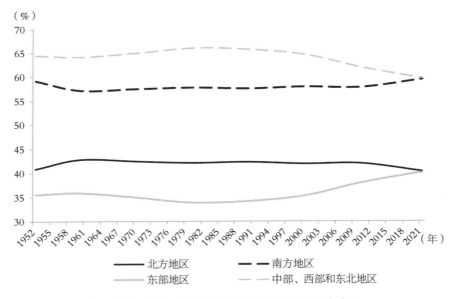

图 2-4　1952—2021 年各地区人口占全国比重对比

注：北方地区、南方地区定义如前；部分年份进行平滑处理。

资料来源：国家统计局、Wind、粤开证券研究院。

二、作为新时代的区域重大战略，粤港澳大湾区承载四项重大使命

粤港澳大湾区作为区域重大战略，在国家发展大局、区域协调发展，以及"一国两制"实践中具有极重要地位，承载着四项重大使命。

第一，大湾区建设，就是建设具有中国特色、走在全球前列的世界级城市群。全球经验表明，城市群崛起是经济发展到一定阶段的重要标志。城市群的发展对全球经济再平衡与产业体系重构产生深远影响，综合国力竞争越来越取决于主要城市群的整体实力。习近平总书记指出："产业和人口向优势区域集中，形成以城市群为主要形态的增长动力源，进而带动经济总体效率提升，这是经济规律。"[①] 珠三角地区大中小城市星罗棋布，其中广州是千年商都和国家中心城市，深圳是经济特区和改革开放高地，两城市的建成区面积、人口、经济规模位居全国前列，电子、汽车、金融等产业特色鲜明、成长性好，对周边中小城市具有强大的辐射效应。香港、澳门作为国际知名都会，与珠三角人缘相亲、文脉相通，跨境经贸交流日益密切、优势互补日趋显著（见表2-3）。事实上，大湾区城市群经济实力强、外向度高，科技创新与资本市场具有国际影响力，城市化进程较快、城市间联系紧密，空间上具备进一步提升经济和人口承载能力的有利条件。凭借突出的比较优势，大湾区有望通过城市间深度合作、人居环境改善和营商环境建设进一步增强竞争力、影响力，争创世界一流城市群。

---

① 习近平：《论把握新发展阶段、贯彻新发展理念、构建新发展格局》，中央文献出版社2021年版，第325—326页。

表 2-3 粤港澳大湾区四个中心城市定位

城市	定位
香港	国际金融、航运、贸易中心和国际航空枢纽；全球离岸人民币业务枢纽；国际资产管理中心及风险管理中心；建设亚太区国际法律及争议解决服务中心；打造更具竞争力的国际大都会
澳门	世界旅游休闲中心、中国与葡语国家商贸合作服务平台；打造以中华文化为主流、多元文化共存的交流合作基地
广州	国家中心城市和综合性门户城市；国际商贸中心、综合交通枢纽；培育提升科技教育文化中心功能，着力建设国际大都市
深圳	经济特区、全国性经济中心城市和国家创新型城市；加快建成现代化国际化城市，努力成为具有世界影响力的创新创意之都

资料来源：《粤港澳大湾区发展规划纲要》、粤开证券研究院。

第二，大湾区建设，要兼顾效率、公平、繁荣稳定，为"一国两制"事业作出历史贡献。效率与公平是社会主义的内在要求，我国经济体制改革的一大目标就是提高资源配置效率、形成公平的发展环境，增强深层次经济活力。港澳回归以后，中央对港澳实施全面管治，保持港澳繁荣稳定亦成为国家的重要任务。大湾区发展过程中，一方面要激发粤港澳"9+2"城市群的区域经济活力，增进人民福祉；另一方面则是推动香港、澳门融入国家发展大局，助力港澳长期繁荣、长期稳定。这与全国层面"更有效率、更加公平、更可持续、更为安全的发展"，具有一致的含义。大湾区结合国家所需和港澳所长，有利于推动内地与港澳往来、合作、互助关系更加密切，充分发挥深圳前海、广州南沙、珠海横琴等重大合作平台作用，打造内地与港澳深度合作示范区，让大湾区成为内地和港澳居民所共享的宜居宜业宜游的活力城市群，极大丰富"一国两制"实践内涵。

第三，大湾区建设，要作为"共同富裕"理念的再探索、新探索，助力破解区域发展不平衡不充分问题。共同富裕是社会主义现代化的重要目标，"先富""共富"理念具有强大生命力。改革开放后，我国提出了让一部分地区、一部分人"先富起来"，确立"效率优先、兼顾公平"的收入分配原则，以东南沿海区域发展为契机，加快全局的赶超式发展，形成了"东部率先发展、东部辐射中西部、城市反哺农村"的区域间经济关系。党的十九大报告指出，我国社会主要矛盾已经转化为人民日益增长的美好生活需要和不平衡不充分的发展之间的矛盾。发展不平衡不充分的问题不仅反映在城乡差距、行业差距上，也反映在区域间的发展差距上。事实上，区域间发展差距客观上始终存在，最重要的是依靠发展作为"解决问题的总钥匙"，在发展中促进相对平衡，探索共同富裕。利用先发地区摸索出的经验，来指导相对落后地区少走弯路、拾级而上。就大湾区而言，要充分发挥各地区的比较优势，做大"蛋糕"的同时加强分工协作，为中长期发展和共同富裕打下良好基础。

第四，大湾区建设，要为构建新发展格局贡献"湾区"力量。党的十九届五中全会提出要构建以国内大循环为主体、国内国际双循环相互促进的新发展格局。构建新发展格局，不仅要扩大内需、发挥国内市场优势，同时也要扩大开放、应对国际新变局。大湾区既是产业腹地，又是开放前沿，拥有珠三角这一服务海内外的制造基地，也有居民收入较高、消费繁荣的广深一线城市和港澳国际都会，还有较为完善的贸易物流和市政基础设施体系，香港更是跨境投资"跳板"。整体来看，大湾区已成为国内大循环与国际大循环的重要枢纽。粤港澳大湾区在国家重大战略指引下，在产业升级、消费扩容、社会转型、开放型融合发展等方面积极发力，有望塑造中国特色"湾区"经济形态，助力畅通国内国际贸易与投资循环，为我国构建新发展格局发挥贡献和引领作用。

第二节　独特优势：外向、多元、互补

粤港澳大湾区建设之所以能担起历史重任，跻身区域重大战略之中，主要源于其良好的发展基础。其中既包含京津冀、长三角等主要城市群所

共有的发展基础，也有粤港澳大湾区独有的发展优势。

共性基础方面，一是产业主导地位突出。当前及未来一段时间，全球产业链、价值链正在加速重构，新一代信息技术、生物医药、新能源汽车等产业愈发成为世界各国争相抢占的高地，也成为经济增长的主引擎。而粤港澳与京津冀、长三角三大区域，几乎囊括了我国相关领域的所有链主企业，占据着产业主导地位。粤港澳大湾区 5G 产业、数字经济规模均居全国首位，形成电子信息、绿色石化、智能家电等 7 个万亿级产业集群。京津冀区域中北京数字经济增加值从 2015 年的 8719.4 亿元增加到 2022 年的 17330.2 亿元，占 GDP 的比重超四成；拥有新一代信息技术、科技服务业两个万亿级产业集群以及智能装备、医药健康、节能环保、人工智能四个千亿级产业集群。长三角内集成电路和软件信息服务产业规模分别约占全国 1/2 和 1/3，在电子信息、生物医药、高端装备、新能源、新材料等领域形成了一批国际竞争力较强的创新共同体和产业集群。

二是原始创新能力强劲。香港拥有众多国际一流高校，广州、深圳拥有大量科技成果转化的载体——创新企业，在大湾区框架下，两者融合日趋紧密，加速形成创新创业体系。根据世界知识产权组织（WIPO）数据，"深圳—香港—广州"创新走廊创新能力全球领先，2020—2021 年，连续两年居全球科技集群第二位，仅次于东京—横滨，优于北京、首尔、圣何塞—旧金山、纽约等。强劲的科技创新能力使粤港澳大湾区成为知识创造、科技发明、业态培育的重要源头，在世界科技和产业革命浪潮中始终"勇立潮头"。

三是人口聚集效应显著。2021 年大湾区常住人口 8669 万人，以0.6%的国土面积容纳了 6%的人口总量，珠三角九市更是吸纳了省内超60%的人口（见表 2-4）。庞大且稠密的人口，通过本地市场效应提高了大湾区的消费需求和能力；叠加城镇化建设将大量人口"市民化"，创造出大量非农就业机会和投资需求。① 此外，大量流动人口带来了文化、思想、意识的碰撞、交流和融合，使得大湾区成为先进思潮的传播地和践行地。

表 2-4 粤港澳大湾区、京津冀、长三角基本情况

指标	粤港澳大湾区	长三角	京津冀	更新时间
GDP（万亿元）	13.0	29.0	10.0	2022 年
常住人口（万人）	8669	23647	11010	2021 年
面积（万平方公里）	5.6	36.1	21.7	2021 年
单位面积人口（人/公里）	1548	655	507	2021 年
人均 GDP（万元）	14.6	11.7	8.8	2021 年

资料来源：Wind、各地统计局，粤开证券研究院整理。

依托于这些共性发展优势，粤港澳大湾区积厚成势，成为经济发展的重要增长极和引领技术变革的领头羊。在此之上，粤港澳大湾区还具备经济外向性、体制多元性、产业互补性三大特性优势。正是这三大特性优势决定了粤港澳大湾区未来将承担更多使命，在国内大市场形成供给创造需求、需求牵引供给的良性格局，并凭借高水平开放联结国内国外两个市场，进而探索国家富强和发展之路。

一、经济外向性

开放是粤港澳大湾区经济发展的底色，历史沉淀和现实基础共同造就了大湾区高度外向化和国际化的特征。汉代开创"海上丝绸之路"后，对外商贸开始在广东一带兴起，兼收并蓄、开放包容的品格被深深镌刻在岭南文化的基因里。发展到隋、唐、宋时期，历朝政府皆实行"开怀纳

① 孙久文、殷赏：《"双循环"新发展格局下粤港澳大湾区高质量发展的战略构想》，《广东社会科学》2022 年第 4 期。

戎，张袖延狄"的开放贸易政策（唐《安置降蕃诏》），广州跃升为最重要的通商口岸和对外交流窗口。及至清代，广州十三行在"一口通商"背景下，承接了当时中国与外界的所有贸易往来，进一步加深了广东开放的底色。沿着历史逻辑，广东成为新中国成立后最先开放的地区，并担起改革开放"先头兵"的角色。而第一批外资，正来自与广东同宗同源的港澳商人。可以说，广东与港澳的合作打开了中国融入全球价值链的新篇章，更成为中国改革开放 40 年的重要缩影。

粤港澳合作模式先后经历了"前店后厂"的 1.0 版本，CEPA 框架下的 2.0 版本，大湾区协同发展的 3.0 版本，目前粤港澳大湾区已成为践行新开放理念的最佳范本。1978 年，内地改革开放时逢全球产业转移浪潮，珠三角迅速承接香港劳动密集型制造业，形成"前店后厂"的垂直分工模式。自此，开启了中国成为"世界工厂"的历史变革，香港也从出口导向型制造业基地转变为服务主导的经济体。[1] 2003 年后，紧扣全球化浪潮，商务部牵头与港澳分别签署《内地与香港关于建立更紧密经贸关系的安排》《内地与澳门关于建立更紧密经贸关系的安排》（CEPA），通过降低服务业开放门槛，推动服务贸易深度合作，香港和澳门对外"超级联系人"的角色得以充分发挥。2015 年国家提出"一带一路"倡议后，粤港澳大湾区正式升格为国家规划，2019 年《粤港澳大湾区发展规划纲要》提出，粤港澳大湾区迈入协调发展新阶段。新发展模式背后是开放的内涵和重心的转变，从过去利用低要素成本从事加工生产，以满足国外市场需求的模式，逐步转变为利用全球高端要素资源，服务好国内消费市场和产业升级的开放模式。对外开放的新内涵、新思维、新理念意味着粤港澳大湾区将承担起制度开放的重任，打造世界级经济平台、畅通外循环、掌握国际规则制定权成为"第三次开放"的关键要义。

---

① 广东外语外贸大学粤港澳大湾区研究院课题组等：《新时代粤港澳大湾区协同发展——一个理论分析框架》，《国际经贸探索》2019 年第 9 期。

从现实基础来看，粤港澳大湾区的开放特征集中体现在其贸易硬件环境、制度环境、贸易吞吐量、外资利用率等方面。一是拥有着良好的区位条件、硬件环境和制度优势。大湾区水源充足，海岸线长，水深条件好，拥有深圳港、广州港、香港港等世界级港口；新白云国际机场、深圳国际机场、香港国际机场等航空枢纽，形成了全球重要的港口群和机场群。与此同时，香港是外资进入内地资本市场最主要的窗口，更是离岸人民币业务枢纽；珠三角九市内，横琴、前海等高水平开放平台日益成为资源要素在国内国际两个市场畅通流动的重要门户。二是承载了巨大的贸易规模。2022 年，粤港澳大湾区城市群进出口贸易总额约 2.4 万亿美元，占全国贸易总量的 38.1%。三是具备着较高的外资企业投资额。2021 年，大湾区（不含港澳）实际利用外商直接投资额为 1747.7 亿元，平均每个城市约 194.2 亿元，而长三角平均每个城市仅为 140.1 亿元。四是聚集了大量具有国际竞争力的跨国企业主体。根据《财富》2022 年世界 500 强企业榜单，大湾区 11 城共计 24 家企业入榜，而长三角 41 个城市仅仅比大湾区多 2 家。此外，粤港澳大湾区上市企业中，互联互通标的数量也远超长三角地区。

二、体制多样性

粤港澳大湾区有着"一个国家、两种制度、三个货币区和四个关税区（含广东自贸区）"的特点，体制机制的多元化决定了在制度探索层面具备先天的灵活性和突破性，最有可能孕育重大制度创新，形成区域协调新模式。粤、港、澳三地同属中国，但具有社会主义与资本主义两种制度。制度的差异化和意识形态的多元化是粤港澳大湾区的特色，也是长三角、京津冀乃至纽约、东京湾区所不具备的特点，这使得粤港澳大湾区在某些方面具有独特的竞争优势。

一是参与国际治理，引领国际贸易、投资新规则的先天便利。香港是中国国际化程度最高的城市，作为自由贸易港和国际金融中心，拥有完善的国际营商环境和规则体系，在知识产权保护、国际仲裁、医疗、教育方面全球领先。因此，香港的税负、贸易等规则最容易被国际社会接受，是中国规则"走出去"的便利通道。近年来，香港已经实现由乱到治的重大转折，正处在由治及兴的关键时期，未来亟须探索香港与内地规则上的最大公约数，形成跨境电商、贸易、支付等方面的成熟制度体系，积极参与全球经济治理，自信主动引领国际贸易、国际投资新规则或行业新标准的制定与修订。

二是先行先试、相对独立的制度优势。一方面，深圳作为先行示范区享有特区立法权，可以通过立法保障改革、推动改革、规范改革，利用法治先行布局，为自主创新和新兴产业发展保驾护航。例如，深圳利用特区立法权，在无人驾驶领域走在了全国前列。《深圳经济特区智能网联汽车管理条例》是国内首部关于智能网联汽车管理的法规，明确规定列入产业目录的智能网联汽车，经过公安机关交通管理部门登记后，方可上道路行驶。其中，无人驾驶可在市公安机关交通管理部门划定的区域、路段行驶。另一方面，广州南沙、深圳前海、珠海横琴等自贸区平台先行先试的功能，有助于"以点带面"发挥高水平开放的制度优势，不断取得新突破。例如，2020 年 10 月，IDG 资本顺利通过 QFLP 结构在横琴完成一笔 6 亿美元的 S 基金（Secondary Fund，一类专门从投资者手中收购另类资产基金份额、投资组合或出资承诺的基金产品）重组交易，买方为国际知名母基金管理机构汉柏巍（Harbour Vest）主导的财团，这是我国迄今为止公开披露的最大的一笔 S 基金交易，也是亚洲最大的人民币/美元双币种转换的基金交易，不仅拓展了 QFLP 的投资范围，还成功为人民币股权资产实现阶段性推出开创了新渠道。

值得注意的是，体制机制多元化也是一把双刃剑。客观上，多元化的体制机制也带来了"钱跨境""人往来"的约束，未来仍需要探索粤港澳共商、共建、共管的体制机制，打破要素流通的"玻璃门"，形成利益相容的发展格局。

三、产业互补性

港澳与珠三角九市在产业结构上具有较好的互补性，高效的产业分工协作机制有助于激发双循环新动能。香港、澳门经济发展起步早，已经完成了产业转移，形成了以现代服务业为主导的产业结构，这是内地其他城市难以比拟的。香港作为国际金融、航运、贸易中心和国际航空枢纽，拥有高度国际化、法治化的营商环境，以及遍布全球的商业网络，是全球最自由经济体之一；澳门作为世界旅游休闲中心和中国与葡语国家商贸合作服务平台的作用不断强化，多元文化交流的功能日益彰显。而珠三角诸城市则在先进制造业、战略性新兴产业方面形成了较强的竞争优势，广州的商贸服务和制造业，深圳的高新技术产业在全球都具有较强的影响力。例如，广州汽车产量连续四年居全国第一位，深圳不仅坐拥华为、比亚迪、腾讯等科技巨头，同时还孕育有大疆、速腾聚创等具有专业技术的新锐企业。未来，这种各有侧重的产业结构将在区域战略大框架下，进行更深层次的合作、转移，形成动态空间配置模式，促进产业上下游协同发展，进而释放巨大的发展潜力（见表2-5）。

表 2-5 粤港澳大湾区各城市产业结构（2021 年）　　　单位:%

城市	农林牧渔	工业	建筑业	批发和零售业	交通运输、仓储和邮政业	住宿和餐饮业	金融业	房地产业	其他服务业
广州	1.2	22.9	3.6	13.4	5.2	1.6	8.9	11.8	31.6
深圳	0.1	34.4	3.4	2.6	8.4	1.4	15.1	9.3	25.4
佛山	1.5	53.3	3.1	1.6	7.1	1.1	5.1	7.5	19.7
江门	8.6	36.5	5.2	2.8	5.5	1.7	7.6	8.5	23.4
肇庆	18.9	33.7	5.3	3.0	9.1	1.8	4.8	6.5	16.9

续表

城市	农林牧渔	工业	建筑业	批发和零售业	交通运输、仓储和邮政业	住宿和餐饮业	金融业	房地产业	其他服务业
惠州	5.2	45.8	4.8	1.8	6.8	1.5	6.2	12.4	15.5
东莞	0.3	51.5	2.3	2.2	7.8	1.7	6.7	9.4	18.1
中山	2.3	46.2	3.2	1.6	9.9	1.4	8.1	8.9	18.4
珠海	1.7	36.7	7.1	1.7	8.6	1.2	11.6	7.6	24.2
香港	0.1	2.3	4.1	18.5	4.5	1.5	23.3	21.4	24.4
澳门	0.0	2.3	6.4	3.0	6.9	2.7	12.5	17.6	48.6

注：港澳产业分类与内地有所不同，大体存在对应，不影响统计结果。例如，我们以香港口径下的农业、渔业、采矿及采石业代替内地口径下的农林牧渔业；将制造业和电力、燃气和自来水供应及废弃物管理业合并，代替内地口径下的工业；将地产、专业及商用服务和楼宇业权合并，代替内地房地产业口径。澳门处理与之相似，不做赘述。
资料来源：各市统计局、香港特区政府统计处、澳门统计暨普查局、粤开证券研究院。

进一步，为从量化视角观察大湾区产业分工合作情况，我们引入产业结构差异度指数[①]，公式为：

$$D_{ij} = \frac{1}{2} \sum_{k=1}^{n} \left| \frac{X_{ik}}{X_i} - \frac{X_{jk}}{X_j} \right|$$

其中，D_{ij} 即产业结构差异度指数，反映两个城市间产业差异情况，值域在 0 到 1 之间，D_{ij} 的值越接近 1，表示两地产业结构差异越大，互补性越强，接近 0 则表示两地产业结构趋同。一般意义上，两城市间产业结构差异度指数超过 0.3，视为具有较强互补性，低于 0.1 视为同质竞争较严重。X_{ik} 是 i 区域 k 产业的地区生产总值，i、$j = 1$，2，…，11，代表大湾区 11 个城市；$k = 1$，2，…，9，代表农林牧渔业、工业、批发零售业、金融业等 9 个产业。

除江门、中山、东莞等几个城市之外，粤港澳大湾区内绝大多数城市

---

① G. Z. Sun, Y. K. Ng, "The Measurement of Structural Differences Between Economies: An Axiomatic Characterization", *Economic Theory*, Vol. 16, No. 2 (2000), pp. 313–321.

间呈现出产业互补的格局，湾区整体产业协调性超过纽约、东京等世界一流湾区。将 11 个城市两两组合，55 个组合平均产业结构差异度指数为 0.23，超过了东京的 0.19、纽约的 0.17。[①] 同时，绝大多数的产业结构差异度指数超过 0.3，尤其是珠三角九市和港澳之间，产业分工互补特性显著（见表 2-6）。

珠海、江门、中山、东莞、惠州几个城市间，则表现出较强的同质化竞争。一方面，由于可得的统计口径停留在行业大类层面，中小类层面的分工可能被忽视。例如，广州的整车制造与惠州、佛山的汽车零部件现实中分工合理，但在数据层面同属于汽车制造业，显示出同质竞争的特性。另一方面，这也在一定程度上反映出未来仍有通过统筹协调，提高产业协同和产出效率的空间。事实上，珠三角各城市也在通过高位统筹、合理规划，不断强化产业分工的协调性、合理性及互补性。例如，广佛全域同城化发展规划中明确要求，凸显"广州服务+佛山制造"的协同效应，共建先进装备制造、汽车、新一代信息技术、生物医药与健康四个万亿级产业集群。在此基础上，携手深圳、东莞共建广深佛莞智能装备集群，携手惠州共建广佛惠超高清视频和智能家电集群。可预见地，粤港澳大湾区正向着广州——全球商贸中心，深圳——科技创新中心，香港——国际金融中心，东莞、佛山——制造业中心的定位布局不断迈进。

表 2-6 大湾区各城市产业结构差异度指数（2021 年）

城市	广州	深圳	佛山	江门	肇庆	惠州	东莞	中山	珠海	香港	澳门
广州	0	0.21	0.33	0.23	0.35	0.30	0.31	0.29	0.24	0.30	0.32
深圳		0	0.20	0.13	0.22	0.21	0.18	0.07	0.08	0.37	0.36
佛山			0	0.18	0.24	0.12	0.05	0.08	0.17	0.55	0.53

---

① 刘毅、王云、李宏：《世界级湾区产业发展对粤港澳大湾区建设的启示》，《中国科学院院刊》2020 年第 3 期。

城市	广州	深圳	佛山	江门	肇庆	惠州	东莞	中山	珠海	香港	澳门
江门				0	0.14	0.14	0.18	0.15	0.10	0.45	0.43
肇庆					0	0.19	0.24	0.21	0.20	0.56	0.53
惠州						0	0.10	0.08	0.18	0.52	0.49
东莞							0	0.07	0.18	0.53	0.50
中山								0	0.13	0.51	0.49
珠海									0	0.43	0.38
香港										0	0.30
澳门											0

注：本表为对称矩阵，为简明扼要没有列示下三角内数据；产业结构差异度指数超过 0.3 表明
　　产业分工互补特性显著。
资料来源：粤开证券研究院整理。

第三节　发展方向：建设"五力"湾区

南海之滨，春潮涌动。粤港澳大湾区在经年累月的夯基垒台中，一步步发展至今。产业模式从初级的贸易加工互补模式升级到现代制造业——先进服务业互补模式；空间结构从"散点"变为多极支撑下的网络互联结构；开放模式从低层次贸易联系走向高层次规则对接。这既是顺应时代潮流的大趋势，也有赖于顶层规划的前瞻布局。

2015 年，"一带一路"倡议提出共建粤港澳大湾区；2017 年，国家发展改革委牵头粤港澳三地签署大湾区建设框架协议；2019 年，《粤港澳大湾区发展规划纲要》发布。随后，《深圳建设中国特色社会主义先行示范区综合改革试点实施方案（2020—2025 年）》以及《横琴粤澳深度合作区建设总体方案》（以下简称《横琴方案》）、《全面深化前海深港现代服务业合作区改革开放方案》（以下简称《前海方案》）、《广州南沙深化面向世界的粤港澳全面合作总体方案》（以下简称《南沙方案》）等文件先

后印发，构筑大湾区规划政策体系，对大湾区建设进行全面、具体的规划部署。

站在当下，全球经历百年变局，中国发展逻辑也经历巨大转变。区域协调发展、新型城镇化、新发展格局与全国统一大市场、高水平对外开放等要求，对粤港澳大湾区而言意味着全新的任务与使命，同时也带来了一系列挑战。归纳起来，主要集中在三个方面：

第一，大湾区内部仍存在一定的区域分割，市场互联互通尚待提升。一个国家、两种制度、三个货币区和四个关税区（含广东自贸区）的现实，对生产要素与商品的畅通流动造成了一定的阻碍。例如，劳动力的流动面临出入境便捷性不足、个税税负差额补贴政策的实施范围较窄等障碍，以及商品在粤港澳之间的流通往往存在口岸检查、质量、计量等方面的标准不统一等问题，对统一大市场的形成产生掣肘。第二，大湾区各城市一定程度上还存在同质化竞争现象，生产布局与市场需求有待进一步匹配。从珠三角九市的"十四五"规划来看，各个城市均布局了电子信息产业，同时六个城市布局了生物医药产业。第三，大湾区内部发展差距依然较大，协同性、包容性有待进一步加强。从 2021 年人均 GDP 来看，香港、澳门人均 GDP 遥遥领先，深圳、珠海、广州、佛山、东莞、惠州均达到高收入水平，中山、江门、肇庆仅为中等偏上收入水平。

展望未来，粤港澳大湾区的建设目标已然清晰，未来既要打造产业先进的经济增长极，也要构建优质宜居生活圈，既要提升科技创新和金融的全球影响力，也要构建投资和消费便利化的一体化市场。

具体地，大湾区建设要遵循"一个根本、两大市场、三个流动、四条主线"的理念，建设"五力并发"的世界一流城市群。

第一，贯彻"一国两制"根本原则。"一国两制"是大湾区建设的核心制度保障，要坚守"一国"，善用"两制"，挖掘港澳独特优势与广东改革开放先行先试优势，深化粤港澳互利合作，着力培育粤港澳三大合作发展平台。

第二，紧密对接国内、国际两个市场。构建新发展格局，就是要畅通国内国际两个循环。供给端要聚焦珠三角制造基地和粤港澳三个合作平台等实现产业升级，努力适配国内外市场的高端需求；需求端要着力依托广、深、港、澳等中心城市，扩大中等收入群体，提振消费内需，同时积极开拓"一带一路"市场；制度层面，珠三角九市要积极接轨港澳商事规则、全面对接国际高标准投资和贸易规则。

第三，促进人才、货物、资本的便捷有序流动。一方面，促进大湾区"9+2"城市公共服务整体进步和协同发展，不断改善人居环境，为人才跨地区、跨行业、跨体制流动提供支持，充分激发人才活力；另一方面，推动大湾区市场深度一体化和投资便利化，实现产品、资本、创新资源等高水平互联互通。另外，在执行层面还要提升粤港澳口岸通关能力，落实人员货物往来的便捷通关。

第四，凝聚科技、产业、金融、公共服务四方面政策合力。要高度重视科技、产业、金融、公共服务政策的一致内涵。首先，科技、产业、金融是现代经济循环的三个重要环节，缺一不可。无论是哪一个环节，发展的成果最终都要由人民所享有。其次，经济社会发展所依托的人力、技术、资本等要素，归根结底也体现了人的作用。而要充分发挥人的积极性，就要做好基本公共服务均等化，这既有利于改善和保障民生，又能够增强人的发展能力。习近平总书记指出，"一切为了人民、一切依靠人民"①。科技、产业、金融、公共服务政策要互为支撑、互相协调、形成合力，发挥广大人民群众积极性、主动性、创造性，打造宜居宜业宜游的大湾区城市群。

第五，建设具有经济内生动力、创新创业引力、全面开放活力、区域

---

① 《习近平谈治国理政》第四卷，外文出版社 2022 年版，第 77 页。

协同合力、安全发展定力的世界一流湾区。

（1）统筹国内与国际、供给与需求、生产与流通，培育经济内生引擎。一是要推动集成电路、生物医药等新兴产业跨越式发展，着力补短板和完善产业链供应链，构建具有国际竞争力的大湾区产业体系，二是要在深入实施供给侧结构性改革的基础上，探索有效扩大内需的政策举措，以中心城市的消费升级为先导，鼓励企业优化产品供给、挖掘细分市场潜力。此外，要深化投融资体制改革，进一步发挥重大投资项目对内需的支撑作用。

（2）制度创新和科技创新双轮驱动，提升对全球创新要素的吸引力。瞄准世界科技和产业发展前沿，加强各层级、各领域创新平台建设，破除影响人才、技术、资本等创新要素便捷流动的制度性和隐性障碍，从而促进国际创新要素集聚和优化配置。

（3）有力促进跨境贸易和投资，释放"湾区经济"开放活力。既要发挥好港澳的国际商贸平台功能，也要提高珠三角九市开放型经济发展水平，对全国的开放型经济新体制形成引领。要充分发挥深圳前海、广州南沙、珠海横琴等重大合作平台作用，探索协调协同发展新模式。

（4）发挥好各城市独特优势和魅力，促进大湾区区域协同发展。一方面是以城市群为主体形态来推动新型城镇化，抓好大湾区土地节约集约利用，盘活存量土地资源，拓展城市发展空间以及产业、人口承载能力；另一方面是推动大湾区各城市形成梯级联动、合理分工的格局，四个中心城市要强化核心产业优势，发挥引领带动作用，东莞、佛山、惠州、珠海、中山、江门、肇庆等城市要有所为有所不为，对接中心城市优势产业链，从垂直分工逐渐迈向多链融合协作。

（5）守住安全发展底线，坚定保持战略定力。一是坚持"一国两制"，在国家安全的层面统筹应对传统和非传统安全威胁；二是关注跨境信息安全、区域能源和水资源安全，联合制定事故灾难、自然灾害、公共卫生事件、公共安全事件等重大突发事件应急预案。

第二篇

纵览大湾区——区域发展全景观察

第三章

广东:"一马当先"的经济大省

大潮起珠江,珠江奔腾不息,大潮亦不止歇。2022 年,广东省以全国 1.9% 的土地,集聚 9.0% 的人口,创造了 10.7% 的 GDP,经济总量自 1989 年以来连续 34 年位于全国第一。改革开放 40 余年,广东取得了举世瞩目的经济社会成就。纵观全国各省,广东的发展历程和取得的经济成果可谓一马当先,其经验对高质量发展和经济结构转型具有重要借鉴意义。本章多视角梳理分析广东省区域经济,总结在改革开放、粤港澳大湾区建设中取得的成绩与经验。

第一节　风雨 40 余年,广东发展的七大成就

广东省地处中国大陆最南部,是中国对外的南大门。古代史上,由于地处南海航运枢纽、远离历朝历代政治中心,广东成为我国重要的对外贸易窗口,明清时期更以"一口通商"垄断了西洋的贸易往来。近代以来,广东成为民主革命运动的中心,以孙中山、康有为等为代表的先锋人士在近代史上留下了浓墨重彩的印记。新中国成立初期,广东进入加速发展阶段,被誉为"中国第一展会"的广交会成为我国对外贸易的重要平台。改革开放以来,广东迎来了腾飞的 40 余年。作为战略前沿取得了瞩目的

经济成绩，1989 年广东地区生产总值首次跃居全国第一后，34 年来稳居全国首位（见表 3-1）。截至 2022 年，广东省地区生产总值达到 12.91 万亿元，占全国（不含港澳台）GDP 比重为 10.7%（见图 3-1）。

表 3-1　1978—1989 年全国 GDP 前 10 位的省区市

GDP 排名	1978 年	1979 年	1980 年	1981 年	1982 年	1983 年	1984 年	1985 年	1986 年	1987 年	1988 年	1989 年
1	上海	江苏	江苏	江苏	山东	山东	山东	山东	江苏	江苏	江苏	广东
2	江苏	上海	上海	山东	江苏	江苏	江苏	江苏	山东	山东	广东	江苏
3	辽宁	山东	山东	上海	广东	广东	广东	广东	广东	广东	山东	山东
4	山东	辽宁	辽宁	广东	上海	辽宁	辽宁	辽宁	辽宁	辽宁	辽宁	辽宁
5	广东	广东	广东	辽宁	辽宁	上海	上海	上海	河南	河南	浙江	河南
6	四川	四川	四川	河南	四川	河南	河南	河南	浙江	浙江	河南	浙江
7	河北	河北	河南	四川	河南	四川	四川	浙江	上海	上海	河北	河北
8	黑龙江	河南	黑龙江	黑龙江	河北	河北	河北	四川	四川	四川	四川	四川
9	河南	湖北	河北	河北	黑龙江	黑龙江	湖北	河北	湖北	河北	上海	湖北
10	湖北	黑龙江	湖北	湖北	湖北	湖北	浙江	湖北	河北	湖北	湖北	上海

资料来源：Wind、粤开证券研究院。

一、经济总量：广东 GDP 连续 34 年排名全国第一，经济结构持续优化

从 GDP 总量来看，广东在全国排名第一，处于绝对领先位置。2022 年，广东省 GDP 总额接近 13 万亿元，占全国比重为 10.7%，略高于第二名的江苏（12.3 万亿元），而第三、四名的山东、浙江分别为 8.7 万亿元、7.8 万亿元（见图 3-2）。从 GDP 增速来看，1978 年至 2022 年，广东省年均名义增速为 16.0%，高于全国增速的 14.1%，在全国排名第二；年均实际增速为 11.7%，高于全国平均增速的 9.0%。

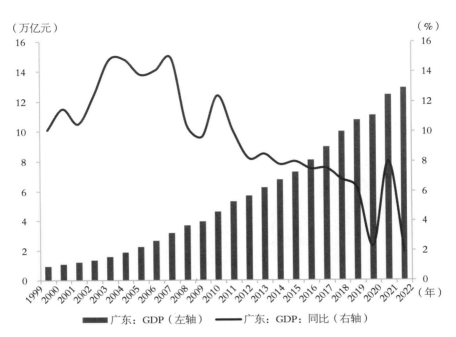

图 3-1　1999—2022 年广东省地区生产总值规模和增速对比

资料来源：Wind、粤开证券研究院。

广东省产业结构优于全国整体水平，且在发展中持续优化。横向比较来看，2022 年，广东三大产业占比分别为 4.1%、40.9%、55.0%，全国整体水平为 7.3%、39.9%、52.8%，广东第二、第三产业比重均超过全国平均，产业结构优于全国。广东的第三产业占比在全国各省份中排名第五，低于北京、上海等，高于浙江、江苏、山东等。纵向比较来看，2013 年至 2022 年，广东第一、第二产业占 GDP 比重分别下降 0.5 个和 6.0 个百分点，而第三产业占比上升 6.5 个百分点（见图 3-3）。

二、创新活力：广东是优质企业聚集地，引领我国产业创新

广东是中国创新发展的龙头地区。2016 年至 2022 年，广东规模以上先进制造业、高技术制造业增加值的复合增速均为 4.8%，高出同期规模

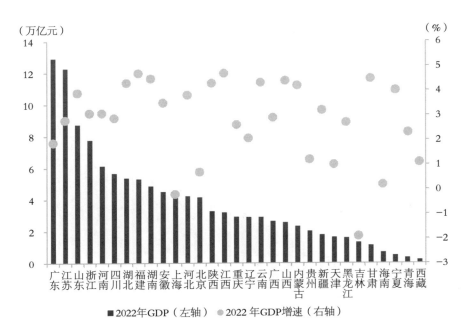

图 3-2　2022 年全国各省区市经济总量对比

资料来源：Wind、粤开证券研究院。

以上工业增加值增速 2.2 个百分点，先进制造业占规模以上工业增加值比重由 49.3% 提升至 55.9%，高技术制造业的比重则由 27.6% 提升至 31.3%。

众多上市公司作为重要的创新主体，为广东产业创新注入了强大能量。截至 2023 年 3 月，广东共有 840 家 A 股上市（含北交所）企业（以注册地划分），在 31 个省份中排名第一，占全国比重达 16.4%；浙江、江苏、北京位列其后，分别为 670 家、652 家、461 家（见图 3-4）。

广东研发投入力度及研发成果均排全国前列。从 R&D 经费来看，2021 年广东 R&D 经费投入为 4002.2 亿元，在 31 个省份中排名第一，占全国比重高达 14.3%（见图 3-5）。江苏、北京、浙江位于其后，占比分

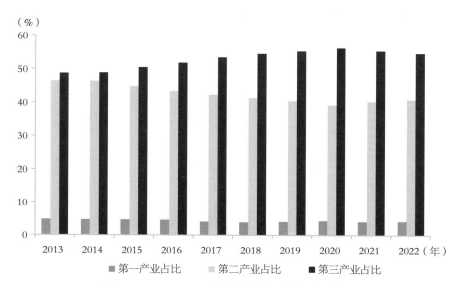

图 3-3　2013—2022 年广东省产业结构变化情况

资料来源：Wind、粤开证券研究院。

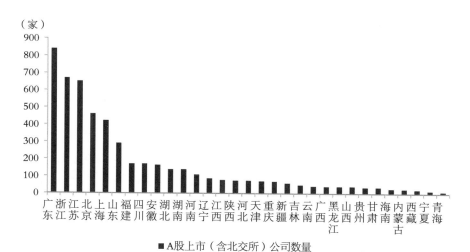

图 3-4　全国各省区市 A 股上市（含北交所）企业数量对比

资料来源：粤开证券研究院整理。

别为 12.3%、9.4%、7.7%。从 R&D 经费投入强度来看，广东 R&D 经费投入强度为 3.2%，排全国第四，前三位分别为北京、上海、天津。从专利授权数来看，2021 年广东发明专利授权数合计 10.3 万件，在 31 个省份中排名第一，占全国比重达 17.6%，北京、江苏、浙江位列其后，占比分别为 13.7%、11.9%、9.8%，广东优势明显。

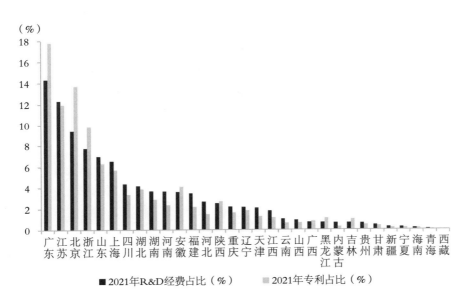

图 3-5　2021 年全国各省区市研发投入及发明专利授权量对比

资料来源：科技部、粤开证券研究院。

广东省经济活力领先全国，优质民营企业数量领先、经营规模居全国榜首。2021 年，广东民营经济增加值达 6.78 万亿元，占地区生产总值比重 54.5%。全国工商联《2022 年民营企业 500 强榜单》显示，广东的华为、腾讯、碧桂园、万科、美的、TCL 等行业领军企业位居榜单前列。从企业数量来看，广东入选榜单的民营企业共 51 家，全国排名第三，仅次于浙江、江苏，占整体数量比重为 10.2%。从营业收入来看，广东入选民营企业 500 强的企业，2021 年营业收入合计 6.5 万亿元，在 31 个省份中排名第二，占 500 强整体营业收入比重高达 17.0%，仅次于浙江、高于江苏。

三、财政：广东地方财政实力较强，债务风险低，社保可持续性强

广东省财政实力与经济总量相匹配，财政收入可持续性强。从总量来看，2022 年，全省实现一般公共预算收入 13279.7 亿元，在 31 个省份中排名第一，是全国唯一的一般公共预算收入过万亿元的省份。江苏、浙江、上海紧随其后，分别为 9258.9 亿元、8039.4 亿元、7608.2 亿元。从结构来看，2022 年，广东省税收收入占一般公共预算收入比重为 69.9%（见图 3-6）。

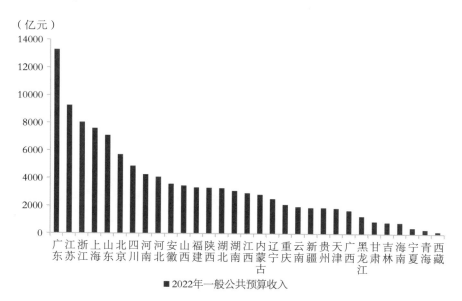

图 3-6　2022 年全国各省区市一般公共预算收入对比

资料来源：各地财政厅（局）、粤开证券研究院。

广东省地方政府债务规模整体可控，雄厚经济基础及财政实力为偿债提供有力保证，整体风险较低。从绝对规模来看，2022 年广东省地方政

府债务余额为 25082 亿元，全国排名第一，山东（23588 亿元）、江苏（20694 亿元）和浙江（20169 亿元）紧随其后。从负债率来看，2022 年广东省地方政府债务余额/GDP 比例为 19.4%，居全国倒数第 3 位，仅高于上海、江苏，债务风险较低（见图 3-7）。

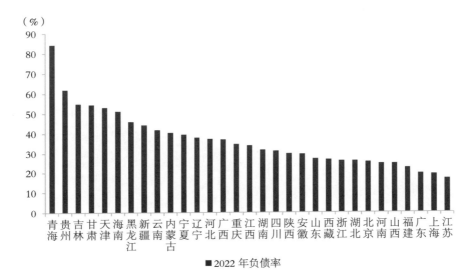

图 3-7　2022 年全国各省区市债务风险对比

资料来源：各地财政厅（局）、粤开证券研究院。

四、金融：广东融资规模居全国前列，民营企业贷款占比高，直接融资占比高

广东省存贷款规模与经济体量相匹配。从存贷款规模来看，截至 2022 年，广东省金融机构存贷款余额分别为 32.2 万亿元、24.6 万亿元，存贷款余额规模均居全国第 1 位，占全国比重分别为 12.2%、11.2%，与其经济体量占比相匹配；从存款余额与 GDP 之比来看，截至 2022 年，广东省存款余额/GDP 比例为 250%，全国排名第 7，浙江、江苏分别为 253%、178%，分别排名第 5、第 17（见图 3-8）。

广东省金融结构有两个亮点：一是社会融资规模中直接融资占比高，二是贷款结构中民营企业占比高，金融市场发达。从新增社会融资结构来看，2022 年，广东新增社会融资规模总量为 3.51 万亿元，其中以发行股票及债券为代表的非金融企业直接融资为 0.38 万亿元，非金融企业直接融资占比 10.7%，同期全国新增社会融资规模为 32.0 万亿元，直接融资占比 10.1%，广东省直接融资比例略高于全国。从贷款结构来看，截至 2021 年年末，广东民营企业贷款余额 6.1 万亿元，同比增长 12.0%，占企业贷款比重高达 54.5%。

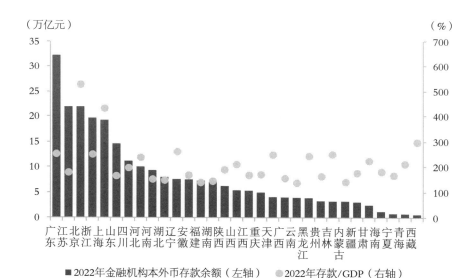

图 3-8　2022 年全国各省区市存贷款规模对比

资料来源：Wind、粤开证券研究院。

五、城镇化：广东城镇化率高，老龄化率低，人口聚集效应强

广东为全国常住人口第一大省，城镇化率远高于全国平均水平。从常住人口总量来看，2022 年，广东省常住人口总量为 1.27 亿人，占全国比重为 9%，为中国人口第一大省。山东位列其后，占全国比重 7.2%。从

城镇人口比重来看，2021 年，广东城镇人口比重达到 74.6%（2022 年达74.8%），全国排名第 4，高出全国整体水平。上海、北京、天津三个直辖市位列前 3，城镇化率分别为 89.3%、87.5%、84.9%，江苏、浙江位列第 5、第 7，城镇化水平与广东接近（见图 3-9）。

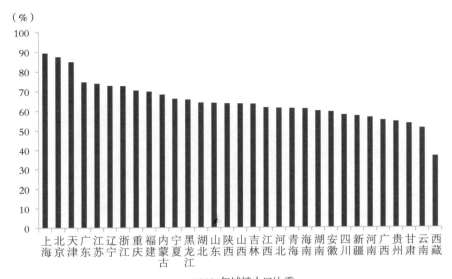

图 3-9 2021 年全国各省区市城镇化率对比

资料来源：Wind、粤开证券研究院。

广东省老龄化率处于全国较低水平，总负担系数低，人口结构优于江苏、山东等省份，为长期经济增长注入动力。从老龄化程度来看，根据 2021 年全国人口变动情况抽样调查数据，广东省 0—14 岁、15—64岁、65 岁及以上人口占比分别为 18.7%、72.1% 和 9.1%。按 65 岁及以上人口占总人口比重计算，广东老龄化率比全国平均（14.2%）低5.1 个百分点，在 31 个省份中排名倒数第 3，是全国老龄人口负担最轻的省份之一。对比之下，江苏、浙江老龄化率分别达到 17.0%、14.2%，分别高于广东 7.9 个、5.0 个百分点。从总抚养比来看，2021

年，广东总抚养比^①为 **38.6%**，全国排名第 **26**，低于江苏（**40.5%**），社会整体负担低，为经济增长注入了更大的活力（见图 3-10）。

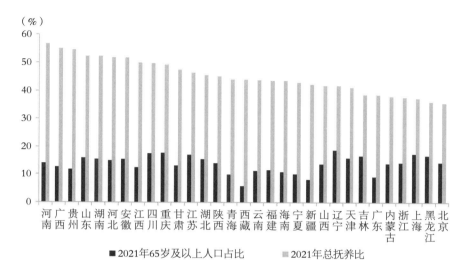

图 3-10　2021 年全国各省区市老龄化率与社会总负担系数对比

资料来源：Wind、粤开证券研究院。

广东省人口增量连续三年全国排名第 **1**，聚集效应强。**2018—2021** 年，广东省常住人口年增量分别为 **207** 万人、**141** 万人、**135** 万人、**60** 万人，人口持续加速流入，表现出强大的聚集效应。相比之下，江苏省 **2018—2021** 年人口增量分别为 **23** 万人、**23** 万人、**8** 万人、**28** 万人，聚集效应减弱。两个经济大省，近年来人口聚集效应差距拉大，或与广东省更高的第三产业占比、更大力度的人才引进支持政策有关。

六、人民生活：广东人均可支配收入居全国前列，生活水平提高

2022 年广东居民人均可支配收入 **47065** 元，居全国第 **6** 位，较 2021

---

①　即非劳动年龄人口数与劳动年龄人口数之比，本书将 15—64 周岁人口作为劳动年龄人口。

年同比增长 4.6%。按常住地分，城镇居民人均可支配收入 56905 元，增长 3.7%，扣除价格因素实际增长 1.5%；农村居民人均可支配收入 23598 元，增长 5.8%，扣除价格因素实际增长 3.4%（见图 3-11）。2022 年，广东居民人均消费支出 32169 元，同比增长 1.8%，居全国第 5 位。按常住地分，城镇居民人均生活消费支出 36936 元，增长 0.9%；农村居民人均生活消费支出 20800 元，增长 3.9%。随着人均经济总量逐步提升，人民生活水平实现了飞跃式发展。

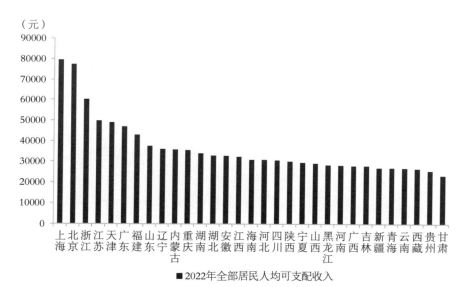

图 3-11　2022 年全国各省区市人均可支配收入对比

资料来源：国家统计局、粤开证券研究院。

七、公共服务：基本公共服务不断改善，但仍有较大进步空间

在常住人口总量居全国首位的情况下，广东人口的人均寿命、受教育程度也有显著提升，但是生均基础教育资源和人均医疗条件仍须改进。2020 年，广东省的人口平均预期寿命为 79.31 岁，居全国第 6 位（见图 3-12），孕产妇死亡率、婴儿死亡率分别从 2015 年的 11.56/10 万、

2.64‰下降到 2020 年的 10.18/10 万、2.13‰，居民主要健康指标基本达到发达国家水平。

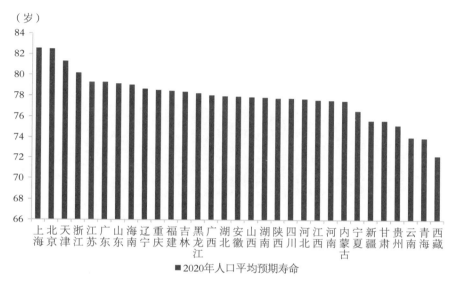

图 3-12　2020 年全国各省区市人口平均预期寿命对比

资料来源：Wind、粤开证券研究院。

广东生均基础教育资源相对不足。改革开放以前，广东人口受教育程度普遍偏低。1964 年小学以上教育程度有 1265.12 万人，占总人口的 34.21%，其中 79.84% 为小学教育程度。随着九年义务教育的实行，广东人口受教育程度得到飞跃式提高。但是横向比较，2021 年广东小学、初中的师生比（每名教师对应的学生数）分别为 18.22、13.62，分别排在全国第 2 位、第 5 位，意味着广东基础教育学位紧张，教师岗位配置不足；相比之下，广东高中和高等教育的师生比状况稍好，师生比分别为 12.76、18.97，排在全国第 15 位、第 12 位。

广东人均医疗条件有待提升。2021 年，广东全省医疗卫生机构总数近 5.8 万家，每万人卫生机构床位数 46.4 张，排在全国末位；每万人拥有卫生技术人员 68.8 人，排在全国倒数第二位（见图 3-13）。近年来，广东省加大了医疗资源投入，医疗条件虽已得到了迅速发展，但基于人口总量带来的巨大医疗需求仍然相对不足，有待进一步提升。

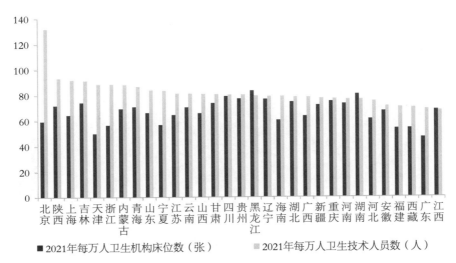

■2021年每万人卫生机构床位数（张）　■2021年每万人卫生技术人员数（人）

图 3-13　2021 年全国各省区市人均医疗水平对比

资料来源：国家统计局、粤开证券研究院。

广东高速公路和高速铁路网络不断完善。公路方面，广东初步形成以广州枢纽为中心、连通珠三角和粤东西北、辐射华东中南西南地区的放射型路网格局。随着港珠澳大桥、南沙大桥等一批标志性项目建成投用，广东高速公路通车总里程于 2020 年在全国率先突破 1 万公里，2022 年达 1.12 万公里，通车里程连续九年居全国第一位。广东还在建设深中通道等一系列项目，加快建成跨江跨海通道群，打造"十二纵八横两环十六射"主骨架高速公路网络。铁路方面，"十四五"期间广东加快高铁建设，着力打造"轨道上的大湾区"。2021 年，赣深高铁通车，广东实现了 21 个地市"市市通高铁"的目标，全省铁路运营里程达 5278 公里，其中高铁运营里程达 2367 公里，居全国前列。

第二节 广东飞跃式发展的主要原因

广东抓住改革开放赋予的重大发展机遇，积极探索社会主义市场经济建设，近年来大力推动全面深化改革和扩大开放，实现了经济社会的整体性飞跃式发展，取得并保持经济规模在全国的"领头羊"地位。

一、改革开放赋予重大机遇：天时、地利、人和三重红利

从时代背景来看，广东改革开放的起步阶段正值全球产业转移浪潮，此谓"天时"。20 世纪 60—70 年代，随着老牌发达国家转向培育高新产业、"亚洲四小龙"等经济体的传统产业生产成本下降以及全球物流运输的发展，全球范围内纺织服装、塑料制品、机械等劳动密集型产业出现了一轮大规模的产业转移。到了 70—80 年代，全球生产力进步和资本积累加快，钢铁、化工、汽车、电子等资本密集型产业等也开始了产业转移。在这一时代巨浪中，广东成为改革开放和经济建设的领军者，主动吸引港澳同胞、海外华人华侨及其他外商开展投资，发挥劳动者尤其是农村富余劳动力的作用，推动"三来一补"、"三资"企业等加快落地，为广东的工业化建设打下坚实基础。

从地理区位来看，广东处于国内外经贸枢纽位置，有利于发展对外贸易，此谓"地利"。广东东邻福建，北接江西、湖南，西连广西，南临南海，珠江口东西两侧分别与香港、澳门接壤，拥有全国最长的海岸线，海域总面积达 41.9 万平方公里，处于亚太海洋航运的枢纽位置。历史上，广东一直是我国与世界市场联系最密切的地区之一。西汉时期，广东是海上丝绸之路的重要起点，唐代在广州首设掌管海关事务的市舶使，明代广东陶瓷、丝织产品在海外享有盛誉，清代一度决定在广州"一口通商"并垄断对西洋贸易。近现代以来，广州（黄埔）港、

汕头港、深圳港等优良港口加快发展，凭借区位优势成为了中国对外贸易合作的前沿。

从实践行动看，改革开放赋予了广东人民白手起家、"闯出一片天"的干劲。党的十一届三中全会拉开了改革开放的序幕。1978年，广东创办东莞县太平手袋厂、珠海市香洲毛纺厂、顺德大进制衣厂等一批"三来一补"企业。1979年蛇口工业区成立，成为中国第一个出口加工区。1980年中央决定兴办深圳、珠海、汕头、厦门4个经济特区，实行特殊政策和灵活措施，广东在4个经济特区中占据3席。1984年5月，国务院决定开放广州、湛江等14个沿海港口城市和海南岛，并建立了第一批国家级经济技术开发区，实行减免外企税收等优惠政策，至此广东在全国19个开放地区中占据6席（含当时的海南岛）。1985年2月，中央决定在长三角、珠三角和闽南厦漳泉三角区开辟沿海经济开放区。1988年2月，国务院批准广东为全国综合改革试验区。在改革开放政策和"敢想敢干"精神的引领下，广东在不到15年时间里实现了一系列空前成就和重大突破。例如，1984年深圳国贸大厦主楼建设速度创造"三天一层楼"新纪录，被誉为"深圳速度"的象征；1987年广州在全国率先开办劳务集市，次年起大量外省农民工南下广东，形成第一次"民工潮"，进入广东务工的外省劳动力约300万；1988年起广东食油价格全面实行市场调节，1992年率先实现市场化，不再使用粮票①。整体而言，广东借力中央优惠政策大力发展对外贸易，积极引进外资以及先进技术经验，形成贸—工—农生产模式实现快速发展，进出口总值自1986年起、地区生产总值自1989年起跃升至全国第一位并保持至今。

---

① 资料来源：广东省政府地方志办公室网站，见 http://dfz. gd. gov. cn/index/ztlm/szfzg/sqzss/ggkfdsj/content/post_ 3016763. html。

二、广东探索引领市场经济体制建设：率先推动要素和商品市场化改革

在改革开放初期的高增长之后，广东区域经济运行不畅、市场环境薄弱等问题迅速暴露出来，尤其是土地、劳动力、资本等生产要素都处于严重短缺的状态。1992 年 1 月邓小平视察广东并发表南方谈话，要求广东解放思想，加快改革步伐。党的十四届三中全会决定建立社会主义市场经济体制后，广东省委迅速落实、积极推动市场经济体制建设，广东各类生产要素的市场化程度得到大幅提升。

第一，土地从粗放的"股份合作"到实现市场化流转。以产业发展为目的的土地体制改革，关键的一步是将土地由农业用途转变为工业用途。广东通过实施相对灵活的土地股份合作制，以村、社区为中心，探索集体经济的延续和创新，推动土地要素较快到位。改革开放之初，广东地方政府对于土地"简政放权"，珠三角许多地区相继形成了称为"土地股份合作制"的用地模式。农户和村民通过土地入股，经营者或董事长由村干部兼任。虽然这一模式出现了股权流转范围受限、法律界定不清等问题，但这种相对灵活的用地模式，使产业项目落地所需的土地较快到位，为广东改革开放初期的快速发展提供了一大关键要素。20 世纪 80 年代末，广东率先探索国有土地市场化流转，一改过去"土地国有、统一分配、无偿使用"的制度，1987 年首次实行有偿出让国有土地使用权，标志着国有土地实现了所有权和使用权的分离，使用权允许有偿使用和转让。1994 年，深圳市率先取消土地行政划拨方案，所有用地必须签订土地出让合同。土地流转逐步实现市场化和规范化。

第二，劳动力从接纳外来流入人口到提升劳动力素质。改革开放后，广东常住人口增长率基本高于全国。外来流入人口和本地劳动力一道，为广东发展劳动密集型产业提供了源源不断的劳动力供应。这一人口流动大

潮的背后，可看到"推"和"拉"两股力量。推力来自广大农村地区，家庭联产承包责任制解放了农村生产力，富余的劳动力开始走出田间地头；拉力则来自广东自身，随着制造业的飞速发展，广东各类企业拔地而起，这些企业凭借高于内陆地区的工资待遇，吸引了大量劳动力前来就业。在此背景下，我国流动人口规模水涨船高，由 1982 年的仅 657 万，猛增到 1987 年的 1810 万，2000 年超过 1 亿，2015 年达到 2.47 亿[①]。随着产业结构的转型升级，劳动力素质提升也成为广东的必答题。21 世纪以来，在我国高等院校普遍扩招的背景下，广东不断推进高校建设和教育发展，每万人高等学校在校人数自 2000 年的 35 人上升至 2021 年的 200 人，增长超过四倍，南方科技大学、哈工大（深圳）、港中文（深圳）、港科大（广州）等学校先后开学，为广东产业发展输送大批高素质人才。

第三，投资来源从外资主导到以民营资本为主。1978 年，广东人均 GDP 为 365 元，比全国平均低 45 元，生产力和财力较弱，资本相对稀缺，亟需通过外商投资为产业项目建设提供资金保障。改革开放后，广东大力吸引外资项目落地，积极发展"三来一补"和"三资"企业，实际利用外资在 20 世纪 80—90 年代实现快速增长，以至于广东 GDP 与实际利用外资呈现"同频共振"的态势。直到 2010 年，外资和港澳台资依然占据广东规模以上工业增加值的半壁江山。近年来，受到外向型经济渐遇瓶颈、产业结构升级等因素的影响，广东外资（港澳台资）工业企业出现掉队，民营工业企业则呈赶超之势，2022 年广东规模以上工业增加值中，民营、外资、国企的占比分别为 47.5%、34.7%、17.7%。

第四，广东率先实现商品流通体制和市场价格体系改革。改革开放前，我国价格管理体制以计划为主，商品和服务的价格主要由政府决定。1980 年，广东省政府印发《关于疏通商品流通渠道，促进商品生产，搞

---

① 资料来源：中国民族报电子版，见 http：//www.mzb.com.cn/zgmzb/html/2021-08/10/content_19249.htm。

活市场的十二项措施》，大幅放开自由买卖、自由议价的商品种类范围。深圳设立经济特区后，提出改革商业、物资和物价管理，比 1988 年全国价格闯关提前了 5 年左右。1992 年社会主义市场经济体制确立后，广东逐步确立了社会主义市场流通机制，促进商品流通和商品价格的规范，为商品经济的发展奠定良好的市场环境。

三、广东推动全面深化改革："放管服"、创新驱动、扩大开放

党的十八大以来，习近平总书记四次到广东考察、两次在全国两会期间参加广东代表团审议，要求广东"以更大魄力、在更高起点上推进改革开放""在推进中国式现代化建设中走在前列"。近十年来，广东在建设服务型政府、商事制度改革、科技体制改革、促进非公有制经济发展、扩大对外开放等领域进行了多项探索，对全国各地加快中国式现代化建设和高质量发展具有重要的借鉴意义。

（一）提高政府效能：提高行政效率，理顺政企关系，着力降低企业税负

第一，通过"大部制"改革和"一网通办"服务品牌，着力提升行政效率。精简部门方面，2009 年顺德率先探索"大部制"改革，党政机构由 41 个精简为 16 个，次年起"大部制"改革在全省多个市县推广。2015 年，省级政府开展部门权责清单动态调整工作，理顺各部门权责关系，推进行政审批标准化。电子政务方面，2012 年 10 月，广东省网上办事大厅开通运行。2018 年，全国首个移动政务服务平台"粤省事"上线。截至 2020 年，广东省本级行政许可类事项 99.76%实现全流程网上办理，46.82%的申请当场或当天即可办结。《省级政府和重点城市一体化政务服务能力调查评估报告（2022）》显示，2021 年广东省一体化政务服务能力总体指数为"非常高"。

第二，缩减企业登记开办、投资等各环节审批事项，减少事前干预、

加强事中事后监管。商事登记制度改革方面，广东持续深化企业开办改革，实行名称自主申报，推行经营范围登记规范化，推动将企业登记 5 个环节压缩为 1 个，企业开办时间从 35 天压缩到 1 个工作日以内，简易注销登记公示时间由 45 天压缩为 20 天。在涉企行政审批事项方面，广东率先实现"证照分离"改革事项和地域两个全覆盖，将 528 项涉企经营许可全部纳入清单管理，对涉企经营许可事项实施分类改革，扩大实行告知承诺制范围，企业高频办证事项申请材料压减 50%、办理时限压缩 70%，推动许可审批质量和效率双提升。

第三，减轻企业负担，降低水电、土地、运输、社保等各项成本。2018 年，广东发布"实体经济十条"，推动全省降低实体经济成本。税收方面，降低城镇土地使用税、车辆车船税、印花税征收标准，企业所得税应税所得率按国家最低标准确定。土地方面，要求各地市年度建设用地供应计划充分保障工业用地供给，属于优先发展类产业的项目土地出让底价可按用地最低价标准的 70% 执行。运输物流方面，对部分车辆试行高速公路八五折优惠，停止审批新的普通公路收费项目，逐步取消普通公路收费。2020 年以来，广东积极落实新的组合式税费支持政策。以 2022 年为例，全年广东落实退税减税缓税降费达 4656 亿元，惠及 21 万户市场主体。

（二）深化科研机制体制改革：以创新主体为核心，促进创新要素集聚，完善配套机制

第一，建立以创新主体为核心的科研机制。一是加强高校院所建设，加大基础研究投入。2015 年以来，广东先后印发《关于建设高水平大学的意见》《关于加快科技创新的若干政策意见》等文件，部署推进理工科大学和理工类学科建设、高校科研机制体制改革、科技成果自主处置权改革等工作。2022 年，广东提出省级财政把 1/3 以上的科技经费投向基础研究，实施基础与应用基础研究十年"卓粤"计划。二是发挥新型举国体制优势，围绕新一代信息技术、高端装备制造、绿色低碳、生物医药、数字经济、新材料、海洋经济、现代种业和精准农业、现代工程技术九大重点领域，组织实施9批省重点领域研发计划。三是强化企业的创新主体地位。2014年起，广东实施大中型企业研发机构全覆盖行动，重点推动年产值5亿元以上的工业企业全部设立研发机构，同时建设面向中小微企业的孵化器。2015年以来，广东落实研发费用加计扣除等政策，设立企业研发准备金制度、中小微企业科技创新券制度，建立了初创科技企业、科技型中小企业、高新技术企业、科技领军企业梯次培育机制，大力培育壮大创新型企业群体。截至2021年，广东高新技术企业超6万家，数量连续6年稳居全国第一；全省入库科技型中小企业5.7万家；215家科技型企业入选2020年度中国创新能力千强企业；全省孵化器、众创空间等数量均居全国首位。

第二，完善知识产权保护、科研成果转化等体制机制。一是完善知识产权保护机制。2016年，广东作为全国首批知识产权强省试点省份，率先启动改革。2018年，广东省市场监督管理局、知识产权局挂牌成立，统一管理全省知识产权工作，省内建成3个国家级知识产权保护中心、7个国家级快速维权中心和多个省级维权援助分中心，广州、深圳、珠海等9个地市共建立15个调解委员会。二是完善科研成果转化机制。2016年，广东提出利用本省财政资金设立的高等院校、科研开发机构对其持有的科技成果享有自主处置权，对承接科技成果的企业，政府给予一定比例补助，同时推动技术交易市场建设，为技术贸易活动提供交易场所、信息平台。近年来，广东积极发挥企业创新能力，支持构建龙头企业牵头、高校院所支撑、各创新主体相互协同的创新联合体，支持建设概念验证中心、中小试基地，截至2022年，全省约90%的科研机构、90%的科研人员、90%的研发经费、90%的发明专利申请都来源于企业。

第三，加快双创人才引进及创新平台建设。人才引进方面，2017年深圳提出把提供人才安居保障纳入深圳市、区住房保障部门的法定职责，计划"十三五"规划期间为人才提供 30 万套住房，力度为前 5 年的 4.5 倍。2018 年，广东出台《协同推进科技创新人才发展行动方案》，试点实施精准引进创新创业团队，对于顶尖团队给予最高 1 亿元资助，同年制定落实博士和博士后购房补贴等优惠政策，从住房保障、子女入学、户口迁移、配偶就业各方面解决人才后顾之忧。创新平台建设方面，2017 年广东印发《广深科技创新走廊规划》，提出构建"一廊十核多节点"的空间格局。"一廊"即包括广州、深圳、东莞在内的广深科技走廊，"十核"即广州中新知识城、东莞松山湖等十大核心创新平台，"多节点"即广州国际生物岛园区、深圳前海深港现代服务业合作区等 37 个创新节点。广州高校及科研院所集聚，深圳高新技术企业集聚，东莞制造企业和工业园区集聚，协同创新平台的建设，可发挥主要城市各自优势，推动三市产业联动、空间联结，促进整体创新能力的提升，发挥对周边地区的辐射带动作用。

（三）促进非公有制经济发展，建设公平的营商环境

第一，落实行业准入负面清单管理制，减少对非公有制经济设置的隐性门槛。2018 年，广东省全面实施全国统一的市场准入负面清单，清单以外领域各类市场主体均可依法平等进入，不得以规范性文件、会议纪要等形式对民间资本设置隐性门槛。对交通、水利等公用事业，支持民间资本组建或参股产业投资基金。对教育、卫生等社会事业，推动民间投资在土地使用、用水用电、税费征收等方面享受政府投资同等待遇。

第二，以创新措施缓解民企融资难问题。一是利用大数据降低信息不对称。2019 年，广东省依托"数字政府"平台，整合税务、市场监管、社保、海关、司法等信息，建立中小企业信用信息共享机制，缓解金融机构对中小企业的信息不对称问题。二是拓展直接融资渠道。2019 年，广州加大力度支持符合条件的民企对接科创板，对企业上市实际发生费用分阶段给予补助。三是发展供应链金融、贸易融资、知识产权融资。2019年，广东结合自身特点，推动发展供应链金融、贸易融资，完善知识产权融资体系。运用物联网、区块链等技术，降低金融机构对抵押担保的过度依赖，提升金融机构对中小企业的信赖度。

第三，健全民营企业公共服务体系，加强权益保护。2017年，广东省出台中小企业公共服务平台管理规定，要求各级政府、行业协会等为中小企业提供培训、市场、创业创新、管理咨询、法律、融资等服务，2018年提供服务700余项。2019年，广东省规定政府部门不得以换届、领导人员更替等理由违反与中小企业的已签订合同，要求各级政府建立统一的企业投诉和维权服务平台、法律服务队伍，对拖欠中小企业账款的行为依法纳入失信记录，实施联合惩戒。

（四）扩大对外开放：促进贸易投资便利化，推动外贸升级，"引进来"与"走出去"相结合

促进贸易投资便利化，向国际规则接轨。在投资便利化方面，2018年，广东省自贸区实现外资企业开办3日内完成，省政府计划将全省外企开办时间压缩至5个工作日内；将外商投资企业设立、变更备案进一步下放至各级商务部门；优化企业投资审批流程，计划将现有投资审批事项及时限压缩1/4；扩大外资市场准入范围，全面落实负面清单管理，取消银行业、资产管理公司中的外资持股比例限制。在贸易便利化方面，2018年，广东在全省口岸复制推广国际贸易"单一窗口"模式，计划将货物通关时间压缩1/3；2019年，《广东省优化口岸营商环境促进跨境贸易便利化措施》出台，进一步规范、降低口岸收费，推广海运口岸智能通关模式，推进口岸物流信息电子化，深化粤港澳口岸合作。

推动外贸转型升级，向价值链上游转移。其一，以科技兴贸为重要战略，优化外贸结构。2000年，广东省发布《广东省科技兴贸实施方案》，以科技兴贸为重要战略，建设研究开发基地，发展高技术出口产品，推动加工贸易转型，提升一般贸易与服务贸易占比。其二，提高引进外资的质量，加强在高端产业、先进技术领域的深度合作，重点吸引发达国家跨国公司将关键技术、关键设备生产能力向省内转移，鼓励跨国公司设立地区总部，发挥国家级经济技术开发区等各类产业园区集聚创新作用。其三，培育外贸新业态，鼓励跨境电商、外贸综合服务等新业态发展创新。

"引进来"与"走出去"相结合，提高对外投资水平。2015 年以来，广东省以对接国家"一带一路"建设为契机，多项举措加快"走出去"的步伐：支持省内大型企业如华为、美的、粤电等赴"一带一路"沿线国家和地区投资，以赴海外设立研发中心、建设生产基地、开展并购等形式战略布局；开启自贸区试点，允许区域内银行向境外发放人民币贷款；设立广东省海外金融投资协会，提供服务支持等。根据《2021 年度中国对外直接投资公报》的数据，2021 年，广东省对外非金融类直接投资流量为 141.7 亿美元、存量为 1657.2 亿美元，均排各省区市第一位。

第四章
广东 21 城市："一省三世界" 的经济财政格局

广东省下辖 21 个地级及以上城市（含两个副省级城市），通常分为珠三角、粤东、粤西及粤北四大区域。珠三角地区包括广州、深圳、东莞、佛山、中山、惠州、珠海、江门及肇庆，是广东省内经济发展速度最快、发展质量最高的地区；粤东地区包括汕头、揭阳、潮州及汕尾，其中汕头、揭阳经济发展较快，已成为粤东地区两大核心城市；粤西地区包括湛江、茂名及阳江，其中湛江、茂名户籍人口多且地理位置优越，但人口流失严重，城镇化进程缓慢，省内地位不断下滑，直到近些年才逐步改善；粤北地区包括韶关、清远、梅州、河源及云浮，5 市具有生态涵养功能，但自然地理条件相对较差，整体经济仍处于工业化转型初期，近年依靠其他城市帮扶，经济发展速度有所提升。本章从经济、财政两个视角，对广东省内的区域分化格局进行解析，用丰富的数据展现广东 21 城市经济总量、结构、内外需、城乡居民收入、财政收支、政府债务的全貌。

第一节　地市间的经济状况差异较大

广东下辖 21 个地市，是我国地级区划最多的省份（与四川并列），既有广深等引领全国发展的重要引擎，也有相对落后的山区城市。整体来看，地市之间差异较大，如深圳 GDP 是最后一名云浮的 27.86 倍，人均 GDP 是最后一名梅州的 5.39 倍，15 个地市的人均 GDP 尚不及全国水平。在产业转型、研发创新、内外需、城乡居民收入等方面，各城市间也呈现出较大的落差。

一、经济总量及人均 GDP

广东各地市经济发展分化严重，城市间贫富差距悬殊，印证了"最富的城市在广东，最穷的城市也在广东"的说法。

其一，广东各地市 GDP 总量体现为四个梯队。第一梯队的广州及深圳处于绝对领跑地位，两市 2022 年地区生产总值合计超 6 万亿元，占全省地区生产总值的 47.4%，经济集聚效应日益明显（见图 4-1）。第二梯队的佛山、东莞毗邻广深，并与广深高度融合，GDP 均属于万亿元级别。第三梯队的惠州、珠海、茂名、江门、湛江、中山 6 市的地区生产总值处于 3500 亿元至 5500 亿元之间。其余地市经济总量较小，多位于粤北生态发展区。

其二，各地市人均 GDP 极不均衡，分化为三个世界。2022 年，珠三角的深圳、珠海、广州、佛山、东莞 5 市，人均 GDP 超过世界银行划定的高收入经济体标准（2022 年划定标准为 1.32 万美元），可认为进入了第一世界（见图 4-2）。除梅州、揭阳外的其余地市人均 GDP 达到 OECD 国家最低水平（6190 美元），可认为处于第二世界水平。梅州人均 GDP 为 5055 美元，揭阳人均 GDP 为 5985 美元，仍处于第三世界的经济体水平。

珠三角的繁华难掩粤东西北发展的动力不足，四个梯队与"三大世界"的分布格局是地区间发展落差的直观体现。总量上，2022 年省内第一名深圳的 GDP 是最后一名云浮的 27.86 倍，相差 3.12 万亿元。人均水平上，"最富"的深圳市远超高收入经济体，其人均 GDP（以 2021 年年末常住人口计算）是高收入经济体门槛的 2 倍以上，但同时广东仍有 15

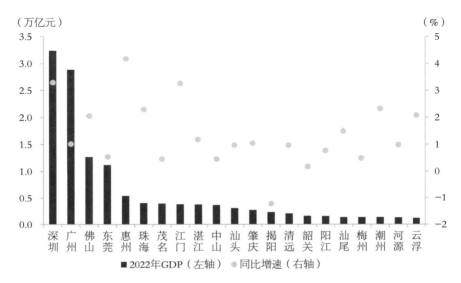

（万亿元）

（%）

■2022年GDP（左轴）　●同比增速（右轴）

图 4-1　2022 年广东省各地市 GDP 及增速

资料来源：广东各地市统计局、粤开证券研究院。

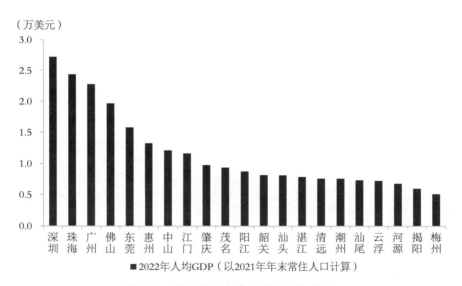

（万美元）

■2022年人均GDP（以2021年年末常住人口计算）

图 4-2　2022 年广东省各地市人均 GDP

注：2022 年各地市常住人口尚未全部公布。

资料来源：广东各地市统计局、粤开证券研究院。

个地市人均 GDP 不及全国水平（8.57 万元），"最穷"的梅州市仅为 3.4 万元，不足全国平均水平的一半。

二、产业结构

广东省以第三产业为主导，各地市间产业升级进程不一。2022 年广东省三产结构为 4∶41∶55，第三产业比重连续 8 年超 50%。具体来看，广州、深圳、珠海 3 市以第三产业为主导，2022 年比重分别达到 71.5%、61.6% 及 53.8%（见图 4-3）；东莞、佛山、惠州、中山、汕头、潮州及江门 7 市以第二产业为主导，其中东莞、佛山及惠州第二产业占比更高，分别为 58.2%、56.1% 及 55.9%；揭阳、汕尾、韶关及河源 4 市，第一产业及第二产业占比均较高，工业化城镇化转型持续推进。反观清远、肇庆、湛江、茂名、阳江、云浮及梅州 7 市，工业化进程较慢，第一产业占比均超过 15%，产业结构升级转型任重道远。

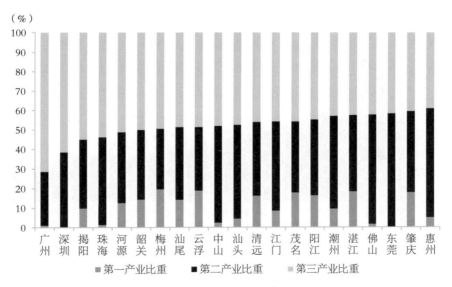

图 4-3　2022 年广东省各地市第一、二、三产业占比

资料来源：广东各地市统计局、粤开证券研究院。

（一）工业：广深莞佛占据全省 67.2%的规模以上工业增加值

21 个地市工业发展不均衡现象突出，珠三角地区工业增加值显著高于粤东西北地区。

一是从工业增加值来看，珠三角各市（除肇庆）均超过 1000 亿元。其中，深圳遥遥领先，2021 年全部工业增加值达到 10356 亿元，2022 年达 1.14 万亿元，超越上海位居全国城市之首；佛山、广州、东莞工业发展水平也相对较高，工业增加值均超 5000 亿元，前四大城市工业增加值合计占全省的 65.5%（见图 4-4）。而非珠三角地区工业发展水平普遍较落后，仅汕头、湛江、茂名工业增加值超过 1000 亿元，工业基础最薄弱的云浮，其全部工业增加值仅为 315 亿元。

二是从工业企业数量来看，珠三角九市聚集了全省 85%以上的工业企业。其中，广州、深圳、东莞、佛山 4 市 2021 年工业企业数量均在 6000 家以上，仅 4 市数量占比就达到 63.2%（见图 4-5）。粤东部分地市大力发展临港工业，也吸纳了一批工业企业，汕头、揭阳、潮州工业企业数量在 1000—5000 家之间。其余地市工业企业数量均少于 1000 家。

（二）服务业：广东服务业向省域、区域内中心聚集的现象较为明显

一是省域范围内，服务业加速向珠三角地区聚集。2021 年，珠三角九市规模以上服务业（包括交运仓储、信息技术服务、物业管理及金融等服务业）共实现营业收入 42835.3 亿元，占全省比重超 90%（见图 4-6）；第三产业从业人员数量占全省的 76.5%（见图 4-7）。

二是珠三角及粤东西北四大区域内，服务业向中心城市聚集。珠三角内主要向广深两市聚集，广州、深圳第三产业从业人员分别为 841.4 万人、757.8 万人；两市规模以上服务业营业收入占全省比重高达 83.2%。粤东向汕头集中，粤西向湛江集中，汕头及湛江服务业营业收入规模名列非珠地区前两名，分别为 314.2 亿元和 295.3 亿元。粤北地区服务业整体落后，河源、梅州、云浮等服务业营业收入均不及 80 亿元。

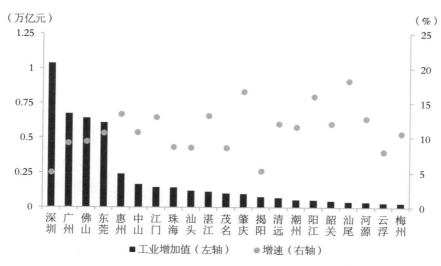

图 4-4　2021 年广东省各地市全部工业增加值及增速

资料来源：《广东统计年鉴 2022》、粤开证券研究院。

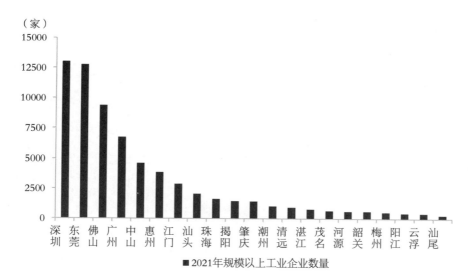

图 4-5　2021 年广东省各地市规模以上工业企业数量

资料来源：《广东统计年鉴 2022》、粤开证券研究院。

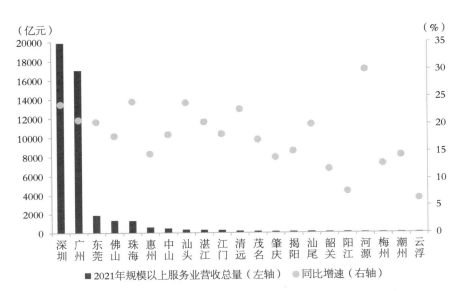

图 4-6　2021 年广东省各地市规模以上服务业营业收入规模及增速

资料来源：《广东统计年鉴 2022》、粤开证券研究院。

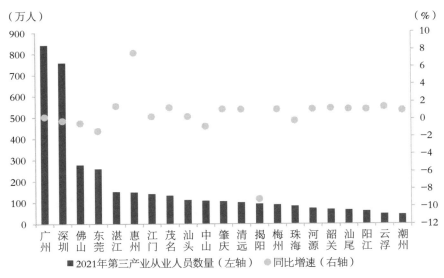

图 4-7　2021 年广东省各地市第三产业从业人员数量及增速

资料来源：《广东统计年鉴 2022》、粤开证券研究院。

三、研发强度

广东省研发水平全国领先，珠三角核心城市（深圳、广州、东莞、佛山）是广东创新的策源地。根据《2021 年全国科技经费投入统计公报》，广东省研发（R&D）经费投入在全国 31 个省（自治区、直辖市）排第一位，研发强度（研发经费/GDP）居全国第四位。一是研发投入方面，深圳、广州、东莞及佛山 2021 年 R&D 支出分别为 1682 亿元、882 亿元、434 亿元及 342 亿元，4 市 R&D 支出总和占全省总量的 83.5%（见图 4-8）。二是研发强度方面，深圳 2021 年研发强度为 5.5%，东莞、广州、佛山分别为 4.0%、3.1%、2.8%，均高于全国平均水平（2.4%）。三是研发投入带来更多的工业品创新，深圳、东莞、广州、佛山的规模以上工业企业新品销售收入位列前四，分别为 17146.5 亿元、9121.2 亿元、6100.5 亿元和 5844.6 亿元；新产品销售收入占营业收入的比重更高，其中深圳达到 40.4%（见图 4-9）。

反观非珠三角地区，研发投入较少，研发强度较低，处于粤北山区的云浮、梅州、河源，粤东地区的汕尾、潮州，以及粤西地区的阳江研发经费均不及 10 亿元，研发强度均位于 0.7% 以下。

高研发投入加速了产业结构转型升级的过程，大批先进制造业企业在珠三角核心城市聚集，通过集群效应进一步提高当地研发水平，形成科技创新和产业发展的正反馈循环。2021 年，广州、深圳、东莞、佛山先进制造业增加值占全省的比重达到 71.9%，高科技制造业占比为 80.9%（见图 4-10、图 4-11）。需关注到，近年来随着"一核一带一区"等广东区域协调发展政策的纵深推进，叠加"制造业当家"的总要求，粤东西北的部分地区制造业转型升级速度加快。例如，茂名、汕头、揭阳 3 市 2016—2021 年先进制造业占比累计提高超 20 个百分点。

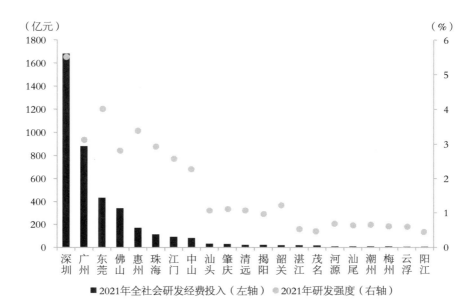

图4-8 2021年广东省各地市全社会研发投入及强度情况

资料来源:广东省科技经费统计公报、粤开证券研究院。

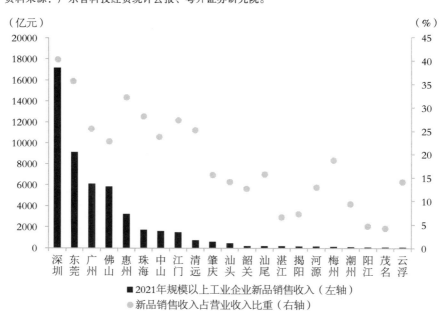

图4-9 2021年广东省各地市新品销售收入及占比情况

资料来源:《广东统计年鉴2022》、粤开证券研究院。

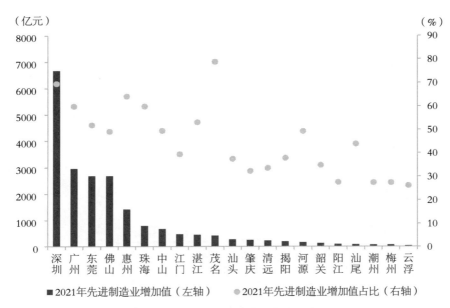

图 4-10　2021 年广东省各地市先进制造业增加值及占比

资料来源：《广东统计年鉴 2022》、粤开证券研究院。

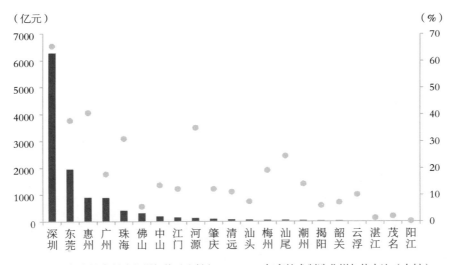

图 4-11　2021 年广东省各地市高技术制造业增加值及占比

资料来源：《广东统计年鉴 2022》、粤开证券研究院。

四、经济需求结构

其一，规模上，无论是投资、消费、进出口，还是实际利用外资水平，珠三角都显著高于粤东西北地区。投资方面，全省约七成的固定投资集中在珠三角地区，其中广深两市占据半壁江山，而经济较为落后的韶关、梅州、阳江、潮州及云浮居全省末五位。消费方面，珠三角贡献了全省 75.5% 的社会零售总额，广州、深圳、东莞、佛山 2022 年社会消费品零售（下文简称"社零"）总额居全省前四位，分别为 10298.2 亿元、9708.3 亿元、4254.9 亿元和 3593.6 亿元（见图 4-12）。值得注意的是，湛江、汕头两市社零总额相较于经济总量排位相对靠前，主要由于两市分别作为粤西及粤东城市群的核心，吸纳了周围地市的部分消费力；同时由于珠海毗邻澳门，珠海部分消费力转移至澳门，导致珠海社零总额排位低于经济总量排位。进出口方面，深圳、东莞、广州、佛山是广东主要的对外贸易窗口，2022 年仅四市就占据了全省 82.1% 的贸易总额，珠三角九市更是贡献了九成以上的贸易总额和贸易顺差（见图 4-13、图 4-14）。利用外资方面，珠三角地区实际利用外资金额占全省的 94.5%，广深两市的实际利用外资金额分别为 574.1 亿元和 737.8 亿元，潮州、阳江、韶关、云浮、揭阳、汕尾、汕头、茂名、梅州九市之和仅为 35.6 亿元，不少城市不足 2 亿元（见图 4-15）。

其二，增速上，2022 年面临巨大的经济下行压力，广东实现平稳增长，珠三角是韧性所在。投资方面，在地产下行周期拖累下，绝大部分城市固定资产投资大幅下滑，例如茂名、揭阳、江门 2022 年固定投资同比分别为 -32.8%、-29.3% 及 -23.5%。而佛山、广州逆势增长，增速分别为 8.8% 和 8.4%，居全省前二位（见图 4-16）。消费方面，新冠疫情冲击了居民资产负债表，限制了消费场景，但珠三角广州、深圳、惠州、中山等城市仍保持正增长。进出口方面，贸易体量较大的深圳、广州、佛山平稳增长，同比增速分别为 3.7%、1.1%、7.7%。此外，粤西湛江、茂名表现亮眼，同比增长 14.7%、12.1%，领跑全省。而粤北和粤东地区相对落后，河源、汕尾 2022 年进出口总额同比下降超 20%。

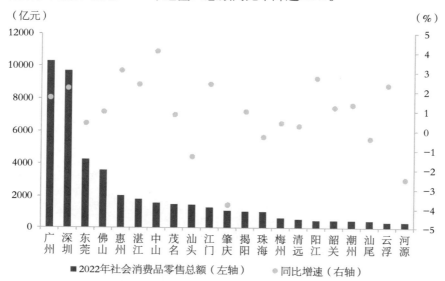

图 4-12　2022 年广东省各地市社会消费品零售总额及增速

资料来源：广东各地市统计局、粤开证券研究院。

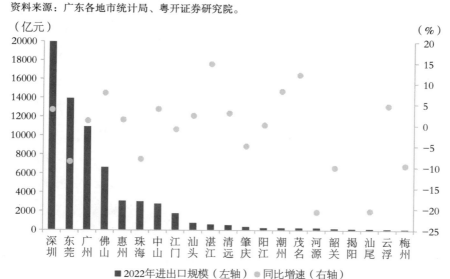

图 4-13　2022 年广东省各地市进出口规模及增速

资料来源：广东各地市统计局、粤开证券研究院。

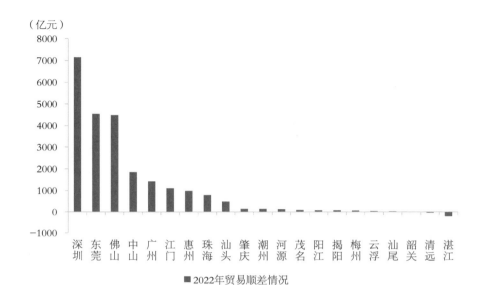

图 4-14　2022 年广东省各地市贸易顺差情况

资料来源：广东各地市统计局、粤开证券研究院。

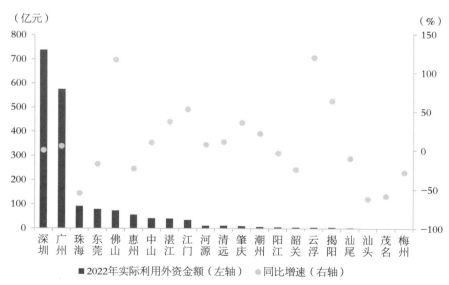

图 4-15　2022 年广东省各地市实际利用外资金额及增速

资料来源：广东各地市统计局、粤开证券研究院。

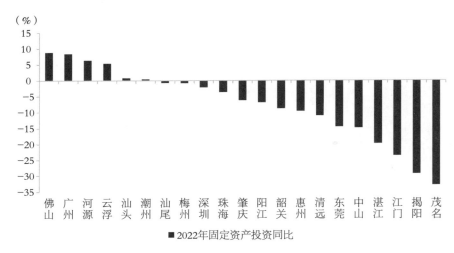

图4-16 2022年广东省各地市固定资产投资同比

资料来源：广东各地市统计局、粤开证券研究院。

五、城乡收入

广州市城乡居民收入差距最大，中山市城乡收入差距最小。2022年广州城镇居民可支配收入是农村居民的2.12倍，居全省第一位；深圳市已经全部城镇化，无农村居民；中山、东莞、潮州城乡收入比值低于1.5倍；其他地市城乡居民收入比值范围在1.5倍至2倍之间（见图4-17）。2022年广东农村居民收入增速较城镇居民更快，所有地市城乡收入差距较上年都有所收窄，广州、揭阳的城乡收入比值下降幅度最大，云浮的城乡收入比值降幅最小。

第二节 珠三角与粤东西北财政形势分化

珠三角核心城市财政自给率高，财政收入规模和收入质量高于其他地区。根据各地市政府预算执行数据，2022年广州、深圳、东莞、佛山一

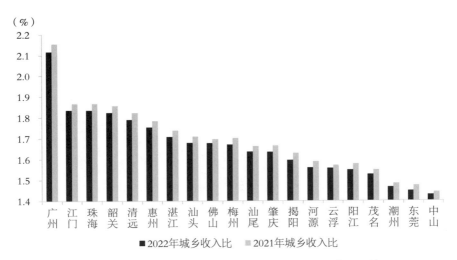

图 4-17　2021 年、2022 年广东省各地市城乡居民收入比值

注：深圳市无农村居民。
资料来源：广东各地市统计局、粤开证券研究院。

般公共预算收入分别为 1854.7 亿元、4012.3 亿元、766.0 亿元及 796.9
亿元，四市之和占全部地市一般公共预算收入的 72.7%；除肇庆外的珠三
角城市财政自给率均在 50% 以上，其中深圳、东莞财政自给率超 80%，
而非珠地区财政自给率普遍在 40% 以下。广东省整体债务风险较低，但
粤东、粤北、粤西部分地市地方财力有限而债务压力较大，应注意防范部
分城市的债务风险。

一、一般公共预算收支：珠三角核心地区财政质量较高，非珠
地区对转移支付依赖性强

　　2022 年财政发挥逆周期调节作用，地方落实中央留抵退税政策，全
省有 16 个地市一般公共预算收入同比负增长。从收入规模来看，珠三角
核心城市收入规模显著高于其他地区城市。由于深圳的计划单列市特殊体
制，财政直接与中央挂钩，深圳的一般公共预算收入傲视群雄，2022 年
一般公共预算收入达 4012.3 亿元，收入规模与除广州之外的各地市收入

总额相近（见图4－18）。广州一般公共预算收入排名全省第二位，为1854.7亿元。佛山及东莞分别依托广州及深圳经济优势以及自身的工业优势，一般公共预算收入仅次于广深。除肇庆外的珠三角城市一般公共预算收入均超200亿元，非珠地区城市收入均低于150亿元，整体区域收入排名依次为珠三角、粤西、粤北、粤东。2022年，潮州一般公共预算收入不足50亿元，深圳一般公共预算收入相当于潮州的81.5倍。

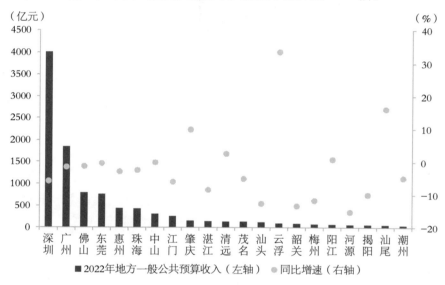

图4－18　2022年广东省各地市一般公共预算收入规模及增速

资料来源：广东各地市财政局、粤开证券研究院。

珠三角核心城市一般公共预算支出规模高，民生支出占比不高。从支出规模来看，广东一般公共预算支出与收入情况趋同，一般公共预算支出也呈两极分化态势，首末位支出之比约为23倍。深圳处于绝对领先地位，2022年一般公共预算支出4997.2亿元；广州次之，2022年支出3014.2亿元；佛山、东莞、珠海、惠州、湛江、茂名紧随其后，其余地市支出均在500亿元以下（见图4－19）。

珠三角地区财政自给率高，粤东西北区域对转移支付依赖性较高。东

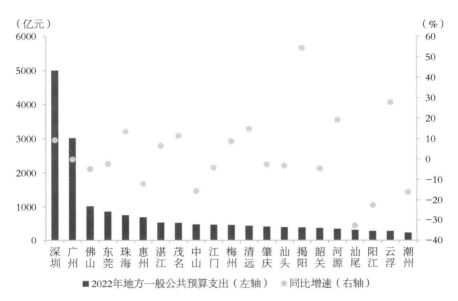

图 4-19　2022 年广东省各地市一般公共预算支出规模及增速

资料来源：广东各地市财政局、统计局，粤开证券研究院。

莞、深圳及佛山财政自给率处于全省前列，2022 年财政自给率分别为88.7%、80.3%、78.0%（见图 4-20）。2022 年深圳一般公共预算收入下行而支出增长较快，致使财政自给率大幅下降。除深圳外的珠三角其他地市财政自给率与上年大致保持一致，中山、惠州、广州、江门、珠海财政自给率均高于 50%，肇庆财政自给率 40.5%，位居珠三角地区末尾。而非珠地区地市财政自给情况较差，财政自给率均在 40% 以下，对转移支付依赖性较高。

珠三角地区财政收入中税收收入占比相对较高，粤北及粤东对非税收入依赖性较高，部分地市财政质量有待提高。2022 年受留抵退税因素影响，各地市税收收入占比普遍下滑。分区域来看，珠三角区域财政收入质量最好，粤西地区次之，粤北及粤东地区整体税收占比相对较低，对非税收入依赖性较高，汕尾、揭阳和云浮税收占比居全省末三位，2022 年税收占比分别为 41.5%、40.7% 和 28.4%（见图 4-21）。

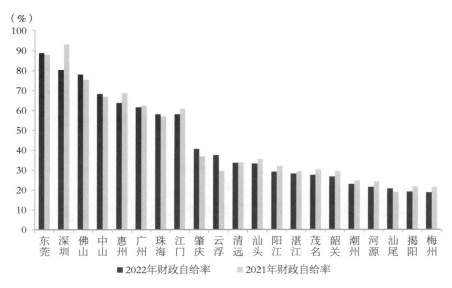

图 4-20　2021 年与 2022 年广东省各地市财政自给率

资料来源：广东各地市财政局、统计局，粤开证券研究院。

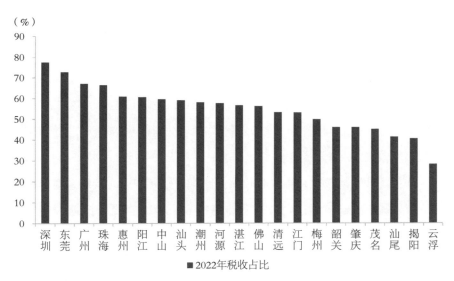

图 4-21　2022 年广东省各地市税收占一般公共预算收入比重

资料来源：广东各地市财政局、统计局，粤开证券研究院。

二、政府性基金预算收入：广东大部分地市对土地财政的依赖度处于全国中等水平

珠三角核心城市政府性基金收入规模较高。2022 年土地市场下行，各地市政府性基金收入普遍大幅负增长。广州政府性基金收入处于全省绝对领先地位，2022 年收入 1629.2 亿元，但同比下滑约 1/3。深圳、佛山、东莞、珠海、惠州 2022 年政府性基金收入分别为 1025.8 亿元、557.1 亿元、411 亿元、369.9 亿元、258.1 亿元（见图 4-22）。江门、中山、肇庆、湛江、清远、茂名、汕头 7 市 2022 年政府性基金收入处于 50 亿—150 亿元之间。其余城市政府性基金收入规模较小，其中潮州收入规模最小，2022 年政府性基金收入只有 18.25 亿元，第一名广州是最后一名潮州的 89.3 倍。

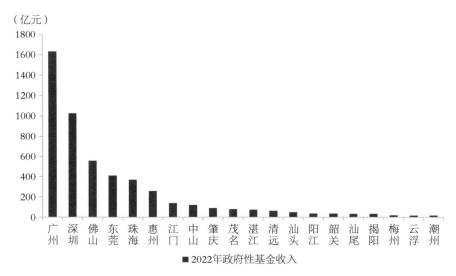

图 4-22　2022 年广东省各地市政府性基金收入

注：河源政府性基金收入数据缺失。

资料来源：广东各地市财政局、粤开证券研究院。

广东大部分地市对土地财政的依赖度处于全国中等水平。由于广东省各地市国有土地使用权出让收入、财政转移支付数据公布不完整，我们以

政府性基金收入／（政府性基金收入＋一般公共预算收入）来近似衡量广东各地市对土地财政的依赖程度，虽不完全精准，但具有一定的参考意义。2022 年全国土地出让收入同比减少 23.3%，各省土地财政依赖度有所下降。广东省国有土地使用权出让收入总量居全国第四位，但土地使用权出让收入与综合财力之比处于全国中等偏下水平。深圳对土地财政依赖程度最低，2022 年政府性基金收入占两项财政收入之和的比重仅为 20.4%（见图 4-23）。相对而言，佛山、珠海、广州对土地财政依赖程度较高，2022 年政府性基金收入占比分别为 41.1%、45.8%、46.8%，但广州市土地财政依赖度仍低于杭州（56.6%）、成都（55.5%）等省会城市。

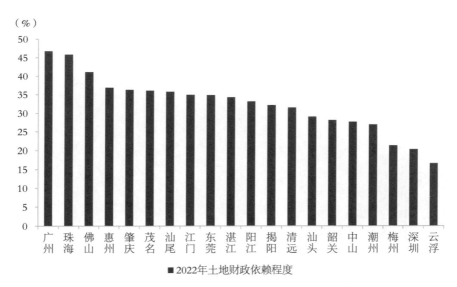

图 4-23　2022 年广东省各地市土地财政依赖程度情况

注：河源市政府性基金收入数据缺失。
资料来源：广东各地市财政局、粤开证券研究院。

三、政府债务：深圳负债率仅为 6.4%，粤北山区债务压力重

2022 年广东省完成中央赋予的全域无隐性债务试点任务，实现存量

隐性债务全部"清零"目标。广东省内显性债务负担呈现不均衡特征，珠三角地区地方政府债务规模较大，但区域经济对债务的依赖度较低，深圳、广州的负债率在全国范围内都处于较低水平；粤北山区地方政府发展经济对债务依赖度较高，梅州负债率全省最高。

从债务余额来看，广佛深政府债务规模较高，债务结存限额空间较大。2022 年广州、佛山、深圳债务规模在 2000 亿元以上，显著高于其余地市，地方政府债务余额分别为 4655.6 亿元、2277.8 亿元、2082.9 亿元。2022 年东莞、珠海、惠州的债务余额高于 1000 亿元，其余地市债务余额规模均在 1000 亿元以下（见图 4-24）。阳江、潮州债务规模最小，分别为 380.2 亿元、341.8 亿元。从债务限额来看，广东 21 地市债务余额均未超过限额，其中深圳、广州、佛山债务使用率最低，债务余额/债务限额比例在 94% 以下，2022 年年末政府债务结存限额空间均超过 100 亿元。

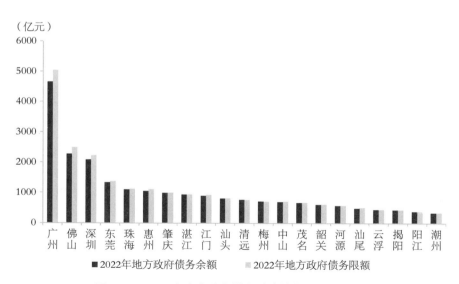

图 4-24　2022 年广东省各地市政府债务余额及限额

资料来源：广东各地市财政局、粤开证券研究院。

深圳、东莞及广州负债率较低，粤北山区债务压力较重。从负债率来看，深圳、东莞、广州3市债务压力最低且经济增长对债务依赖性最低，经济发展不以举债投资为驱动，2022年3市地方政府负债率分别为6.4%、12.0%、16.1%。珠三角9市负债率较低，除了肇庆（36.8%）之外，均在30%以下（见图4-25）。粤西地区湛江、茂名、阳江3市负债率处于15%至30%之间，当地经济对债务依赖度较低。负债率较高的是粤北5市，区域经济发展动能不足，难以匹配政府债务扩张。2022年梅州市负债率54.0%，已逼近60%的债务警戒线。

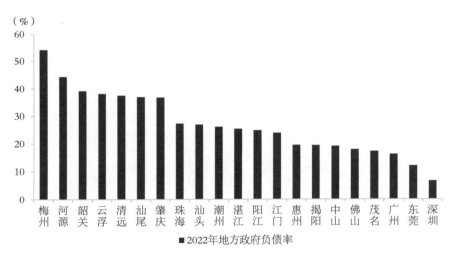

图4-25 2022年广东省各地市政府负债率情况

资料来源：广东各地市财政局、粤开证券研究院。

广东非珠三角地区的债务率较高，应重点关注经济发展较为落后的地市的债务风险。由于各地市转移支付数据公布不完整，本节在债务率计算过程中未考虑转移支付，而使用政府债务余额/（一般公共预算收入+政府性基金收入）来近似代替债务率，比值并不完全精准（比实际值大），但有参考意义。2022年，深圳、广州、东莞、佛山、中山、珠海6市的地方政府债务率最低，均处于100%以下；非珠地区债务压力较大，粤东

的潮州、汕尾市地方财力大幅下降，债务率数据远高于其他地市（见图
4-26）。深圳债务率只有 14.1%，债务风险远低于其余地市，主要原因一
方面是深圳已实现全面城镇化且城市面积小，大规模举债进行城市建设的
需要相对小；另一方面是深圳已从投资驱动转换为创新驱动阶段，举债动
机不强。

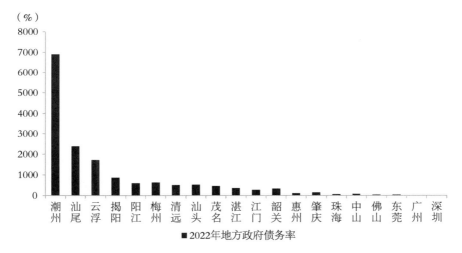

图 4-26　2022 年广东省各地市政府债务率情况

注：河源市政府性基金收入数据缺失；债务率为未考虑转移支付的估算值，具有参考意义。
资料来源：广东各地市财政局、粤开证券研究院。

第五章
广东 122 区县：经济社会发展面面观

广东省已形成以广深为核心、茂湛及汕头为两个副中心的三大增长极和"一核一带一区"战略布局，但在区县视角下，结构分化与发展不平衡的"顽疾"仍未根治。例如，一般公共预算收支呈现以珠三角为核心的单核分布结构，人口结构、科技创新等也有类似特征。本章聚焦广东省内 122 个区县的经济总量、人均水平、产业结构、财政负债、公共服务、人口结构等角度，观察广东发展不均衡的形势与特征。

第一节　区县经济发展不平衡

广东 122 区县的区域经济分化主要体现在：珠三角区县与粤东粤西粤北区县之间的 GDP 总量和人均 GDP 差异大，珠三角区县产业升级进程快。

一、经济总量及人均 GDP："一核一带一区"战略初具成效，但区域分化仍有待改善

从 2022 年经济总量来看，"一核一带一区"战略布局已逐步成型。广深作为广东的两大核心增长极，90% 的广深区县 GDP 已超千亿元规模，

其中南山区以8035.88亿元列第一位。在广深两市的辐射作用下，佛山各区县GDP迈入千亿元规模；惠州（除龙门县外）各区县2020年GDP均已超过700亿元；清城区则依托广清城乡融合发展试验区，成为粤北地区唯一GDP超700亿元的区县。茂名作为西部沿海经济带的战略核心，已形成以茂南区为中心带动高州区、电白区、化州市等周边区县，再逐步辐射至湛江及阳江部分区县的发展格局。东部沿海经济带也初步形成以汕头市龙湖、金平区为中心的增长极，但相较于粤西，粤东中心区的GDP总量及辐射效果仍有待提高。粤北地区作为生态发展区，除清城区及英德市外，各区县经济总量均处于全省中位数（405.19亿元）之下，在全省区县GDP排名后15位中，粤北区县共占据了13位（见表5-1）。

表5-1 2022年广东GDP最高和最低的15个区县情况

全省经济规模排名	区县	所在地市	GDP（亿元）	全省经济规模排名	区县	所在地市	GDP（亿元）
1	南山区	深圳市	8035.88	107	翁源县	韶关市	132.08
2	天河区	广州市	6215.72	108	和平县	河源市	128.98
3	福田区	深圳市	5514.49	109	丰顺县	梅州市	119.29
4	龙岗区	深圳市	4759.06	110	仁化县	韶关市	119.26
5	宝安区	深圳市	4701.61	111	乳源县	韶关市	114.70
6	黄埔区	广州市	4313.76	112	陆河县	汕尾市	106.01
7	顺德区	佛山市	4166.39	113	蕉岭县	梅州市	105.68
8	南海区	佛山市	3730.59	114	始兴县	韶关市	101.89
9	越秀区	广州市	3650.18	115	大埔县	梅州市	100.80
10	龙华区	深圳市	2951.67	116	连平县	河源市	100.26
11	番禺区	广州市	2705.47	117	平远县	梅州市	86.57
12	香洲区	珠海市	2682.23	118	新丰县	韶关市	82.97
13	罗湖区	深圳市	2630.19	119	连南县	清远市	72.82
14	海珠区	广州市	2502.52	120	连山县	清远市	46.93
15	白云区	广州市	2476.20	121	南澳县	汕头市	35.93

注：云浮市云安区暂无2022年GDP数据，未纳入统计。
资料来源：各区县人民政府官网、粤开证券研究院。

从 2022 年 GDP 增速来看，珠三角及粤西区县 GDP 增速优于粤东及粤北区县。珠三角、粤东、粤西、粤北各区县 2022 年 GDP 增速均值分别为 2.4%、0.9%、1.3%、1.2%。共有 62 个区县 2022 年 GDP 增速超过全省增速（1.9%），其中深圳市坪山区、仁化县及深圳市光明区增长势头强劲，2022 年增速超 6%；德庆县、韶关市曲江区、广州市白云区、茂名市茂南区四区县则出现较大幅度负增长。

从 2021 年人均 GDP 来看，区县视角下的广东"一省三世界"的分化格局更为明显。广州多数城区（除白云区及从化区）、深圳及佛山的全部城区，以及珠海、江门、湛江、茂名、汕头等城市的核心区县均已跨过高收入经济体门槛（12695 美元），其中南山区以 65376.7 美元列全省首位，此规模已达到美国各州人均 GDP 中游水平。兴宁市、丰顺县及五华县仍处于中等偏下收入经济体水平。广东其余 83 区县均处于中等偏上收入经济体水平（见表 5-2）。

表 5-2　2021 年广东人均 GDP 最高和最低的 15 个区县情况

省内人均 GDP 排名	区县	所在地市	人均 GDP （美元）	省内人均 GDP 排名	区县	所在地市	人均 GDP （美元）
1	南山区	深圳市	65377	108	连平县	河源市	5320
2	盐田区	深圳市	54865	109	陆丰市	汕尾市	5309
3	越秀区	广州市	53949	110	紫金县	河源市	5302
4	福田区	深圳市	52903	111	徐闻县	湛江市	5220
5	黄埔区	广州市	52252	112	吴川市	湛江市	5193
6	天河区	广州市	41514	113	罗定市	云浮市	5150
7	南沙区	广州市	37774	114	潮阳区	汕头市	4948
8	罗湖区	深圳市	34727	115	大埔县	梅州市	4713
9	高明区	佛山市	32186	116	普宁市	揭阳市	4689
10	香洲区	珠海市	28873	117	龙川县	河源市	4440
11	金湾区	珠海市	28063	118	惠来县	揭阳市	4358

续表

省内人均 GDP 排名	区县	所在地市	人均 GDP （美元）	省内人均 GDP 排名	区县	所在地市	人均 GDP （美元）
12	三水区	佛山市	26992	119	雷州市	湛江市	4150
13	坪山区	深圳市	25187	120	兴宁市	梅州市	3911
14	禅城区	佛山市	24911	121	丰顺县	梅州市	3836
15	海珠区	广州市	20475	122	五华县	梅州市	2965

注：根据世界银行 2021 年 7 月发布的标准，高收入经济体人均 GNI>12695 美元，中等偏上收
入经济体人均 GNI 为 4096—12695 美元、中等偏下经济体人均 GNI 为 1046—4095 美元。
资料来源：《广东统计年鉴 2022》、粤开证券研究院。

二、产业结构：52.46% 的广东区县以第三产业为主，珠三角区县产业结构升级进程更快

广东第一产业主要聚集在粤西地区，珠三角地区（尤其是广深两市）第一产业增加值较低。在 11 个第一产业增加值超过百亿元规模的区县中，茂名及湛江两市占据了 8 席，其中茂名 3 区县（高州市、电白区、化州市）分别以 165.87 亿元、156.84 亿元、147.47 亿元列前三位。全省共有 7 个第一产业增加值低于 1 亿元的区县，均在珠三角地区，其中深圳独占 4 席（见表 5-3）。

表 5-3 2021 年广东第一产业规模最高和最低的 15 个区县情况

第一产业 增加值 排名	区县	所在地市	第一产业 增加值 （亿元）	第一产业 增加值 排名	区县	所在地市	第一产业 增加值 （亿元）
1	高州市	茂名市	165.87	108	光明区	深圳市	2.38
2	电白区	茂名市	156.84	109	龙岗区	深圳市	2.25
3	化州市	茂名市	147.47	110	天河区	广州市	2.00
4	雷州市	湛江市	145.28	111	福田区	深圳市	1.60
5	信宜市	茂名市	142.54	112	海珠区	广州市	1.37

续表

第一产业增加值排名	区县	所在地市	第一产业增加值（亿元）	第一产业增加值排名	区县	所在地市	第一产业增加值（亿元）
6	遂溪县	湛江市	141.55	113	赤坎区	湛江市	1.31
7	廉江市	湛江市	134.07	114	南山区	深圳市	1.17
8	怀集县	肇庆市	112.21	115	坪山区	深圳市	1.13
9	台山市	江门市	108.74	116	宝安区	深圳市	0.92
10	徐闻县	湛江市	106.27	117	禅城区	佛山市	0.65
11	高要区	肇庆市	106.16	118	龙华区	深圳市	0.59
12	英德市	清远市	79.97	119	盐田区	深圳市	0.51
13	陆丰市	汕尾市	78.86	120	罗湖区	深圳市	0.42
14	饶平县	潮州市	78.30	121	端州区	肇庆市	0.20
15	博罗县	惠州市	76.74	122	越秀区	广州市	0.00

资料来源：《广东统计年鉴 2022》、粤开证券研究院。

广东第二产业向珠三角核心城市聚集，粤东、粤西地区分别向汕头、茂名聚集，但后者聚集规模仍较小。第二产业增加值超千亿元规模的 9 个区县均处于珠三角核心城市，以珠三角核心城市为中心，呈同心圆式辐射至周边区县。2021 年，超过 70%的珠三角区县第二产业增加值已超过 200 亿元。粤东地区第二产业向汕头附近聚集，潮州市潮安区、汕头市潮阳区及潮南区第二产业增加值均超 300 亿元。粤西地区工业基础又次于粤东地区，除茂名市茂南区、湛江市麻章区第二产业规模较高外，茂名市电白区、湛江市坡头区及阳江市江城区均处于 200 亿元规模，其余区县第二产业规模低于 200 亿元。粤北地区工业基础较为薄弱，约 75%的区县处于全省后 1/3 水平，超百亿元水平的区县占比仅21.6%（见表 5-4）。

表 5-4　2021 年广东第二产业规模最高和最低的 15 个区县情况

第二产业增加值排名	区县	所在地市	第二产业增加值（亿元）	第二产业增加值排名	区县	所在地市	第二产业增加值（亿元）
1	龙岗区	深圳市	3199.55	108	南雄市	韶关市	32.90
2	黄埔区	广州市	2468.16	109	郁南县	云浮市	32.83
3	顺德区	佛山市	2411.33	110	始兴县	韶关市	32.76
4	宝安区	深圳市	2230.47	111	和平县	河源市	32.68
5	南山区	深圳市	2188.40	112	乐昌市	韶关市	30.89
6	南海区	佛山市	1907.77	113	陆河县	汕尾市	28.52
7	龙华区	深圳市	1446.99	114	连平县	河源市	26.61
8	惠阳区	惠州市	1053.99	115	阳山县	清远市	26.32
9	三水区	佛山市	1010.25	116	新丰县	韶关市	25.12
10	番禺区	广州市	964.43	117	平远县	梅州市	23.39
11	南沙区	广州市	885.96	118	大埔县	梅州市	21.54
12	光明区	深圳市	875.45	119	徐闻县	湛江市	21.29
13	惠城区	惠州市	851.65	120	连南县	清远市	19.25
14	香洲区	珠海市	850.76	121	连山县	清远市	7.18
15	花都区	广州市	801.67	122	南澳县	汕头市	5.59

资料来源：《广东统计年鉴 2022》、粤开证券研究院。

广东第三产业聚集在珠三角地区。2021 年第三产业超 500 亿元规模的区县均为珠三角区县，其中广州市天河区、深圳市南山区、深圳市福田区、广州市越秀区、深圳市罗湖区分别以 5562.39 亿元、5441.02 亿元、4844.50 亿元、3481.55 亿元、2394.25 亿元位列全省前五。共有 13 个区县第三产业增加值低于 50 亿元，大部分都处于粤北地区（包括粤东 1 区县、珠三角 1 区县、粤北 11 区县），粤北所有区县第三产业增加值之和（3530.7 亿元）尚不及天河区的 65%（见表 5-5）。

表 5-5　2021 年广东第三产业规模最高和最低的 15 个区县情况

第三产业增加值排名	区县	所在地市	第三产业增加值（亿元）	第三产业增加值排名	区县	所在地市	第三产业增加值（亿元）
1	天河区	广州市	5562.39	108	陆河县	汕尾市	55.92
2	南山区	深圳市	5441.02	109	大埔县	梅州市	50.44
3	福田区	深圳市	4844.50	110	封开县	肇庆市	49.89
4	越秀区	广州市	3481.55	111	丰顺县	梅州市	48.94
5	罗湖区	深圳市	2394.25	112	连平县	河源市	48.79
6	宝安区	深圳市	2190.44	113	平远县	梅州市	46.54
7	海珠区	广州市	1980.11	114	乳源县	韶关市	46.06
8	白云区	广州市	1924.54	115	云安区	云浮市	42.81
9	香洲区	珠海市	1744.66	116	仁化县	韶关市	42.38
10	黄埔区	广州市	1685.50	117	蕉岭县	梅州市	41.14
11	龙岗区	深圳市	1665.00	118	始兴县	韶关市	39.86
12	番禺区	广州市	1647.63	119	新丰县	韶关市	39.44
13	南海区	佛山市	1592.23	120	连南县	清远市	36.01
14	顺德区	佛山市	1580.39	121	连山县	清远市	23.90
15	禅城区	佛山市	1399.43	122	南澳县	汕头市	17.17

资料来源：《广东统计年鉴 2022》、粤开证券研究院。

从产业结构来看，13.11% 的区县仍以第一产业为主，34.43% 的区县以第二产业为主，52.46% 的区县以第三产业为主。分区县来看，徐闻县、雷州市、怀集县第一产业占比最高（49.8%、41.0% 及 40.6%），且"十三五"规划期间第一产业占比均有提高（5.4 个、4.3 个、0.7 个百分点）。佛山市高明区、湛江市麻章区、佛山市三水区第二产业占比最高（74.6%、73.1% 及 71.9%）；普宁市、广州市南沙、湛江市麻章区、揭阳市揭东区转型速度最快，"十三五"规划期间第三产业占比分别增加31.3 个、29.8 个、29.1 个、24 个百分点。广州市越秀区、深圳市罗湖区、广州市天河区、深圳市福田区第三产业占比最高，分别为 95.9%、

93.1%、92.5%、91.1%（见表 5-6）。

表 5-6　2021 年广东三次产业比重最高的 15 个区县情况

第一产业占比排名	区县	所在地市	第一产业占比（%）	第二产业占比排名	区县	所在地市	第二产业占比（%）	第三产业占比排名	区县	所在地市	第三产业占比（%）
1	徐闻县	湛江市	49.75	1	高明区	佛山市	74.59	1	越秀区	广州市	95.92
2	雷州市	湛江市	41.03	2	麻章区	湛江市	73.13	2	罗湖区	深圳市	93.10
3	怀集县	肇庆市	40.56	3	三水区	佛山市	71.89	3	天河区	广州市	92.52
4	封开县	肇庆市	37.60	4	金湾区	珠海市	68.26	4	福田区	深圳市	91.09
5	南澳县	汕头市	34.47	5	光明区	深圳市	68.11	5	盐田区	深圳市	83.24
6	遂溪县	湛江市	34.07	6	惠阳区	惠州市	67.73	6	海珠区	广州市	82.33
7	阳山县	清远市	33.93	7	坡头区	湛江市	66.39	7	赤坎区	湛江市	78.05
8	广宁县	肇庆市	32.25	8	龙岗区	深圳市	65.74	8	白云区	广州市	75.44
9	大埔县	梅州市	28.22	9	坪山区	深圳市	65.17	9	荔湾区	广州市	72.26
10	南雄市	韶关市	27.71	10	潮安区	潮州市	64.90	10	南山区	深圳市	71.31
11	信宜市	茂名市	27.30	11	江海区	江门市	59.88	11	端州区	肇庆市	69.66
12	翁源县	韶关市	26.94	12	潮南区	汕头市	59.69	12	香洲区	珠海市	67.14
13	阳西县	阳江市	26.68	13	黄埔区	广州市	59.35	13	湘桥区	潮州市	66.91
14	兴宁市	梅州市	26.67	14	顺德区	佛山市	59.33	14	浈江区	韶关市	66.76
15	连山县	清远市	26.19	15	曲江区	韶关市	59.21	15	禅城区	佛山市	65.12

资料来源：《广东统计年鉴 2022》、粤开证券研究院。

三、经济需求结构：疫情影响下广东消费及外贸承压，经济增长依靠投资拉动为主

（一）消费：2022 年广东超四成的区县社会消费品零售总额同比负增长

广东各区县社会消费品零售总额（以下简称"社零"）可分为四个梯队。第一梯队为珠三角核心城市区县，社零总额大多处于 500 亿元以

上，其中福田区以 2273.06 亿元列第一位，其规模与粤北地区社零总额（2494.15 亿元）大致相当。第二梯队为珠三角其他区县及粤东粤西地区中心城市区县，社零总额大多处于 100 亿—500 亿元。第三梯队为粤东粤西地区其他区县，社零总额大多处于 50 亿—100 亿元。第四梯队为粤北区县，规模大多处于 50 亿元以下，其中清远市连山县、连南县分别以 5.44 亿元、11.02 亿元处于全省末两位（见表 5-7）。从社零总额增速来看，2022 年广东 52 个区县社零总额为负增长，占已披露数据的 120 个区县的四成以上，其中惠阳区、潮安区同比降幅超过 20%。金湾区、黄埔区、南沙区、花都区社零总额同比增速超 10%。

表 5-7 2022 年广东社会消费品零售总额最高和最低的 15 个区县情况

社零总额排名	区县	所在地市	社零总额（亿元）	社零总额排名	区县	所在地市	社零总额（亿元）
1	福田区	深圳市	2273.06	106	佛冈县	清远市	38.92
2	天河区	广州市	2023.79	107	陆河县	汕尾市	38.78
3	龙岗区	深圳市	1441.7	108	蕉岭县	梅州市	38.42
4	宝安区	深圳市	1432.07	109	曲江区	韶关市	38.40
5	黄埔区	广州市	1428.18	110	连平县	河源市	35.39
6	南山区	深圳市	1373.99	111	封开县	肇庆市	35.03
7	番禺区	广州市	1263.98	112	阳山县	清远市	33.72
8	龙华区	深圳市	1263.67	113	平远县	梅州市	33.25
9	罗湖区	深圳市	1258.71	114	始兴县	韶关市	29.00
10	越秀区	广州市	1223.21	115	新丰县	韶关市	26.95
11	南海区	佛山市	1221.75	116	仁化县	韶关市	25.79
12	顺德区	佛山市	1195.45	117	乳源县	韶关市	22.51
13	白云区	广州市	1069.68	118	南澳县	汕头市	18.83
14	海珠区	广州市	958.97	119	连南县	清远市	11.02
15	香洲区	珠海市	906.99	120	连山县	清远市	5.44

注：陆丰市、云安区 2022 年社零数据暂缺，未纳入统计。

资料来源：各区县人民政府、各区县统计局、粤开证券研究院。

（二）固定资产投资：珠三角及粤北地区的区县固定投资增速高于粤东及粤西

广东79.2%的区县2020年固定投资增速为正，珠三角、粤北及粤东地区大部分区县房地产投资为正增长。新冠疫情之下，各地政府为稳定经济，加大了固定资产投资规模，珠三角地区有89.58%的区县实现固定资产投资正增长，粤北地区为86.48%，粤东地区为57.89%，粤西地区为44.44%，其中阳西县和兴宁市固定资产投资增速最高（51.1%、40.7%），雷州市和潮南区固定资产投资增速最低（-32.6%、-29.5%）。从房地产投资来看，2021年珠三角地区52.08%的区县实现房地产投资正增长，粤北地区为51.35%，粤西地区为66.67%，粤东地区为47.37%，其中封开县和霞山区房地产投资增速最高（184.58%、158.20%），连山县和德庆县增速最低（-58.42%、-48.63%）（见表5-8）。

表5-8　2021年广东房地产开发投资增速最高和最低的15个区县情况

房地产开发投资增速排名	区县	所在地市	房地产开发投资增速（%）	房地产开发投资增速排名	区县	所在地市	房地产开发投资增速（%）
1	封开县	肇庆市	184.58	108	龙岗区	深圳市	-25.69
2	霞山区	湛江市	158.20	109	龙华区	深圳市	-26.34
3	乳源县	韶关市	103.62	110	坪山区	深圳市	-26.76
4	曲江区	韶关市	97.17	111	潮南区	汕头市	-27.98
5	坡头区	湛江市	92.59	112	南山区	深圳市	-34.23
6	澄海区	汕头市	91.66	113	徐闻县	湛江市	-34.82
7	陆丰市	汕尾市	87.74	114	斗门区	珠海市	-35.91
8	蕉岭县	梅州市	86.70	115	江城区	阳江市	-36.13
9	惠来县	揭阳市	80.88	116	丰顺县	梅州市	-37.28
10	云城区	云浮市	64.10	117	连平县	河源市	-38.27
11	五华县	梅州市	62.05	118	梅县区	梅州市	-42.26

续表

房地产开发投资增速排名	区县	所在地市	房地产开发投资增速（%）	房地产开发投资增速排名	区县	所在地市	房地产开发投资增速（%）
12	新丰县	韶关市	60.82	119	清新区	清远市	-45.53
13	南沙区	广州市	59.51	120	大埔县	梅州市	-46.82
14	金平区	汕头市	50.31	121	德庆县	肇庆市	-48.63
15	连南县	清远市	47.15	122	连山县	清远市	-58.42

资料来源：《广东统计年鉴 2022》、粤开证券研究院。

（三）对外贸易：多个区县进出口总额负增长

广东对外贸易主要集中在珠三角地区，粤东及粤西沿海经济带进出口规模次于珠三角，粤北山区由于地理因素限制，进出口规模小。分区县来看，共有 6 个区县进出口规模超过千亿元，均处于珠三角主要城市，其中黄埔区、南沙区、顺德区分别以 2783.6 亿元、2265.4 亿元、2026 亿元位列前三甲。全省共有 12 个区县进出口规模不及 10 亿元，粤北地区占据了10 席，其中连南县进出口规模只有 3267.1 万元，为全省最低。从 2020 年进出口总额增速来看，广东省大部分区县进出口增速表现不佳，超一半以上的广东区县进出口总额发生负增长。①

出口净额方面，80% 的区县为贸易顺差，其中一半的区县贸易顺差呈进一步扩大的趋势。分区县来看，贸易顺差超百亿元的区县均位于珠三角，其中顺德区以 1401.2 亿元名列贸易顺差第一，而蓬江区则以 276.7 亿元名列贸易逆差第一。值得注意的是，黄埔区作为进出口规模最高的广东区县（不计未公布数据的区县），其 2020 年贸易结构仍为贸易逆差，但相较于 2019 年贸易逆差已有所减小。

---

① 注：共有 68 个区县公布进出口总额数据，61 个区县公布进口额及出口额数据。

第二节　区县财政收支差距显著

广东区县的财政形势分化主要体现在：珠三角区县一般公共预算收支规模及收入质量较高，广佛区县的政府性基金收入领先全省，珠三角区县占全省区县级政府债务比重较高等。

一、一般公共预算收支：珠三角地区区县财政质量较高

从一般公共预算收入来看，2022年广东各区县收入规模两极分化严重，首末位收入之比达282倍。一般公共预算收入超过30亿元的区县均处于珠三角地区，其中深圳3区（南山区、宝安区、龙岗区）及佛山2区（顺德区、南海区）一般公共预算收入在258亿—362亿元之间，深圳市福田区以194亿元的规模紧随其后。非珠地区一般公共预算收入规模均较小，粤西区县一般公共预算收入均值优于粤东、粤北地区。2022年，67.57%的粤北区县、63.16%的粤东区县、44.44%的粤西区县一般公共预算收入规模不及10亿元，其中南澳县、连南县、连山县、赤坎区（1.28亿元、2.40亿元、2.44亿元、2.97亿元）规模均不及南山区的1%（见表5-9）。

表5-9　2022年广东一般公共预算收入最高和最低的15个区县情况

一般公共预算收入排名	区县	所在地市	一般公共预算收入（亿元）	一般公共预算收入排名	区县	所在地市	一般公共预算收入（亿元）
1	南山区	深圳市	361.6	107	德庆县	肇庆市	4.8
2	宝安区	深圳市	347.43	108	连平县	河源市	4.75
3	顺德区	佛山市	265.97	109	陆河县	汕尾市	4.57
4	龙岗区	深圳市	263.18	110	坡头区	湛江市	4.53
5	南海区	佛山市	258.41	111	仁化县	韶关市	4.43

续表

一般公共预算收入排名	区县	所在地市	一般公共预算收入（亿元）	一般公共预算收入排名	区县	所在地市	一般公共预算收入（亿元）
6	福田区	深圳市	194.27	112	濠江区	汕头市	4.29
7	黄埔区	广州市	182.1	113	始兴县	韶关市	4.16
8	南沙区	广州市	117.02	114	和平县	河源市	4.13
9	禅城区	佛山市	114.94	115	浈江区	韶关市	3.93
10	番禺区	广州市	104.26	116	揭西县	揭阳市	3.79
11	增城区	广州市	96.85	117	武江区	韶关市	3.73
12	罗湖区	深圳市	89.4	118	赤坎区	湛江市	2.97
13	光明区	深圳市	80.8	119	连山县	清远市	2.44
14	花都区	广州市	75.78	120	连南县	清远市	2.4
15	天河区	广州市	75.5	121	南澳县	汕头市	1.28

注：深圳市龙华区暂无 2022 年数据，未纳入统计。
资料来源：各区县人民政府官网、粤开证券研究院。

从一般公共预算支出来看，广东各区县支出情况也呈两极分化态势，首末位支出之比达 37 倍。支出规模分布格局与收入分布趋同，珠三角地区占据绝对优势，其后依次是粤西、粤东、粤北地区。值得注意的是，粤西区县支出规模分化严重，茂名各区县支出规模仅次于珠三角地区，处于第二梯队，湛江部分区县（包括赤坎区、麻章区、坡头区）规模不及 21 亿元。

从财政自给率来看，2022 年珠三角区县财政自给情况好，非珠地区表现不佳。共有 26 个区县（除云浮市云安区和郁南县外，均位于珠三角）财政自给率超 50%，其中财政自给率超 80% 的区县均位于深圳及佛山（顺德 98.76%、南海区 96.16%、禅城区 91.33%、三水区 87.60%、南山区 83.28%、高明区 83.19%）。位于非珠地区的揭西县、南澳县、连南县、和平县等区县财政自给率仅在 10% 左右，对转移支付依赖性极高（见表 5-10）。

表 5-10 2022 年广东财政自给率最高和最低的 15 个区县情况

财政自给率排名	区县	所在地市	财政自给率（%）	财政自给率排名	区县	所在地市	财政自给率（%）
1	顺德区	佛山市	98.76	101	德庆县	肇庆市	14.04
2	南海区	佛山市	96.16	102	丰顺县	梅州市	13.68
3	禅城区	佛山市	91.33	103	陆河县	汕尾市	13.57
4	三水区	佛山市	87.60	104	兴宁市	梅州市	13.48
5	南山区	深圳市	83.28	105	惠来县	揭阳市	13.17
6	高明区	佛山市	83.19	106	怀集县	肇庆市	13.06
7	惠阳区	惠州市	78.54	107	揭东区	揭阳市	12.47
8	鹤山市	江门市	72.99	108	雷州市	湛江市	12.43
9	宝安区	深圳市	72.94	109	陆丰市	汕尾市	12.12
10	蓬江区	江门市	72.70	110	端州区	肇庆市	11.99
11	新会区	江门市	65.56	111	大埔县	梅州市	11.77
12	龙岗区	深圳市	62.71	112	和平县	河源市	10.97
13	福田区	深圳市	62.57	113	连南县	清远市	10.80
14	番禺区	广州市	62.22	114	南澳县	汕头市	10.16
15	云安区	云浮市	62.08	115	揭西县	揭阳市	6.28

注：化州市、信宜市、遂溪县、龙川县、霞山区、连平县、龙华区共 7 个区县暂无 2022 年
　　一般公共预算支出数据，未纳入统计。
资料来源：各区县人民政府官网、粤开证券研究院。

珠三角区县财政质量最高，粤北区县财政质量不佳，粤东及粤西地区区县财政质量居中，但粤西地区分化明显。珠三角地区财政质量最高，2021 年 35.42% 珠三角区县的税收占比（税收占一般公共财政收入比重）高于 80%，其中深圳区县财政质量又显著高于其他珠三角区县，深圳各区县税收占比均值达 94.94%。粤东及粤西区县财政质量稍弱于珠三角，税收占比低于 60% 的区县比例均超过 25%，税收占比均值均在 65% 左右，其中粤西各区县财政质量分化，粤西区县的税收占比介于 28% 至 88% 之间，跨度明显大于粤东区县（46%—81%）。粤北区县财政质量不佳，

54.05%区县的税收占比不及60%（见表5-11）。

表5-11　2021年广东税收占一般公共预算收入比重
最高和最低的15个区县情况

税收占比排名	区县	所在地市	税收占比（%）	税收占比排名	区县	所在地市	税收占比（%）
1	宝安区	深圳市	98.21	108	惠来县	揭阳市	46.76
2	南山区	深圳市	97.36	109	广宁县	肇庆市	44.71
3	坪山区	深圳市	96.78	110	平远县	梅州市	44.49
4	福田区	深圳市	95.32	111	廉江市	湛江市	43.97
5	罗湖区	深圳市	95.26	112	阳山县	清远市	43.74
6	光明区	深圳市	95.23	113	云城区	云浮市	42.38
7	盐田区	深圳市	94.68	114	雷州市	湛江市	41.74
8	龙华区	深圳市	92.74	115	郁南县	云浮市	40.17
9	龙岗区	深圳市	88.91	116	连平县	河源市	39.72
10	坡头区	湛江市	87.71	117	罗定市	云浮市	39.65
11	惠阳区	惠州市	87.25	118	云安区	云浮市	38.67
12	增城区	广州市	85.07	119	封开县	肇庆市	37.35
13	阳东区	阳江市	84.19	120	德庆县	肇庆市	37.21
14	鼎湖区	肇庆市	82.13	121	龙门县	惠州市	35.05
15	江海区	江门市	81.60	122	徐闻县	湛江市	28.72

资料来源：各区县人民政府官网、粤开证券研究院。

二、政府性基金：一半以上的广东区县的土地财政依赖度处于全国中等水平

区县级政府性基金收入主要集中在珠三角地区，2021年珠三角各区县政府性基金收入之和（3454.4亿元）占全省各区县总和的86.48%。而广佛区县的政府性基金收入又显著高于其他区县，政府性基金收入超百亿元的10个区县中有9个隶属于广佛两市，其中佛山市南海区、佛山市顺

德区分别以 431.32 亿元、396.41 亿元名列前两名。非珠地区区县政府性
基金收入均低于 32 亿元，其中湘桥区、麻章区、榕城区、武江区、汕尾
市城区、赤坎区、霞山区收入最低，均不及 1000 万元（见表 5-12）。

表 5-12　2021 年广东政府性基金收入最高和最低的 15 个区县情况

政府性基金收入排名	区县	所在地市	政府性基金收入（亿元）	政府性基金收入排名	区县	所在地市	政府性基金收入（亿元）
1	南海区	佛山市	431.32	108	浈江区	韶关市	0.74
2	顺德区	佛山市	396.41	109	阳山县	清远市	0.57
3	增城区	广州市	365.28	110	罗湖区	深圳市	0.48
4	黄埔区	广州市	328.41	111	连山县	清远市	0.45
5	南沙区	广州市	247.77	112	光明区	深圳市	0.29
6	禅城区	佛山市	208.24	113	南山区	深圳市	0.25
7	番禺区	广州市	169.52	114	盐田区	深圳市	0.07
8	花都区	广州市	153.68	115	霞山区	湛江市	0.06
9	白云区	广州市	151.43	116	赤坎区	湛江市	0.04
10	龙岗区	深圳市	141.03	117	榕城区	揭阳市	0.03
11	福田区	深圳市	90.66	118	武江区	韶关市	0.03
12	博罗县	惠州市	88.91	119	城区	汕尾市	0.03
13	新会区	江门市	55.56	120	麻章区	湛江市	0.01
14	金湾区	珠海市	54.25	121	湘桥区	潮州市	0.00
15	惠阳区	惠州市	51.88	122	越秀区	广州市	-3.72

资料来源：各区县人民政府官网、粤开证券研究院。

　　60% 的广东区县土地财政依赖度低于 50%，深圳区县土地财政依赖度
最低。由于广东各区县国有土地使用权出让收入、财政转移支付数据公布
不完整，我们以 2021 年政府性基金收入/（政府性基金收入+一般公共预
算收入）来近似衡量广东各区县对土地财政的依赖程度，虽不完全精准，
但具有一定的参考意义。增城区、南沙区、鼎湖区、白云区、坡头区、陆
河县土地财政依赖度最高（65%—77%）；深圳各区县土地财政依赖度低，

其政府性基金收入占两项财政收入之和的比重均低于 33%，其中罗湖区、宝安区、光明区、盐田区、南山区政府性基金收入占比均不及 0.5%（见表 5-13）。

表 5-13　2021 年广东土地财政依赖度最高和最低的 15 个区县情况

土地财政依赖度排名	区县	所在地市	土地财政依赖度（%）	土地财政依赖度排名	区县	所在地市	土地财政依赖度（%）
1	增城区	广州市	76.24	108	坪山区	深圳市	2.60
2	南沙区	广州市	69.60	109	赤坎区	湛江市	1.17
3	鼎湖区	肇庆市	68.83	110	霞山区	湛江市	0.83
4	白云区	广州市	68.57	111	龙华区	深圳市	0.69
5	坡头区	湛江市	68.49	112	武江区	韶关市	0.49
6	陆河县	汕尾市	65.54	113	罗湖区	深圳市	0.45
7	澄海区	汕头市	64.50	114	宝安区	深圳市	0.42
8	花都区	广州市	64.05	115	榕城区	揭阳市	0.39
9	禅城区	佛山市	63.49	116	城区	汕尾市	0.38
10	潮南区	汕头市	62.70	117	光明区	深圳市	0.37
11	南海区	佛山市	61.80	118	盐田区	深圳市	0.19
12	黄埔区	广州市	61.36	119	麻章区	湛江市	0.15
13	博罗县	惠州市	61.30	120	南山区	深圳市	0.07
14	番禺区	广州市	61.16	121	湘桥区	潮州市	0.00
15	东源县	河源市	61.14	122	越秀区	广州市	−7.39

资料来源：各区县人民政府官网、粤开证券研究院。

三、政府债务：珠三角区县占全省区县政府债务比重达 68.5%，但珠三角地区债务压力处于全国较低水平

从政府债务余额来看，2022 年珠三角区县债务余额之和为 7727.27 亿元，占全省区县债务总规模的 65.56%。全省债务余额（包括一般债和专项债）规模排名前 25 的区县均隶属于珠三角地区，其中佛山顺德区、

南海区分别以 631.49 亿元、618.34 亿元的规模占据前两名，广州南沙区、增城区、黄埔区以 387 亿—606 亿元的规模分列第 3—5 名（见表 5-14）。

表 5-14　2022 年广东区县政府债务余额最高和最低的 15 个区县情况

政府债务余额排名	区县	所在地市	政府债务余额（亿元）	政府债务余额排名	区县	所在地市	政府债务余额（亿元）
1	顺德区	佛山市	631.49	108	连平县	河源市	31.36
2	南海区	佛山市	618.34	109	江城区	阳江市	29.08
3	南沙区	广州市	606.49	110	阳山县	清远市	28.73
4	增城区	广州市	407.29	111	仁化县	韶关市	28.26
5	黄埔区	广州市	387.08	112	城区	汕尾市	27.91
6	禅城区	佛山市	323.83	113	武江区	韶关市	27.60
7	龙岗区	深圳市	269.88	114	浈江区	韶关市	26.21
8	番禺区	广州市	259.46	115	连南县	清远市	23.21
9	花都区	广州市	251.62	116	霞山区	湛江市	21.81
10	金湾区	珠海市	250.56	117	盐田区	深圳市	21.58
11	宝安区	深圳市	236.30	118	赤坎区	湛江市	20.08
12	新会区	江门市	208.19	119	麻章区	湛江市	19.14
13	福田区	深圳市	205.27	120	天河区	广州市	14.70
14	三水区	佛山市	195.60	121	连山县	清远市	14.40
15	坪山区	深圳市	191.02	122	南澳县	汕头市	12.98

资料来源：各区县人民政府官网、粤开证券研究院。

广东各区县 2022 年负债率（债务/GDP）中位数约为 17.04%，处于全国较低水平。从负债率来看，共有 17 个区县负债率小于 6%，包括深圳 7 区，广州 5 区，湛江 2 区县，惠州、茂名及珠海各 1 区，其中天河区、越秀区、南山区、香洲区、罗湖区负债率最低。共有 28 个区县负债率超过 30%，其中梅州 3 区县（兴宁市、平远县、五华县）负债率最高，处于 51%—54% 之间（见表 5-15）。

表 5-15　2022 年广东负债率最高和最低的 15 个区县情况

负债率排名	区县	所在地市	负债率（%）	负债率排名	区县	所在地市	负债率（%）
1	兴宁市	梅州市	53.48	107	龙岗区	深圳市	5.67
2	平远县	梅州市	51.68	108	赤坎区	湛江市	5.54
3	五华县	梅州市	51.01	109	龙华区	深圳市	5.26
4	陆河县	汕尾市	50.13	110	霞山区	湛江市	5.08
5	濠江区	汕头市	46.89	111	宝安区	深圳市	5.03
6	东源县	河源市	45.37	112	茂南区	茂名市	3.96
7	梅县区	梅州市	45.06	113	福田区	深圳市	3.72
8	鼎湖区	肇庆市	43.29	114	荔湾区	广州市	3.18
9	大埔县	梅州市	41.05	115	海珠区	广州市	2.71
10	南雄市	韶关市	40.94	116	盐田区	深圳市	2.63
11	新丰县	韶关市	40.83	117	罗湖区	深圳市	2.11
12	紫金县	河源市	39.99	118	香洲区	珠海市	2.11
13	丰顺县	梅州市	38.26	119	南山区	深圳市	1.02
14	德庆县	肇庆市	37.96	120	越秀区	广州市	1.00
15	和平县	河源市	37.84	121	天河区	广州市	0.24

注：云浮市云安区暂无 2022 年 GDP 数据，未纳入统计。
资料来源：各区县人民政府官网、粤开证券研究院。

　　广东各区县债务率中位数约为 202.03%，已超过国际货币基金组织（IMF）所规定的债务率警戒上限 150%，珠三角（除肇庆外）大部分区县债务压力较低，粤东、粤北及肇庆大部分区县债务压力较大，粤西区县债务压力表现分化。以 2021 年地方债务余额/（一般公共预算收入+政府性基金收入）对债务率进行估算，广东共有 12 个区县债务率小于 50%，包括深圳 5 区、广州 5 区、惠州 1 区、珠海 1 区，其中天河区、南山区、海珠区债务率最低（7.47%、12.12%、16.13%）；共有 84 个区县债务率大于 150%，其中濠江区、湘桥区、兴宁市债务率最高（593.59%、537.09%、495.87%），应重点关注这些区县的债务风险（见表 5-16）。

表 5-16　2021 年广东债务率最高和最低的 15 个区县情况

债务率排名	区县	所在地市	债务率（%）	债务率排名	区县	所在地市	债务率（%）
1	濠江区	汕头市	593.59	108	宝安区	深圳市	59.81
2	湘桥区	潮州市	537.09	109	越秀区	广州市	56.23
3	兴宁市	梅州市	495.87	110	从化区	广州市	50.22
4	雷州市	湛江市	454.58	111	黄埔区	广州市	45.23
5	云城区	云浮市	447.57	112	龙岗区	深圳市	44.80
6	榕城区	揭阳市	438.17	113	福田区	深圳市	42.39
7	郁南县	云浮市	434.77	114	荔湾区	广州市	37.32
8	赤坎区	湛江市	410.23	115	盐田区	深圳市	36.84
9	连山县	清远市	409.77	116	白云区	广州市	36.64
10	揭东区	揭阳市	399.24	117	惠阳区	惠州市	27.75
11	乳源县	韶关市	395.26	118	罗湖区	深圳市	26.35
12	梅江区	梅州市	394.93	119	香洲区	珠海市	24.44
13	大埔县	梅州市	388.77	120	海珠区	广州市	16.13
14	云安区	云浮市	376.56	121	南山区	深圳市	12.12
15	德庆县	肇庆市	366.67	122	天河区	广州市	7.47

注：债务率为未考虑转移支付的估算值，具有参考意义。
资料来源：各区县人民政府官网、粤开证券研究院。

广东区县级及以下城投债主要集中在珠三角地区。从城投债来看，截至 2023 年 3 月 31 日，广东区县级及以下城投债（含开发区、新区等地市政府派出机构所控股城投企业发行的债券）共有 154 只，余额规模为 1145.6 亿元，几乎全部集中在珠三角地区，其中黄埔区城投债达 72 只，余额规模为 681.5 亿元，余额规模占全省区县级城投债的六成。

第三节　粤东西北地区劳动力向珠三角地区流动

人口流动是广东社会发展的重要特征。目前，广东人口向珠三角区县及粤东粤西地区经济较发达的区县聚集，非珠地区劳动力持续流出，并导致老龄化问题加剧。此外，粤东粤西地区部分区县人均受教育水平较低，粤北地区部分区县城镇化水平较低。

一、常住人口：人口加速向珠三角地区聚集

从常住人口规模来看，人口向珠三角及粤东西较发达区县聚集。2020年，在常住人口规模超过 100 万的 38 个广东区县中，珠三角区县占据了24 席（63.16%），其中宝安区、龙岗区、白云区、南海区、顺德区常住人口规模均超 300 万人。而粤东及粤西地区经济较发达的区县，如普宁市、潮阳区、电白区、茂南区等常住人口规模也均在 100 万以上。粤北地区及粤东西经济欠发达地区的区县常住人口规模较低，GDP 总量最小的南澳县、连山县、连南县，其常住人口规模只有 6 万—14 万人，仅为宝安区的 1%—3%（见表 5-17）。

表 5-17　2020 年广东常住人口最高和最低的 15 个区县情况

常住人口排名	区县	所在地市	常住人口（万人）	常住人口排名	区县	所在地市	常住人口（万人）
1	宝安区	深圳市	447.66	108	连平县	河源市	28.52
2	龙岗区	深圳市	413.53	109	濠江区	汕头市	26.95
3	白云区	广州市	374.30	110	陆河县	汕尾市	24.92
4	南海区	佛山市	366.72	111	云安区	云浮市	23.54
5	顺德区	佛山市	322.91	112	盐田区	深圳市	21.42
6	番禺区	广州市	265.84	113	鼎湖区	肇庆市	20.91
7	龙华区	深圳市	252.89	114	始兴县	韶关市	19.81
8	天河区	广州市	224.18	115	新丰县	韶关市	19.54
9	惠城区	惠州市	209.06	116	平远县	梅州市	19.05
10	普宁市	揭阳市	199.86	117	乳源县	韶关市	18.73
11	海珠区	广州市	181.90	118	仁化县	韶关市	18.60
12	南山区	深圳市	179.58	119	蕉岭县	梅州市	18.44

续表

常住人口 排名	区县	所在地市	常住人口 （万人）	常住人口 排名	区县	所在地市	常住人口 （万人）
13	潮阳区	汕头市	165.43	120	连南县	清远市	13.47
14	花都区	广州市	164.24	121	连山县	清远市	9.51
15	福田区	深圳市	155.32	122	南澳县	汕头市	6.44

资料来源：第七次全国人口普查、粤开证券研究院。

从常住人口增速来看，人口向珠三角地区流入，非珠地区人口流出。在 2010—2020 年常住人口年均增速超 3% 的 22 个区县中，珠三角区县占 20 席；同时，57.6% 的非珠地区区县近十年常住人口负增长，人口流出压力较大。

二、总抚养比：非珠地区劳动力持续流出，老龄化问题突出

通常认为，总抚养比在 50% 以内的地区，劳动年龄人口比重较高，人口红利也较为明显（总抚养比计算方式为 14 周岁以下及 65 周岁以上的非劳动年龄人口数与 15—64 周岁劳动年龄人口之比）。2020 年第七次全国人口普查数据显示，广东 122 个区县中，62 个区县总抚养比低于 50%，其中深圳市光明区、宝安区、龙华区总抚养比低于 20%，60 个区县总抚养比高于 50%，其中化州市、五华县、惠来县、廉江市、和平县超过 70%（见表 5-18）。

表 5-18　2020 年广东抚养比最低和最高的 15 个区县情况

抚养比 排名	区县	所在地市	抚养比	抚养比 排名	区县	所在地市	抚养比
1	光明区	深圳市	0.177	108	陆丰市	汕尾市	0.646
2	宝安区	深圳市	0.189	109	遂溪县	湛江市	0.655
3	龙华区	深圳市	0.199	110	郁南县	云浮市	0.656
4	白云区	广州市	0.210	111	罗定市	云浮市	0.657
5	天河区	广州市	0.212	112	雷州市	湛江市	0.658

续表

抚养比排名	区县	所在地市	抚养比	抚养比排名	区县	所在地市	抚养比
6	坪山区	深圳市	0.229	113	大埔县	梅州市	0.658
7	番禺区	广州市	0.236	114	高州市	茂名市	0.659
8	南山区	深圳市	0.241	115	龙川县	河源市	0.667
9	龙岗区	深圳市	0.246	116	紫金县	河源市	0.687
10	金湾区	珠海市	0.256	117	信宜市	茂名市	0.693
11	盐田区	深圳市	0.265	118	和平县	河源市	0.700
12	黄埔区	广州市	0.266	119	廉江市	湛江市	0.705
13	福田区	深圳市	0.272	120	惠来县	揭阳市	0.709
14	香洲区	珠海市	0.275	121	五华县	梅州市	0.721
15	顺德区	佛山市	0.280	122	化州市	茂名市	0.723

资料来源：第七次全国人口普查、粤开证券研究院。

三、受教育水平：77%的广东区县人均受教育水平超过初中，义务教育推进质量较高

珠三角区县（尤其是广深区县）人均受教育水平且提升速度均较高，粤东区县人均受教育水平提升速度较低。从15岁以上人口人均受教育年限来看，7个城区人均受教育水平超过高中水平（受教育年限≥12年），共86个区县人均受教育水平处于高中水平（9—12年），29个区县人均受教育水平处于初中水平（6—9年）（见表5-19）。

表5-19 2020年广东人均受教育水平最高和最低的15个区县情况

受教育年限排名	区县	所在地市	15岁以上人口人均受教育年限（年）	较2010年提高（年）	受教育年限排名	区县	所在地市	15岁以上人口人均受教育年限（年）	较2010年提高（年）
1	南山区	深圳市	13.26	0.54	108	濠江区	汕头市	8.78	0.39

续表

受教育年限排名	区县	所在地市	15 岁以上人口人均受教育年限（年）	较 2010 年提高（年）	受教育年限排名	区县	所在地市	15 岁以上人口人均受教育年限（年）	较 2010 年提高（年）
2	天河区	广州市	13.06	0.56	109	阳西县	阳江市	8.78	0.51
3	福田区	深圳市	12.88	0.64	110	南澳县	汕头市	8.75	0.49
4	越秀区	广州市	12.63	0.40	111	连州市	清远市	8.75	-0.64
5	罗湖区	深圳市	12.3	0.83	112	怀集县	肇庆市	8.75	0.49
6	盐田区	深圳市	12.11	0.92	113	海丰县	汕尾市	8.72	0.17
7	香洲区	珠海市	12.06	0.72	114	雷州市	湛江市	8.72	0.49
8	龙华区	深圳市	11.97	0.84	115	云安区	云浮市	8.71	0.56
9	黄埔区	广州市	11.92	0.11	116	潮安区	潮州市	8.64	0.30
10	赤坎区	湛江市	11.81	0.41	117	廉江市	湛江市	8.63	-0.36
11	海珠区	广州市	11.79	0.60	118	阳山县	清远市	8.47	0.48
12	番禺区	广州市	11.64	1.43	119	饶平县	潮州市	8.45	0.15
13	龙岗区	深圳市	11.63	0.81	120	潮南区	汕头市	8.43	0.25
14	端州区	肇庆市	11.58	0.66	121	惠来县	揭阳市	7.96	—
15	荔湾区	广州市	11.49	0.71	122	陆丰市	汕尾市	7.74	0.16

注：惠来县 2010 年 15 岁以上人口人均受教育年限数据暂缺。

资料来源：第七次全国人口普查、粤开证券研究院。

　　四、城镇化：城镇化建设水平分化，仍有 44.6% 的区县城镇化率不及 50%，其中大部分为粤北区县

　　从城镇化率来看，2020 年广东共有 15 个区县的城镇化率达到 100%，16 个区县超过 85% 且不足 100%，18 个区县介于 70% 和 85% 之间，23 个区县介于 50% 和 70% 之间，50 个区县不足 50%。由此可见，广东城镇化建设形势分化，城镇化水平仍有待提高。分区域来看，珠三角及粤东西北各区县城镇化率均值分别为 78.6%、64.2%、49.6%、50.1%，由此可见，珠三角区县城镇化率最高，粤东次之，粤西及粤北有待提升。值得注意的是，虽然珠三角区县城镇化率均值较高，但分化现象较为严重，15 个城区城镇化率均已达到 100%，而同属于珠三角地区的怀集县及德庆县城镇化率只有 27.56%、30.16%，分别位于全省倒数第二及第四位（见表5-20）。

表 5-20　2020 年广东城镇化率最高和最低的 20 个区县情况

城镇化率排名	区县	所在地市	城镇化率（%）	城镇化率排名	区县	所在地市	城镇化率（%）
1	荔湾区	广州市	100.00	103	徐闻县	湛江市	37.65
1（并列）	越秀区	广州市	100.00	104	高要区	肇庆市	37.63
1（并列）	海珠区	广州市	100.00	105	紫金县	河源市	37.63
1（并列）	天河区	广州市	100.00	106	连平县	河源市	37.13
1（并列）	罗湖区	深圳市	100.00	107	高州市	茂名市	36.90
1（并列）	福田区	深圳市	100.00	108	化州市	茂名市	36.60
1（并列）	南山区	深圳市	100.00	109	五华县	梅州市	36.16
1（并列）	宝安区	深圳市	100.00	110	翁源县	韶关市	35.65
1（并列）	盐田区	深圳市	100.00	111	遂溪县	湛江市	35.11
1（并列）	龙华区	深圳市	100.00	112	罗定市	云浮市	33.84
1（并列）	坪山区	深圳市	100.00	113	龙川县	河源市	33.20
1（并列）	光明区	深圳市	100.00	114	封开县	肇庆市	33.13
1（并列）	禅城区	佛山市	100.00	115	和平县	河源市	32.58
1（并列）	江海区	江门市	100.00	116	廉江市	湛江市	32.55
1（并列）	端州区	肇庆市	100.00	117	雷州市	湛江市	31.21
16	香洲区	珠海市	99.92	118	揭西县	揭阳市	31.01
17	龙岗区	深圳市	98.80	119	德庆县	肇庆市	30.16
18	顺德区	佛山市	98.61	120	云安区	云浮市	28.75
19	金平区	汕头市	98.02	121	怀集县	肇庆市	27.56
20	赤坎区	湛江市	97.94	122	东源县	河源市	24.94

资料来源：《中国人口普查分县资料 2020》、粤开证券研究院。

第四节 珠三角地区公共服务人均资源较少

以教育、医疗卫生为例，可以看出珠三角区县的公共服务资源总量相对于粤东、粤西、粤北区县具有明显优势，但人均公共服务资源则相对匮乏。

一、教育资源：珠三角地区具有总量资源优势，但人均教育资源不足

从中小学校数量①来看，广东教育资源主要集中在珠三角区县，其次为粤东、粤西区县，粤北区县教育资源总量较为匮乏。珠三角地区中小学校主要集中在广州、深圳、惠州 3 市的区县，粤东地区集中在揭阳、汕头、潮州 3 市的区县，粤西地区集中在茂名、湛江 2 市的区县，粤北区县教育资源相对分散，仅梅州中小学校数量稍多。分区县来看，普宁市中小学校数量达到 1150 家，或与该地拥有较多单独设立的村镇小学有关，化州市、信宜市、高州市、潮州市潮安区中小学校数量超 700 家，这 5 个县区的共同点是均为常住人口超百万的人口大县。肇庆市鼎湖区、乳源县、连山县、深圳市盐田区、南澳县中小学校数量不足 50 家，分别为 49 家、42 家、38 家、36 家、20 家。首末位学校数量的倍数达到 57.5 倍（见表 5-21）。

从每万人学校数（学校/常住人口）来看，珠三角的教育资源总量优势消失，人均教育资源差于非珠地区。珠三角人均教育资源较为匮乏，人均学校数量最后 20 名的区县均为珠三角区县，分属广、佛、深、珠、肇五市，其中最少的深圳市宝安区平均每万人仅有 0.63 所中小学校。非珠

---

① 本统计不含小学教学点。数据采集自广东省教育厅发布在"开放广东"网站的《学校基本信息（基础教育）》数据，更新于 2021 年 12 月。

地区虽然教育资源总量不占优势，但人均教育资源较为丰富，信宜市、揭西县、陆河县、遂溪县、化州市为全省前 5 名，介于 7.11—8.58 所/万人之间。

表 5-21　2021 年广东中小学校数量最多和最少的 15 个区县情况

中小学校数量排名	区县	所在地市	中小学校数量（所）	中小学校数量排名	区县	所在地市	中小学校数量（所）
1	普宁市	揭阳市	1150	108	平远县	梅州市	72
2	化州市	茂名市	919	109	翁源县	韶关市	71
3	信宜市	茂名市	870	110	赤坎区	湛江市	69
4	高州市	茂名市	734	111	蕉岭县	梅州市	69
5	潮安区	潮州市	728	112	云安区	云浮市	68
6	潮阳区	汕头市	680	113	曲江区	韶关市	66
7	惠来县	揭阳市	646	114	江海区	江门市	65
8	遂溪县	湛江市	615	115	仁化县	韶关市	58
9	潮南区	汕头市	608	116	新丰县	韶关市	57
10	陆丰市	汕尾市	607	117	始兴县	韶关市	56
11	廉江市	湛江市	566	118	鼎湖区	肇庆市	49
12	饶平县	潮州市	554	119	乳源县	韶关市	42
13	电白区	茂名市	539	120	连山县	清远市	38
14	白云区	广州市	537	121	盐田区	深圳市	36
15	揭西县	揭阳市	530	122	南澳县	汕头市	20

资料来源："开放广东"网站广东省基础教育学校信息、粤开证券研究院。

二、医疗资源：分布极度不均，主要集中在珠三角、粤东及粤西地区中心城市的区县

从医院数量来看，医疗资源总量分布趋势与教育资源分布相似，珠三角、粤东及粤北地区中心城市的区县聚集了绝大多数的医疗资源，粤北地区医疗资源总量最小。分区县来看，2021 年白云区、天河区及顺德区医院数量最多，分别为 58 家、56 家、42 家；南澳县医院数量最少，只有 1 家（见表 5-22）。

从人均医院数（医院/常住人口）来看，与医疗资源总量相比，粤北地区人均医疗资源全省最优，珠三角地区分化明显，珠海位居前列，广州居于中游，深圳处于末尾。分区县来看，粤北区县占据了人均医院数量前十名中的六席，珠三角地区的肇庆市端州区、广州市越秀区也跻身前十；深圳市占据了人均医院数量后十名中的三席，其中龙华区人均医院数最低（4.6 家/百万人）。

表 5-22　2021 年广东医院数量最多和最少的 15 个区县情况

医院数量排名	区县	所在地市	医院数量（家）	医院数量排名	区县	所在地市	医院数量（家）
1	白云区	广州市	58	108	乳源县	韶关市	4
2	天河区	广州市	56	109	濠江区	汕头市	4
3	顺德区	佛山市	42	110	坡头区	湛江市	4
4	惠城区	惠州市	40	111	鼎湖区	肇庆市	4
5	禅城区	佛山市	39	112	封开县	肇庆市	4
6	龙岗区	深圳市	39	113	德庆县	肇庆市	4
7	越秀区	广州市	36	114	平远县	梅州市	4
8	清城区	清远市	35	115	新兴县	云浮市	4
9	源城区	河源市	34	116	新丰县	韶关市	3
10	香洲区	珠海市	33	117	江海区	江门市	3
11	端州区	肇庆市	30	118	连山县	清远市	3
12	江城区	阳江市	29	119	连南县	清远市	3
13	荔湾区	广州市	29	120	云安区	云浮市	3
14	南海区	佛山市	29	121	盐田区	深圳市	2
15	宝安区	深圳市	27	122	南澳县	汕头市	1

注：医院数量为公立医疗类机构、民营医院机构合计数量。

资料来源：《2021 广东省卫生健康统计年鉴》、粤开证券研究院。

第六章
广州与深圳：比翼齐飞的古邑新城

广州和深圳作为一线城市，长期以来是广东乃至中国南方发展的重要引领者，当前更是成为粤港澳大湾区的两个中心城市。纵观历史，两城之间发展基础、发展模式差异较大，经济、财政、民生、市场建设则互有优劣，蹚出了符合各自资源禀赋的特色化发展之路。当前，如何更好发挥两座城市高质量发展的独特优势，已成为粤港澳大湾区建设的重要命题。本章聚焦广州和深圳，重点回答以下问题：广深经济相对规模有何变化？背后原因是什么？产业结构有何差异？财政形势以及对中央和省级财政的贡献如何？未来广深城市发展还有哪些独特优势？

第一节　千年商都与"深圳速度"各有千秋

广州和深圳并立于岭南大地，屹立于改革开放潮头，为全国和全省经济增长作出很大贡献。广州是国家中心城市，也是中国南方的千年商都，地区生产总值从1978年的43.09亿元增加到2022年的2.88万亿元，按不变价格计算增长了156.8倍，年均增长12.2%，较全国平均增速（9.0%）高出3.2个百分点。深圳是我国第一批经济特区，走出了一条"深圳速度"的发展道路，生产总值从1979年的1.96亿元增加到2022年的3.24

万亿元，按不变价格计算增长了 2828.2 倍，年均增长 20.3%。目前，广州和深圳 GDP 占全国的 2.4%、2.7%，广东的 22.3%、25.1%，相当于台湾地区的 56.2%、63.2%，香港的 118.8%、133.4%。

一、经济总量

深圳建市以后经济飞速发展，2012 年深圳 GDP 总量超越广州，2018 年后差距重新缩窄。2000 年，深圳 GDP 规模相当于广州的 88.6%，2010 年则达到广州的 94.6%。根据第四次经济普查修订的历史 GDP 数据，2012 年深圳 GDP 首次超过广州，并保持领先至今。这一时间点早于过去普遍认为的 2017 年。2018 年，广深差距达到极大值，广州 GDP 相当于深圳的 83.1%。此后广深差距重新收窄，2022 年广州 GDP 相当于深圳的 89%（见图 6-1）。从人均看，广州人均 GDP 一直低于深圳，2021 年广州人均 GDP 为深圳的 86.6%，与 2018 年的 76.3% 相比，差距亦有收窄（见图 6-2）。

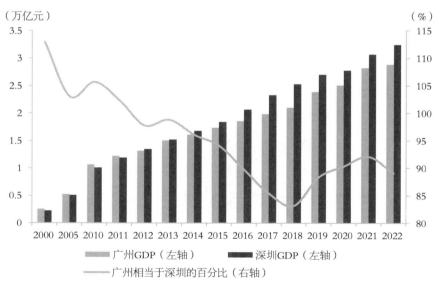

图 6-1　2000—2022 年广州、深圳 GDP 对比

注：2022 年数据为广州市、深圳市统计局发布数，其余历史数据来源于《广东统计年鉴 2022》。
资料来源：《广东统计年鉴 2022》、广州市统计局、深圳市统计局、粤开证券研究院。

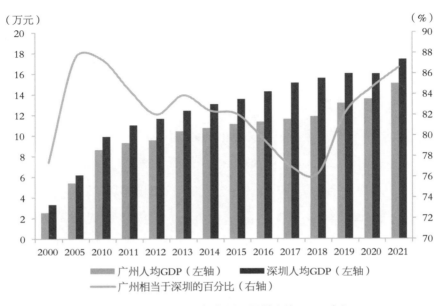

图 6-2 2000—2021 年广州、深圳人均 GDP 对比

资料来源：《广东统计年鉴 2022》、粤开证券研究院。

二、地理区位

区位差异是"深升穗降"背后的因素之一。广州是珠江出海口附近的天然良港，交通便利，背靠珠江流域广阔腹地，面向海上丝绸之路，因而成为了华南地区经济中心和商贸都会。然而，近年来"千年古港"造就的广州区位优势相对下降，枢纽地位也面临一定的挑战。

深圳处于珠江口东岸，以低丘陵地为主，由于毗邻香港而成为改革开放的前沿，地理区位、特区政策、创新活力、营商环境等优势相辅相成，外向型产业加速聚集，支撑起城市经济发展。

当然，地理并非最具决定性的因素。深圳离海港更近，但集装箱吞吐量仅较广州高出 17.6%，进出口商品价值却高达广州的 3.3 倍，净出口金额也更高，背后更多体现出高技术产业对深圳的支撑。

三、资源要素

广深自然资源均不丰富，且面临土地指标的瓶颈。从矿藏和水资源来看，由于地理相近，广州和深圳资源差异不大，矿藏资源较少，但水资源较多，为常住人口和制造业用水需求提供较好的保障。

从土地资源来看，广深受到不同的土地约束。一方面，深圳辖域面积（不含深汕）仅是广州的1/4，发展空间明显受限；另一方面，广州辖域面积大，但农村区域比重高，城区面积（俗称"主城区"）仅为2256平方公里，与深圳不相上下，加之广州相关规划确定了生态和农业空间占比不低于2/3，要求比深圳严格，不同原因共同导致广州城市建设用地指标长期以来一直较少（722平方公里），低于深圳（955平方公里），尤其是工业用地明显偏少（见图6-3、图6-4）。近年来，深圳通过深汕合作扩大土地空间，而广州加快共建广清合作区，促进节约集约用地。

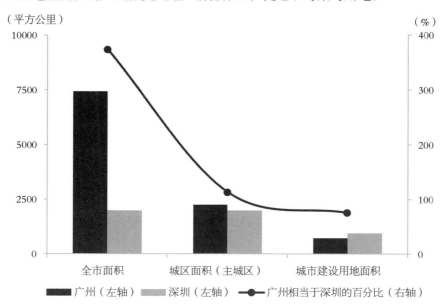

图6-3　2021年广州、深圳土地面积对比

资料来源：《2021年城市建设统计年鉴》、粤开证券研究院。

（平方公里）

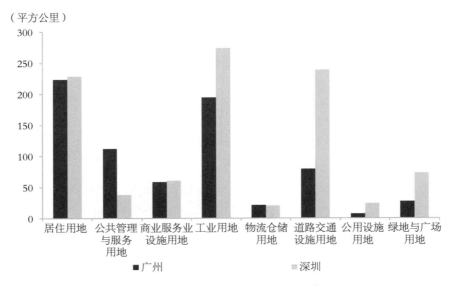

图 6-4　2021 年广州、深圳城市建设用地对比

资料来源：《2021 年城市建设统计年鉴》、粤开证券研究院。

四、常住人口

广州人口总量多于深圳，而深圳高学历人口比重高，广深两城劳动力优势显著。2000—2021 年，广深常住人口分别从 995 万人、701 万人增长到 1881 万人、1768 万人，年均增长 3.1%、4.5%。期间，深圳常住人口从相当于广州的 70.5% 上升到 94%。

从结构来看，深圳在高学历劳动者方面优势突出。2020 年第七次全国人口普查数据显示，广州、深圳劳动年龄人口占比分别为 78.31%、81.67%（按 15—64 周岁计，全省平均 72.57%），老龄化率则分别为 7.82%、3.22%（按 65 岁以上计，全省平均 8.58%）。大专以上学历人口比重分别达到 27.3%、28.9%（全省平均 15.7%），高中以上比重分别为 49.3%、49.7%（全省平均 33.9%）。

从人口密度来看，深圳较广州更高。2021 年，广州、深圳建成区面积分别为 1350、956 平方公里，人口密度分别为 5851、8901 人/平方公里，均高于全省、全国平均水平。若将广深相对比，则深圳生活环境较为拥挤，广州居住环境小幅略优。

五、城市定位

政府五年规划不仅是中国特色的调控和治理手段，也决定着城市的发展方向。从历次五年规划的城市定位来看，广州已由强化都会门户功能，转向突出老城市新活力和"四个出新出彩"，深圳则持续推动经济发展与科技创新。

广州方面，"国际都会""门户城市"曾是城市定位的高频词汇，把建设国际大都市、优化运输和商贸等功能布局、打造现代文化名城作为主要发展目标。2018 年习近平总书记视察广东时，对广州提出了实现"老城市新活力"和"四个出新出彩"的重要指示和殷切期望。近年来，广州充分发挥国家中心城市和综合性门户城市引领作用，对标最高最好最优，科学谋划、建设和发展，着力提升城市发展能级，城市核心竞争力和国际影响力大幅跃升。在"十四五"规划纲要中，广州明确要突出创新在现代化建设全局中的核心地位，把发展着力点放在实体经济上，打造先进制造业强市和现代服务业强市，建设国际性综合交通枢纽、国际消费中心城市。广州市第十二次党代会报告指出，落实习近平总书记赋予广州老城市新活力、"四个出新出彩"的使命任务，今后五年广州要纵深推进"双区"建设、"双城"联动，全面推进城市数字化、绿色化、国际化转型发展，着力推进高水平科技自立自强，构建覆盖先进制造业、现代服务业的产业体系，强化粤港澳大湾区核心引擎功能，着力提升城市能级和核心竞争力，建设更高品质的美丽广州。

深圳方面，"经济""科技"等概念在历次规划中密集出现，反映了深圳立足于经济和创新中心的定位，紧抓数字经济、金融开放等重大机遇，经济和科技实力迈上新台阶。深圳"十四五"规划纲要指出，习近平总书记寄望深圳在建设社会主义现代化国家新征程中作出新的更大贡献，深圳要抢抓建设粤港澳大湾区、深圳先行示范区和实施综合改革试点重大历史机遇，实现经济实力、发展质量跻身全球城市前列，到21世纪中叶成为竞争力、创新力、影响力卓著的全球标杆城市。深圳市第七次党代会报告强调，未来五年深圳的奋斗目标是瞄准高质量发展高地、法治城市示范、城市文明典范、民生幸福标杆、可持续发展先锋的战略定位持续奋斗，建成现代化国际化创新型城市，基本实现社会主义现代化。

针对广深"双城联动、比翼双飞"，两市"十四五"规划纲要均进行了安排部署。内容包括加强广深综合改革联动，深化产业规划和项目布局对接，协同布局和共建共享重大科技基础设施，共建广深港和广珠澳科技创新走廊，推动广深制造业迈向全球价值链高端等。广州提出，全力支持和学习深圳综合改革试点，广深要依托汽车、智能装备、生物医药、新一代信息技术等领域基础优势携手打造世界级产业集群，携手探索要素市场化配置改革，提升市场和公共服务一体化水平。同时，用好省同等力度支持广州和特事特办工作机制，争取省将赋予深圳的省级管理权限一并赋予广州。深圳提出，研究广深共建世界新兴产业、先进制造业和现代服务业基地，全面深化在教育、医疗、文化、旅游、人才、就业、生态等领域的合作发展，强化交通基础设施对广深双城联动的支撑。

第二节　广深产业结构对经济动能的影响

广深经济总量的相对变化，与第二、三产业增加值的变化直接相关，即深圳凭借以电子为主的制造业和以金融、信息服务为主的服务业实现对广州经济总量的追赶。而2018年以来差距的收窄，则与广州服务业强势增长有关（见图6-5）。从占比来看，广州和深圳产业结构均以服务业为主，工业比重持续下降。其中，广州偏向传统制造、传统服务业，内需动能强；深圳电子制造、信息服务和金融业突出，外向度、外溢性较高。

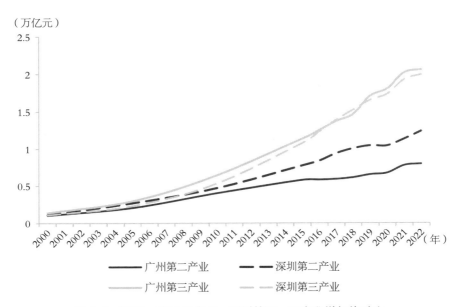

（万亿元）

图 6-5　2000—2022 年广州、深圳第二、三产业增加值对比

注：2021 年以前数据来源为《广东统计年鉴 2022》，2022 年为广州市、深圳市统计局披露的
　　初步核算数；部分年份进行平滑处理。

资料来源：《广东统计年鉴 2022》、广州市统计局、深圳市统计局、粤开证券研究院。

一、工业

整体来看，广深工业增加值差距有所拉大。2003 年以来，广州工业增加值一直低于深圳，具体又分为两个阶段。2015 年以前，广州工业增加值约为深圳的 0.8 倍，但 2016 年后差距进一步拉大，2022 年仅为深圳的六成，排名全省第二位。

分行业来看，深圳电子制造"一业独大"，该行业的规模以上增加值已超过广州所有规模以上工业的增加值。2021 年，广州规模以上工业增加值为 4963.72 亿元，汽车、电子、化工规模以上工业增加值超 300 亿元，其中汽车制造达 1267.52 亿元，占广州工业的 1/4（见图6-6）；深圳仅有电子设备制造、石油和天然气开采业规模以上工业增加值超 300 亿元，其中电子设备制造规模以上增加值高达 5470.99 亿元，占深圳工业的六成，是当之无愧的支柱产业（见图 6-7）。

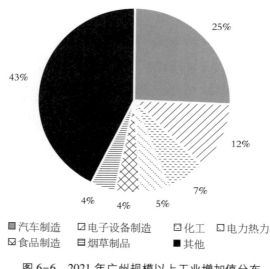

图 6-6　2021 年广州规模以上工业增加值分布

资料来源：《广东统计年鉴 2022》、粤开证券研究院。

从就业人员来看，深圳工业企业从业人员是广州的 2.3 倍。2018 年第四次经济普查显示，广州、深圳工业企业从业人员数量分别为 180.6 万人、421.7 万人。其中，广州的电子、汽车制造业企业从业人员最多，分别有 22.5 万人、17.9 万人，占全部工业的 12.4%、9.9%。深圳的电子制造从业人员超过 160 万人，占比达 38.2%，人均营业收入达到 135.4 万元，较深圳工业整体的人均营业收入高出近 50%。此外，深圳的电气、专用设备制造企业从业人员也超过 30 万人。

从区域分布来看，广州工业分布格局适度集中，深圳则较为分散。在"退城入园"等政策要求下，中心城区的工业企业逐步转入市郊的卫星城

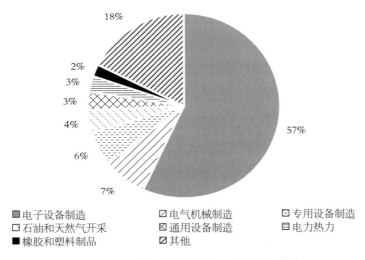

图 6-7　2021 年深圳规模以上工业增加值分布

资料来源：《广东统计年鉴 2022》、粤开证券研究院。

（开发区），如广州市黄埔区、深圳市龙岗区已成为工业集中区域，2021年工业增加值分别占到全市的 36%、28%（见图 6-8、图 6-9）。我们借助城市首位度的分析框架，根据"四区域指数"① 来分析产业集聚的合理程度。数据表明，广州工业、深圳工业的四区域指数分别为 1.00、0.53，前者为 1，后者则远低于 1，意味着广州工业向黄埔区适度集中，而深圳的工业产业格局相对分散，龙岗、宝安、南山规模相近（见图 6-9），区域间的辐射作用或较难发挥。

　　广州与深圳工业差异的背后，体现了产业环境、空间布局、人口结构的影响。

　　第一，深圳高度依赖"一业独大"的电子产业，而广州依靠汽车、电子、化工三大支柱，产业面临的宏观环境不同，导致广深工业走势的差

───────────

　　① 计算方式：第一位区域的产业规模，比上第二至第四位区域的产业规模之和。若结果接近 1，则认为各区域间呈现适度集中格局，若结果明显偏大或明显偏小，则认为产业过度集中或过度分散。

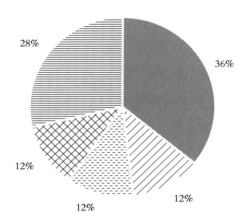

图 6-8　2021 年广州工业分布格局

资料来源：广州市统计局、粤开证券研究院。

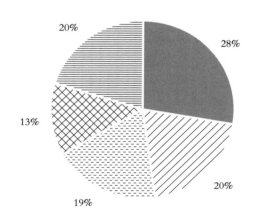

图 6-9　2021 年深圳工业分布格局

资料来源：深圳市统计局、粤开证券研究院。

异。近年来，全球数字化进程加速，信息技术不断进步，电子产品需求高速扩张；汽车消费虽然也呈现快速增长，但仍受到一些因素影响，如全球汽车产业向新能源变革，技术升级和市场需求步伐减慢（见图6-10）。面对汽车产业的瓶颈，广州须主动寻求产业转型，而转型期间也必然面临"阵痛"。此外，广州化工业比重较高，而化工面临的环保约束趋于严厉，对广州工业也带来了一定影响。

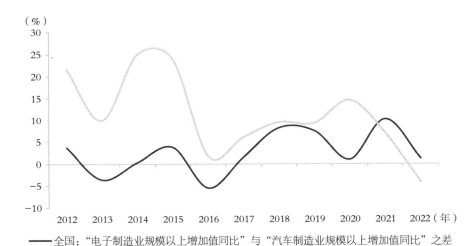

（%）

图6-10　2012—2022年电子制造业增加值增速和零售额增速与汽车制造业对比
资料来源：国家统计局、粤开证券研究院。

　　第二，广州工业的外溢效应受到主导产业放缓的制约，而深圳的区域间强竞争叠加制度创新，提升了产业竞争力。广州的第二产业适度集中，区域布局较优，对产业外溢、集群化发展有利，但汽车等产业本身的瓶颈却导致外溢效果削弱。反观深圳，由于工业格局"首位度"弱，"群龙无首"导致区域间辐射减少、竞争增多，再叠加经济特区制度优势允许和鼓励各类政策创新试点，下级行政区域通过招商、投资、外贸等方面政策创新，不断完善营商环境，在无形之中提升了深圳的产业竞争力。

　　第三，深圳特殊的人口结构为产业发展带来了优势。一方面，深圳劳动年龄人口占比接近80%，劳动年龄人口性别比为126∶100（广州为115∶100），均较全国水平明显更高，或体现了深圳拥有众多的以男性为主的外来就业人口，为劳动密集型产业提供了发展机遇；另一方面，深圳高校不多，但大专以上学历人群比重达 28.9%，甚至高于广州，丰富的高学历人才有利于技术密集型产业落地。

二、服务业

整体来看，广州传统服务业较优，深圳金融和信息服务业发达。广州、深圳服务业增加值相近，全国排名仅低于北京、上海。广州、深圳服务业增加值从 2000 年的 1381 亿元、1095 亿元升至 2022 年的 2.06 万亿元、2.00 万亿元。2017 年、2018 年，深圳第三产业增加值一度高于广州。2022 年，深圳第三产业增加值相当于广州的 96.8%。

从分行业增加值来看，广州偏重传统服务业，深圳偏向金融和信息服务，总体看互有优劣。按照可比数据（2020 年），在 14 个服务业行业中，广州有 11 个行业增加值高于深圳，其中批发零售业、交运仓储邮政业、教育业、卫生和社会工作增加值达到深圳的 1.3 倍、1.8 倍、2.0 倍、1.7 倍，体现广州传统服务业规模较大、功能齐全；深圳在银行、证券、互联网等领域龙头企业较多，金融业、信息服务业增加值分别较广州高出约 2000 亿元和 1300 亿元，均接近广州的 2 倍。

从就业人员来看，2018 年第四次经济普查显示，广州服务业从业人员为 764.4 万人，少于深圳的 847.56 万人（均含个体从业人员）。其中，深圳金融业、信息服务业从业人数分别比广州多出 41.7 万人、16.6 万人，是广州的 1.5 倍、1.3 倍，广州则在教育、交运仓储邮政、卫生和社会工作等行业就业人员更多，三个行业各比深圳多出约 8 万人。总体来看，广深按门类划分的服务业就业结构与行业增加值结构较为一致。

从区域分布来看，广深服务业集中分布在中心城区。2021 年，广州中心城区（荔湾、越秀、海珠、天河）、深圳中心城区（罗湖、福田、南山、盐田）服务业增加值分别为 1.19 万亿元、1.33 万亿元，占全市比重分别为 58.9%、68%。考虑广州、深圳中心城区的 GDP 占全市比重为 47%、53.1%，服务业比重明显高于 GDP 比重，这说明广深服务业集中分布在中心城区。

广深之间服务业的差异，须考虑城市功能、劳动生产率的影响。

第一，广深城市功能不同，或导致了二者服务业优势领域的差异。广州是全省政治、交通、文教中心，深圳则主要是华南地区的科创、金融中心，因而广州的优势产业集中在传统服务业，如公共服务、交通、批零、教育等，这实际上也反映了"全省社会民生资源向省会集中"的常态，而深圳则倾向于集中支持现代服务业的发展，在信息服务、金融服务领域基础更好、规模更强。

第二，广深之间的服务业分工，亦与行业层面的生产效率差异有关。例如，广州批发零售业、交运仓储邮政业、教育业、公共管理的增加值高于深圳，相应行业的劳动生产率也比深圳高出 3.7 万元/人、7.2 万元/人、6.7 万元/人、4.0 万元/人；深圳的信息服务业、金融业增加值高于广州，两个行业劳动生产率则比广州高出 10.4 万元/人、5.6 万元/人。服务业分工在一定程度上体现了劳动生产率的相对优势。

三、内外需

广州零售消费市场较深圳略大，但深圳人均消费更高。从社会消费品零售总额来看，大多数年份广州略高于深圳，2021 年广州、深圳社零总额分别为 1.01 万亿元、0.95 万亿元，广州为深圳的 1.07 倍，两城的人均社零均为 5.4 万元。从居民消费支出来看，2021 年广州、深圳全部居民人均消费支出分别为 4.4 万元、4.6 万元，占当地人均可支配收入的 64.2%、65.3%。

广州固定资产投资增速低于深圳，房地产是主要变量。2015 年起，广州固定资产投资增速由高于深圳变为低于深圳，而后在 2020—2021 年广州又呈现反超，2022 年广州、深圳固定资产投资同比分别下降 2.1%、增长 8.4%。分项来看，广州、深圳房地产开发投资同比分别下降 5.4%、增长 13.3%，工业投资则分别增长 12.6%、19.2%，基础设施投资则表现乏力。广州进出口总额与深圳有较大差距，利用外资金额相对较少。进出口方面，广深进出口总额走势总体稳定，2021 年分别占全省的 13.1% 和 42.9%，合计占到全省的半壁江山。分进出口来看，2021 年广州、深圳出口额分别为 976 亿美元、2982 亿美元，进口额为 698 亿美元、2504 亿美元，均呈贸易顺差，其中广州净出口一度为负，近年来提高到占全省的约 10%，深圳净出口则从占全省一半下降到 17%（见图 6-11）。此外，利用外资方面，2021 年广深实际利用外资金额分别为 543.3 亿元人民币、730.1 亿元人民币，广州相当于深圳的 74%。

分项来看：一是贸易对手方面，广州主要是向东盟、欧盟、中国香港、美国、非洲出口，从日本、欧盟、东盟、韩国进口；深圳主要是向中国香港、美国、欧盟出口，从东盟（主要是马来西亚）、中国台湾进口。二是贸易方式方面，广州、深圳出口均以一般贸易为主，分别占 2021 年出口的 50.1%、46.2%，但深圳进料加工贸易占比较高，占比达到 30.0%，广州则仅占 15.9%，或与深圳拥有较多开展加工贸易的外资、合资企业有关；广州、深圳一般贸易进口占进口的 62.2%、53.3%，其他类型进口比重较低。

四、科技投入和产出

广州 R&D 投入较深圳仍有差距，深圳 R&D 投入规模、强度双高。2021 年，广州、深圳 R&D 经费支出分别为 881.72 亿元、1682.15 亿元，占全省的 22%、42%，位列全省前二。按 R&D 经费占 GDP 比重计算，深圳 R&D 经费投入强度为 5.49%、全省最高，广州则为 3.12%，低于全省平均水平的 3.22%，落后于东莞和惠州，仅为全省第四。

（亿美元）

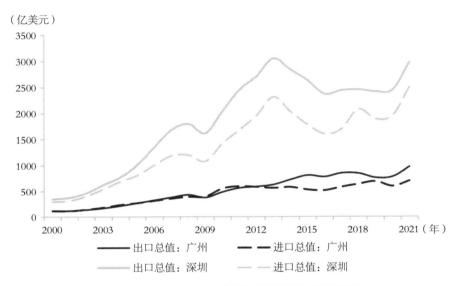

图 6-11 2000—2021 年广州、深圳进出口总值对比

资料来源：《广州统计年鉴 2022》、《深圳统计年鉴 2022》、粤开证券研究院。

广州的研发投入主要源于高校和科研院所，深圳更多来自商业化企业，表现为广州企业研发投入占全市研发投入比重低于深圳。从规模来看，2021 年广州企业投入的 R&D 活动人员、R&D 人员折合全时当量、R&D 经费内部支出为深圳的 33.2%、29.7%、34.8%。从占比来看，2020 年广州企业 R&D 经费内部支出占全市 R&D 经费内部支出的 61.3%，比重为全省 21 个市中最低（全省平均 86.1%），R&D 活动人员有 63.5% 来源于企业，也处于全省较低水平（全省平均 88.2%），或与广州高校和科研机构 R&D 活动较活跃有关①。深圳的两个比重则分别为 93.2%、95.6%，较广州遥遥领先。

广州专利授权量与深圳差距较大，全部专利和发明专利授权量约为深圳的 2/3 和 1/2。2021 年，广州、深圳全市专利授权总量达到 18.95 万

————————

① 2021 年数据暂未披露。

件、27.92 万件，广州相当于深圳的 67.9%，其中发明专利授权量分别为 2.41 万件、4.52 万件，广州相当于深圳的 53.3%。

全省高技术制造业、先进制造业集中于深圳，广州基础相对薄弱。2021 年，深圳规模以上高技术制造业增加值占全省的 53.8%，超过其余 20 个地级以上市之和，占本市规模以上工业的 65.6%，而广州落后于东莞、惠州，仅为全省第四，占本市规模以上工业的 17.8%。广州与深圳差异巨大，主要原因是在广州产业结构中占比较大的汽车、石化属于传统产业，而非高技术产业。如按照广东省制定的先进制造业口径（包括电子、装备、石化、轻纺、材料、医药六大产业），广州、深圳先进制造业分别占全省的 14.2%、32%，占本市规模以上工业的比重则为 59.8%、69.6%。

第三节　广深对中央、广东的财政贡献比较

广州与深圳的城市功能差异不仅体现在经济结构上，也体现在财政体制方面。近年来，广州财政收入、可用财力均为深圳的一半左右，其背后固然有经济总量、产业结构的差异，但广深财政体制的差异则进一步拉大了可用财力的差别。广州创造的财政不仅为中央贡献，而且为广东省级财政贡献较大，而深圳计划单列市的地位，使其财政主要贡献中央财政，税收是否需要与省级分享是广深财政差异的突出因素。基于一般公共预算收入的最终分配结果，广州创造的收入中归属中央、省级、市级及以下财政的比重分别为 57∶10∶33，深圳创造的收入则为 57∶1∶42，广州自留比例低于深圳 9 个百分点。

一、全市财政和债务情况

整体来看，广州财政自给率低于深圳，对转移性支付和土地出让收入

依赖性较高。

（一）一般公共预算

广州财政自给率处于全省中上游，深圳则为全省第一。2000—2022年，广州、深圳全市一般公共预算收入分别从200.5亿元、221.9亿元增长到1810亿元、4012.3亿元，年均增长10.5%、14.1%，一般公共预算支出分别从240.7亿元、225.6亿元增长到3063亿元、4997.2亿元，年均增长12.3%、15.1%。从人均看，广深人均一般公共预算收入从0.21万元、0.33万元增长到2021年的1.00万元、2.41万元，人均一般公共预算支出从0.25万元、0.36万元增长到2021年的1.61万元、2.59万元[①]。广州财政自给率从83.3%降至2022年的61.5%，处于全省中游偏上，深圳则从98.6%降到80.3%，但仍为全省第一。

（二）政府性基金预算

广州政府性基金收支规模高、增长快，深圳规模小于广州。2010—2022年，广州、深圳政府性基金预算收入分别从526.5亿元、237.5亿元增长到1629.2亿元、1025.8亿元[②]，年均增长9.9%、13.0%，2022年分别占全省的31.4%、19.7%（见图6-12）。政府性基金预算支出分别从509.8亿元、232.8亿元增长到2049.8亿元、1496.8亿元，年均增长12.3%、16.8%。

广州对土地财政依赖程度高于深圳。以国有土地出让权收入／（政府性基金收入＋一般公共预算收入）来衡量广深对土地财政的依赖程度，2022年广州、深圳对土地财政依赖度分别达到44.6%和18.8%。

（三）社会保险基金预算和国有资本经营预算

得益于经济发展与人口持续流入，广深社保基金预算可持续性良好，均实现当年结余。目前，广州、深圳社保基金包括4个全国险种（职工医

---

① 2022年常住人口、人均财政收支未公布。

② 预计执行数。

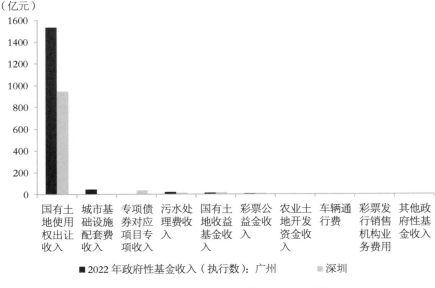

图 6-12　2022 年广深政府性基金收入来源

注：数据为预计执行数口径。

资料来源：广州市财政局、深圳市财政局、粤开证券研究院。

保、居民养老、居民医保、机关事业单位养老），已实现省级统筹的企业职工基本养老保险基金、工伤保险基金、失业保险基金不纳入全市预算。此外，深圳社保基金中另有 3 个自有险种。2022 年，广州社保基金预算收入、支出、当年结余分别为 957 亿元、872 亿元、84 亿元（不含省级统筹险种，下同），深圳为 957 亿元、588 亿元、368 亿元，如按可比口径（不计 3 个深圳自有险种）则深圳为 847 亿元、541 亿元、306 亿元，深圳社保基金规模稍高于广州。从缺口来看，广州纳入社保基金预算的 4 项保险中，仅有机关事业单位基本养老保险基金出现收支缺口，缺口为 15.23亿元；深圳纳入社保基金预算的 7 项保险中，仅有城乡居民基本养老保险基金出现 0.13 亿元的收支缺口。从累计结余来看，广州、深圳社保余额较充足，2022 年社保基金累计余额分别为 1689 亿元、2489 亿元。以累计结余与当年基金支出之比衡量社保基金可持续性，2022 年年末广深社保基金累计结余可持续月数为 23.2 个、50.8 个月。

国有资本经营预算方面，2022 年广州全市国有资本经营预算收入 71 亿元，安排支出 40.2 亿元；深圳全市国有资本经营预算收入 98.3 亿元，安排支出 64.0 亿元。

（四）债务水平

广州地方政府债和城投债负债水平均高于深圳，但总体均属于较低水平。《预算法》修正实施以来，广州地方政府一般债、专项债水平一直高于深圳，2022 年广深一般债余额分别为 919.9 亿元、126.8 亿元，专项债余额分别为 3735.7 亿元、1956.1 亿元，地方债合计余额为 4655.6 亿元、2082.9 亿元，相当于地区生产总值的 16.1%、6.4%。

二、财政的贡献

总体来看，广深对中央财政贡献比例持平，但由于广州对省级财政贡献高于深圳，广州的财政收入自留比重明显更低。虽然广州收到了更多的转移支付，但并不足以抹平广深之间的财力差异。

从数据上看，广州一般公共预算收入为深圳的一半左右，与广州 GDP 达到深圳的 90% 相比极不相称。但是，地方一般公共预算收入是我国分税制财政体制下的结果，既不能完全反映当地创造和组织财政收入的能力，也不能完全反映当地实际可用财力，应根据广深筹集的各级一般公共预算收入和全市实际可用财力进行评价。1994 年分税制改革以来，我国财政资金分配过程主要包括初次分配和再分配两大环节。税收分享（分税）属于初次分配，将一个地区所有的税收分配给中央级、省级、市级等各级财政，加上非税收入即为各级财政的一般公共预算收入。在此基础上，上级政府再通过对地方的转移支付和税收返还形成再分配效应，地方可用财力和覆盖支出的能力将得以提高，有利于区域均衡发展和基本公共服务均等化。

我们将按照"筹集收入—划分收入（含税收分享）—补助和上解"的次序，深入分析广深两市对中央、省级财政的贡献。需要专门说明的是，下文中财政收入、财力等概念仅限于一般公共预算，不包括政府性基金预算、国有资本经营预算和社会保险基金预算。

第一，来源于广州的各级一般公共预算收入合计约为深圳的七成，或主要与经济总量、产业结构等影响因素有关。

2019年，来源于广州、深圳的所有一般公共预算收入（含中央级和省级收入）分别为6338亿元、9424亿元，广州约为深圳的七成。从原因来看，或与广州GDP仅为深圳的90%、产业结构以增值税税率较低的服务业为主、减税政策在广深效果不同等因素有关。由于本节关注点更多地在于广深对中央和省级财政的贡献上，对广深一般财政收入背后因素将不作具体分析。此外，基于上述数据，广深平均每万元GDP实现的一般公共预算收入为2658元、3491元，总体看广州经济主体承担的税负强度低于深圳。

第二，转移支付前，广州市自留一般公共预算收入比重低于深圳13个百分点。

根据现行财政制度，广州、深圳产生的所有一般公共预算收入，划分到了中央级、省级、市级及以下财政。从2019年财政数据来看，广州的三者占比为57：17：27，深圳则为60：0：40。广州市自留比重低于深圳13个百分点，这正是"初次分配"的结果。在"初次分配"中，央地、省市的分税制确定了税收如何在不同预算层级之间分享，而分享方法对于分享结果具有极大的影响。我们将不同税种的分享结果进行了测算。总的来看，在广深产生的中央级一般公共预算收入中，最大的来源是增值税、企业所得税、个人所得税三个主体税种的中央分享部分，而海关代征税收也占据一定比重；广州产生的省级财政收入，以及广深产生的市级及以下财政收入；则均以增值税、企业所得税、个人所得税和土地增值税四个税种的收入为主。

增值税、企业所得税、个人所得税、土地增值税四个税种对于各级财政都极为重要，我们测算四个税种（增值税和企业所得税仅包括分享部分，下同）占到广州（深圳）创造的中央及省级收入的55%（48%），占广州（深圳）全市一般公共预算收入的50%（69%）。下面举例说明我们的测算方法。广州的增值税（分享部分）由中央、广东省、广州市分享50%、25%、25%，深圳则是中央与深圳市五五分成。根据2019年决算中广州、深圳全市增值税收入430亿元、1164亿元，我们测算广州贡献中央和省级增值税收入（分享部分）1290亿元（中央和省级分别为860亿元、430亿元），而深圳贡献中央级增值税收入（分享部分）1164亿元（见表6-1）。

第三，转移支付后，广州财力中有三分之二贡献给了中央和省级财政，广州市自留的财政收入比重低于深圳9个百分点。

再分配在初次分配的基础上进行，表现为中央级与深圳、省级与广州深圳之间的补助和上解。2019年，广州收到的省级净补助为401亿元，深圳收到净补助177亿元（中央净补助278亿元、对省级净上解101亿元）。将初次分配和再分配的效果加总，广深贡献的中央、省、市可用财力比重分别为57∶10∶33、57∶1∶42。可见，补助和上解对可用财力分配有一定影响，但影响不大。从结果来看，广州产生的各级一般公共预算收入中，最终归属省级财政的比重较深圳高出9个百分点，导致广州财政收入自留比例更低，广州最终可用财力约为深圳的一半，差距较为明显（见表6-2）。

表6-1　广州、深圳现行共享税种收入分享方法

税种	广州税收分享方法	深圳税收分享方法
增值税	中央与地方五五分成、广东省与广州市五五分成	中央与地方五五分成

续表

税种	广州税收分享方法	深圳税收分享方法
企业所得税	中央与地方六四分成、广东省与广州市五五分成	中央与地方六四分成
个人所得税	中央与地方六四分成、广东省与广州市五五分成	中央与地方六四分成
土地增值税	广东省与广州市五五分成	本市固定收入

注：以上税收仅限市级参与分享的部分。

资料来源：粤开证券研究院整理。

表6-2　2019年广深一般公共预算对中央、省级财政的贡献一览

一般公共预算（亿元）[注1]		合计	形成中央财政收入（亿元）	比重（%）	形成省级财政收入（亿元）	比重（%）	形成全市财政收入（亿元）	比重（%）
广州	全部	6338	3581	57	1058	17	1699	27
	其中：四大共享税[注2]	3409	1721	50	844	25	844	25
	其他[注3]	2929	1860	—	214	—	855	—
深圳	全部	9424	5651	60	0	0	3773	40
	其中：四大共享税	5327	2730	51	0	0	2598	49
	其他	4097	2921		—		1176	—
广州（再分配后）		6338	3581	57	657	10	2100（一般公共预算可用财力）	33
深圳（再分配后）		9424	5373	57	101	1	3951（一般公共预算可用财力）	42

注1：数据采用2019年决算数，但由于数据可得性，部分数据采用预计执行数口径，与决算数字之间可能有微小偏差，对结论无影响。

注2：四大共享税指增值税的分享部分、企业所得税的分享部分、个人所得税、土地增值税，虽深圳土地增值税收入不与省级分享，但为保证税收口径可比，表中一并将土地增值税列为"四大共享税"。

注3："其他"中包括海关代征税收、广深不参与分享的中央（省属）企业所得税、各级非税收入等。

资料来源：粤开证券研究院测算。

此外，从微观层面来看，广深企业税负存在差异，深圳的税收优惠相对更具优势，或对广州招商落地产生冲击。广州和深圳作为沿海经济开放区和经济特区，长期以来享受了一定的税收优惠，但若两相比较，深圳的优惠常常更优。例如，深圳前海深港合作区享受15%的企业所得税优惠税率政策，涉及现代物流、信息服务、科技服务、文化创意、新能源、新材料、医药、环保等领域，广州起初并无此类优惠政策，直到《广州南沙深化面向世界的粤港澳全面合作总体方案》推出，时间落后于深圳。

第四节　广深的独特竞争优势

广州和深圳地域相近、文化同圈，但功能定位、产业结构、创新活动却有较大差异，归根结底在于各自所凭借的竞争优势不同。实际上，基础设施和金融已分别成为广州和深圳城市发展的"撒手锏"。广州作为省会城市，交通、教育、卫生等公共服务更为完善，是国内宜居程度领先的城市，深圳则背靠深港两大交易所，对上市公司和创业企业具有强大吸引力。

一、基础设施是广州宜居城市环境的基石

广州交运物流枢纽作用强，市内交通承载力好，教育科研资源丰富，医疗卫生水平良好，各类基础设施和公共服务相对完善，支撑了城市的宜居环境。在老龄化加剧、全国人口见顶回落的预期下，宜居的城市环境将对吸引劳动者前来定居和工作发挥重要的作用，有望成为人口集聚、产业发展、经济繁荣的重要因素。

（一）交通运输

广州城际交通设施基础牢、运量高，市际交通客货运量高于深圳，仅集装箱吞吐量略低于深圳。2021年广州、深圳高速公路里程分别为1106公

里、397 公里，载货汽车保有量 47 万辆、52 万辆，港口泊位 588 个、164 个，货船保有量 1345 艘、223 艘。2021 年，广深全市货运量分别为 9.8 亿吨、4.4 亿吨，其中公路货运量 5.3 亿吨、3.5 亿吨，水路货运量 4.1 亿吨、0.9 亿吨，集装箱吞吐量 2447 万标箱、2877 万标箱，机场货物吞吐量 119 万吨、157 万吨。全市客运量分别为 2.2 亿人次、1.3 亿人次，其中铁路客运量 0.9 亿人次、0.5 亿人次，机场旅客吞吐量 4026 万人次、3636 万人次。

广州市内交通建设规模、运量规模超过深圳。道路方面，2021 年广州、深圳市政道路长度分别为 1.5 万公里、0.8 万公里，道路面积 2.2 亿平方米、1.5 亿平方米，人均道路面积 11.8 平方米、8.2 平方米。公共交通工具方面，2021 年市区公共汽车客运量 13.2 亿人次、10.9 亿人次，2022 年轨道交通里程 643 公里、559 公里，轨道交通客运量 23.2 亿人次、17.5 亿人次（见图 6-13）。

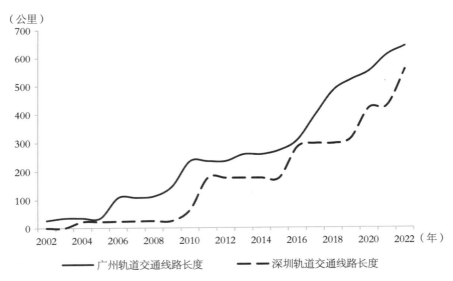

（公里）

图 6-13　2002—2022 年广州、深圳轨道交通运营里程对比

注：按广东省统计局口径，轨道交通线路含有轨电车，广州轨道交通含广佛地铁、广州地铁 7
　　号线全线。

资料来源：广东统计年鉴、广州统计年鉴、深圳统计年鉴、粤开证券研究院整理。

（二）教育

广州集聚了全省过半高校，高等教育资源遥遥领先，深圳异地办学高校较多。截至2023年3月，全省161家普通本专科院校有84家坐落于广州，占全省的52%，坐落在深圳的院校仅有8家，占全省的5%（见图6-14）。其中，68家本科院校有38家坐落在广州，占全省的56%，5家坐落在深圳，占全省的7%。全省8家"双一流"建设高校（中山大学、华南理工大学、华南师范大学、暨南大学、广州中医药大学、华南农业大学、广州医科大学、南方科技大学）中有7家集中在广州。为弥补高等教育资源不足的问题，深圳吸引了省内外4家"双一流"建设高校开展异地办学，并与香港中文大学、莫斯科大学开展合作办学，广州则吸引了香港科技大学开展合作办学。

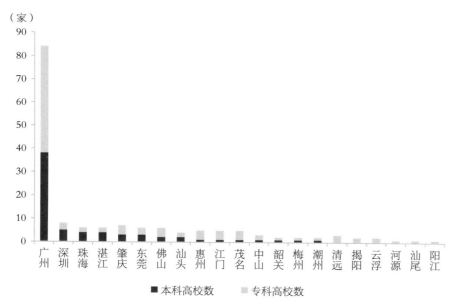

图6-14 广州高等教育资源数量（截至2023年3月）

资料来源：广东省教育厅、粤开证券研究院。

广州基础教育资源基础良好，深圳改善较快，已基本追平广州。从中学层次看，2000—2021 年广州、深圳在校生数分别从 42.5 万人、10.7 万人提高到 57.0 万人、56.3 万人，专任教师从 2.4 万人、0.7 万人提高到 4.7 万人、4.6 万人，师生比从 17.6、16.2（全省 20.2）降至 12.1、12.3（全省 13.3）。从小学层次来看，2000—2021 年广州、深圳在校生数分别从 75.7 万人、31.4 万人提高到 116.4 万人、113.3 万人，专任教师从 3.4 万人、1.0 万人提高到 6.5 万人、6.4 万人，师生比从 22.1、30.2（全省 25.5）提高到 17.9、17.8（全省 18.2）。

（三）卫生

广州医疗卫生资源优于深圳。目前，广州和深圳分别有 20 家、12 家三甲综合医院。2011—2021 年，广州、深圳医院数量分别从 220 家、130 家提高到 305 家、163 家，增速 38.6%、25.4%，医疗机构床位从 6.6 万张、2.4 万张提高到 10.7 万张、5.2 万张，增速 62.1%、116.7%。卫生技术人员从 10.1 万人、5.8 万人提高到 18.8 万人、11.3 万人，其中医生从 3.6 万人、2.3 万人提高到 6.6 万人、4.6 万人。广深两市医疗卫生机构向社会提供诊疗服务从 1.15 亿人次、0.91 亿人次提高到 1.44 亿人次、1.14 亿人次，其中住院出院人次从 196.5 万人次、96 万人次提高到 328.8 万人次、184.1 万人次。

二、金融是深圳建设创新高地的旗帜

2021 年 12 月 6 日中央政治局会议提出，要实现科技、产业、金融良性循环。深圳正是金融支持科技、产业发展的先行者。作为深交所所在地，深圳对金融机构和上市公司具有强大吸引力，金融业法人数量和总资产远高于广州，又由于深圳资本市场发达，投资机构较多，双创等领域的企业也乐于落地深圳；与深圳相比，广州作为省会、央行分行和广期所所在地，对银行、期货等金融机构具有吸引力。2022 年，广州、深圳金融业增加值分别达到 2596.15 亿元、5137.98 亿元，深圳是广州的近 1 倍。

从法人单位来看，2021 年广州、深圳金融业法人单位分别达到 5647 个、14577 个，深圳是广州的 1.5 倍。从第四次经济普查的从业人员数量来看，2018 年广深金融业从业人员数量分别为 81 万人和 123 万人，深圳比广州多出近 52%。

深圳的市场主体信贷活动较广州的市场主体更活跃。存贷款方面，深圳存贷款余额、增速高于广州。从规模来看，2021 年广州、深圳金融机构本外币存款余额分别为 7.5 亿元、11.3 亿元，贷款余额分别为 6.1 亿元、7.7 亿元，广州分别为深圳的 66.4%、79.2%。

深圳集中了大量的上市公司。截至 2023 年 3 月 31 日，沪深两市及北交所合计 5131 家 A 股上市公司中，广州有 146 家，深圳则达到 406 家，分别占全省（840 家）的 17.4%、48.3%。广州、深圳 A 股上市公司市值分别达到 2.2 万亿元、8.9 万亿元。分板块来看，广州在主板上市企业 83 家、创业板 42 家、科创板 15 家、北交所 6 家，深圳在主板上市企业 210 家、创业板 147 家、科创板 40 家、北交所 9 家。

深圳创业投资活动更多，广州则拥有两家头部公募基金。深圳私募和公募基金管理人数量远高于广州。从私募基金来看，截至 2023 年 3 月 29 日，广州、深圳分别有 1063 家、3241 家私募基金管理人（按办公地），在管基金数量分别为 8464 只、21643 只，其中私募股权（创业投资）基金管理人分别有 534 家、1690 家，或显示深圳创业投资活动更加活跃。从公募基金来看，广州公募基金管理人（按办公地）有 4 家，深圳则达到 32 家。截至 2023 年 3 月 29 日，发行基金数分别为 718 只、2793 只，基金资产净值分别为 2.83 万亿元、6.49 万亿元（其中非货币型基金净值 1.71 亿元、3.81 亿元）。广州在管理人数量远少于深圳的情况下，资产净值达到深圳的一半，主要原因是广州拥有易方达、广发基金这两家头部公募基金企业，基金净值规模列全国第一位、第二位（非货币型基金净值列第一位、第三位）。

深圳信用债存量高于广州。截至 2022 年 12 月 31 日，广东信用债存量达到 5577 只，余额 5.91 万亿元，其中广州、深圳信用债存量为 1455 只、2444 只，余额 1.9 万元、3.2 万亿元，分别占全省余额的 32.2%、53.7%。

展望未来，要强化广州和深圳在粤港澳大湾区的核心引擎功能，推动"双城联动、比翼双飞"，积极融入国内大循环为主体的国内国际双循环，带动全省"一核一带一区"发展，共建大湾区"双子城"。广州未来要推进高水平科技自立自强，构建现代化产业体系，实现实体经济和广深综合改革联动发展。深圳要把握住电子制造、信息服务等高增长行业的机遇，大力培育国内外市场，推动制造业和服务业持续增长，发挥出经济特区制度创新对激发经济活力的作用。发挥好广州、深圳的独特优势，携手引领国际一流湾区和世界级城市群建设。

第七章

香港与澳门：“一国两制” 行稳致远

改革开放以来，香港和澳门亲历了中国的经济腾飞。港澳同胞不仅将资本、技术、企业引入内地，铺设了内地与海外的桥梁，同时香港和澳门也搭上了内地经济的“高速列车”，实现三地共享发展。但是，繁荣之下亦有隐忧，港澳服务业遭遇百年变局和世纪疫情的冲击，科技创新力有未逮，城市人居空间矛盾长期累积，过去的人才优势亦处于转折节点。在新一轮产业和科技革命的时代巨潮中，港澳如何占据潮头？港澳须坚持“一国两制”，振兴实体经济，推动科技发展以及城市更新，共建大湾区一体化市场，推动形成港澳长期繁荣稳定的强大支撑。

本章从香港和澳门对比的视角出发，重点研究以下问题：香港和澳门经济社会发展情况如何？当前港澳经济正面临哪些巨变？未来港澳如何实现长期繁荣？

第一节　港澳回归以来，经济社会持续繁荣

香港、澳门是我国的两个独立关税区，也是实行自由港政策的小型开放型经济体。1949 年以来，香港和澳门经历了从转口贸易港，到轻工业基地，再到后工业化的发展历程。在内地改革开放的进程中，港澳将资

本、技术、企业引入内地的广阔腹地，发挥好港澳作为内地与海外之间的桥梁功能，推动港澳与内地经济一同实现飞速发展。回归祖国后，港澳依托内地超大市场规模，与内地加快优势互补，经济实力持续提升，公共服务更加完善。

一、城市经济

（一）经济总量

香港、澳门回归以来实现繁荣稳定，经济实力不断增强。香港、澳门GDP分别从回归当年的13731亿、508亿港元（约合14704亿、542亿元人民币）提高到2019年的28450亿、4326亿港元（约合25050亿、3809亿元人民币）（见图7-1），相当于全国（含港澳台）的2.4%、0.36%，分别接近于深圳、太原的经济规模。按不变价格计算，截至2019年，香港、澳门GDP分别较回归当年增长92.2%、295.1%。此后受新冠疫情等影响，港澳商贸旅游活动锐减，经济一度明显下滑，2022年香港、澳门经济规模仅相当于2019年的96%、40%。

香港、澳门人均GDP远超内地水平。2019年香港、澳门人均GDP分别达到37.9万、64.2万港元（约合33.4万、56.7万元人民币），是内地平均的4.8、8.1倍。2022年，香港、澳门人均GDP受疫情影响，分别为38.5万、25.4万港元（约合33.1万、21.8万元人民币）（见图7-2）。

（二）经济结构

从产业结构来看，港澳已进入后工业化阶段，第三产业比重超过九成。香港在20世纪中叶完成工业化。70—80年代，香港第一、二产业比重从30%以上快速下行，到1990年已降至20%以下，服务业比重则不断提高。2004年后，香港服务业占GDP比重超过九成，在经济中占据绝对主导地位，2021年比重高达93.6%。2009年后，澳门服务业比重也超过了九成，2021年达92.3%（见图7-3）。

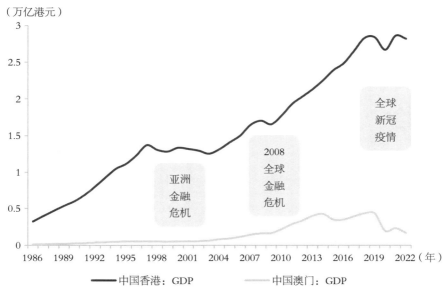

（万亿港元）

图 7-1　1986—2022 年香港、澳门经济增长态势

注：按港澳的联系汇率制进行换算（1 港元＝1.03 澳门元）。

资料来源：香港特区政府统计处、澳门特区政府统计暨普查局、粤开证券研究院。

　　就业结构与产业结构变化趋势相似，同样体现了港澳的"去工业化"进程。以香港为例，2000—2010 年，第一、二产业就业人口比重从 16.8% 降至 11.3%，第三产业就业人口则从 83.2% 升至 88.7%，此后基本维持在 2010 年的水平，2021 年第一、二产业就业人口占比 11.6%，第三产业就业人口占比 88.4%。

　　金融及保险、公共社会服务、进出口贸易、楼宇业权、专业及商用服务是香港的前五大产业，2021 年占 GDP 比重分别为 21.3%、20.4%、16.9%、10.9%、6.9%（见图 7-4）。香港在这些行业中具备很强的禀赋优势，例如金融及保险、进出口贸易的劳动生产率可达 209 万港元/人、134 万港元/人。

　　公共社会服务、楼宇业权是香港经济中较为特殊的两个行业。香港的

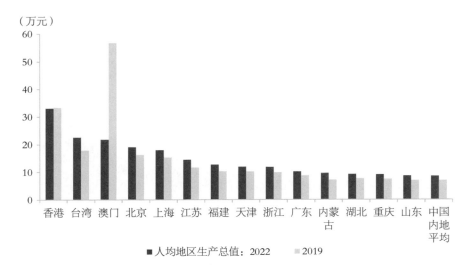

（万元）

图 7-2　2019 年、2022 年港澳人均 GDP 与内地部分省份对比

注：港澳台按本币与人民币年平均汇率折算，内地省份仅列出 2022 年人均 GDP 高于中国内地
　　平均水平的 11 个省份。
资料来源：国家统计局、香港特区政府统计处、澳门特区政府统计暨普查局、台湾地区统计资
　　讯网、粤开证券研究院。

公共社会服务业占比较高，超过 20%，其中包括了行政、教育、卫生、文化等行业。与内地可比行业（合计约占内地 GDP 的 12.7%）相比，比重高出近 8 个百分点。楼宇业权反映了住户部门不动产"提供住宿等功能"的价值，而由于香港的楼宇价格较高，每年的"楼宇业权"增加值也较高，单此一项的规模就接近 3000 亿港元，占 GDP 的 10% 以上。

澳门经济中博彩业一业独大，房地产、银行业、批发零售业具有一定优势。澳门回归以来，博彩业一直是经济的支柱产业，占 GDP 比重从 1999 年的 30.1% 一路上行，2013 年达到 62.9%，后回落至 2019 年的 51%。房地产、批发零售业、银行业规模仅次于博彩业，2019 年比重分别为 8.8%、5.6%、5.5%。全球疫情对澳门旅游和博彩造成较大影响，2021 年博彩业比重仅为 25.8%，但仍为第一大产业，房地产、银行业、批发零售业、公共行政分列第 2—5 位，比重分别为 13.1%、11.3%、

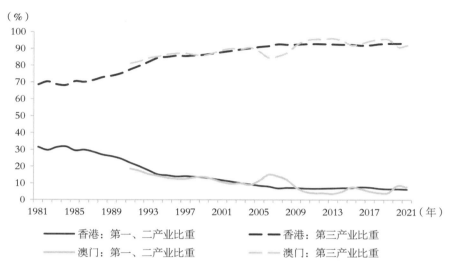

图 7-3　1981—2021 年香港、澳门第一、二、三产业占 GDP 比重对比

资料来源：香港特区政府统计处、澳门特区政府统计暨普查局、粤开证券研究院。

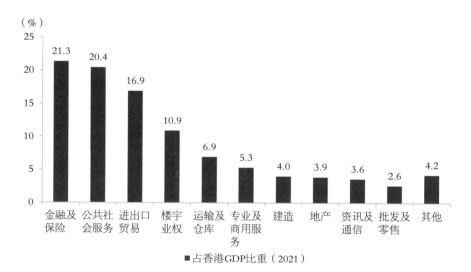

图 7-4　2021 年香港各行业增加值占 GDP 比重

资料来源：香港特区政府统计处、粤开证券研究院。

8.8%、8.1%（见图 7-5）。

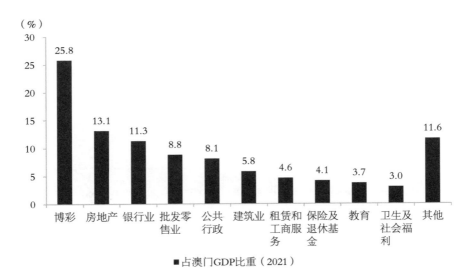

图 7-5　2021 年澳门各行业增加值占 GDP 比重

资料来源：澳门特区政府统计暨普查局、粤开证券研究院。

从需求结构来看，香港以本地消费需求为主（见图 7-6），澳门则更依赖外需（见图 7-7）。香港经济中，本地消费、资本形成在 GDP 中的比重大致是 80%、20%，净出口比重较小，几可忽略。其中，私人消费占GDP 比重达六成以上，是香港经济的主要推动力量。澳门经济结构特殊。疫情以前，本地消费、资本形成、净出口大致为 35：14：51，净出口占据总需求的半壁江山。由于疫情对博彩等服务出口带来较大冲击，导致净出口大幅萎缩，2022 年本地消费、资本形成分别占 GDP 的 83.8%、26.2%，净出口占比降至-10%。

港澳同为高贸易依存度的经济体，但香港进出口规模相近，澳门出口远高于进口，主因是两地的贸易品类差异。香港货物贸易体量大，进口与出口大致相抵，体现香港主要是转运地而并非商品原产地。澳门服务出口规模遥遥领先，高于商品进出口、本地消费和投资，与高度发达的旅游博

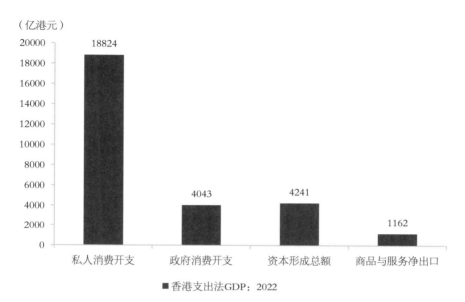

图 7-6　2022 年香港经济的需求结构

资料来源：香港特区政府统计处、粤开证券研究院。

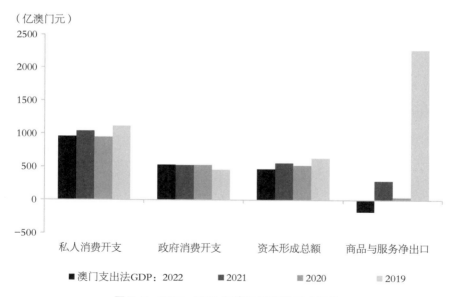

图 7-7　2019—2022 年澳门经济的需求结构

资料来源：澳门特区政府统计暨普查局、粤开证券研究院。

彩业有关。

（三）人口与就业

港澳人口总量趋于见顶，近年来出现回落，总和生育率低迷，或面临与内地类似的人口红利渐行渐远局面。2022 年年末，香港、澳门总人口分别为 733.3 万、67.3 万人。与 2019 年相比，香港总人口下降 18.7 万人，或受疫情以来出生率下降、跨境来港就业就读人口减少、香港居民因疫情居留外地等因素影响。澳门人口较 2019 年下降 0.7 万人。据联合国经社部估计，香港、澳门总和生育率仅为 0.76、1.11，远低于 2.1 的世代更替水平（见图 7-8）。

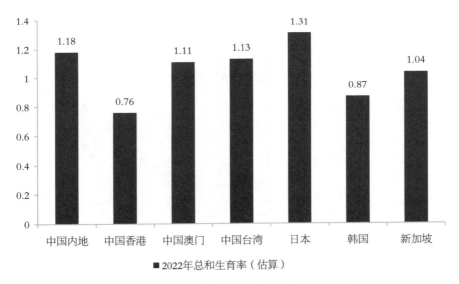

图 7-8　2022 年东亚部分地区总和生育率对比

资料来源：联合国经社事务部、粤开证券研究院。

港澳就业人口大致呈现波动上升态势，近年来分别保持在 370 万人、38 万人左右的水平。疫情对就业人数带来打击，港澳失业率在 2019 年2.9%、1.7%的低位基础上，出现明显上升。但在全球范围，香港和澳门仍属于低失业率经济体。

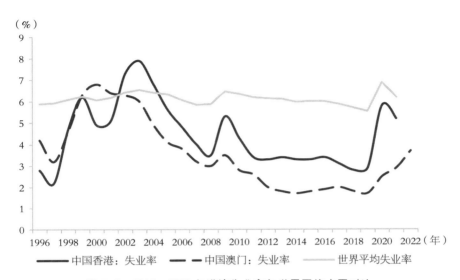

图 7-9　1996—2022 年港澳失业率与世界平均水平对比

资料来源：香港特区政府统计处、澳门统计暨普查局、世界银行、粤开证券研究院。

二、土地和住房

　　香港、澳门区位优越但陆地面积较小，人口密度处于全球前列。香港、澳门位于珠江口两侧，附近优良海湾较多，距广州的直线距离为 100 多公里，能够辐射珠江流域和华南地区的广阔腹地，其中香港早在唐朝就已成为广州进出口所依托的重要港区。从面积来看，香港、澳门陆地面积分别为 1114.35、33 平方公里，仅为海域面积（1640.62、85 平方公里）的 67.9%、38.8%，为粤港澳大湾区 11 城中陆地面积最小的两个。从人口密度来看，澳门和香港的人口密度分别达到 20556、7125 人/平方公里，在全球主要经济体中列第一位和第四位。

　　香港生态空间比重极高，澳门土地面积少，居住条件均较拥挤。香港城市空间高度集中在 280 平方公里已建设区域，更多土地则未得到开发。从全部土地用途来看，林地草地湿地比重高达 2/3，住宅用地仅占 7.1%

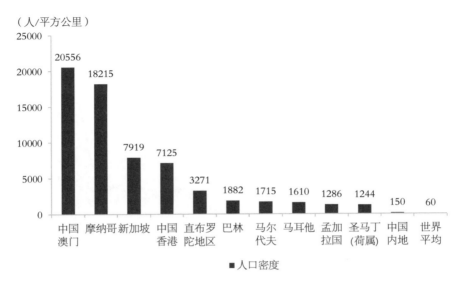

（人/平方公里）

图 7-10 2020 年香港、澳门人口密度位居各经济体前列

注：图中仅列出人口密度前 10 的经济体、中国内地和世界平均人口密度情况。
资料来源：世界银行、粤开证券研究院。

（见图 7-11），79 平方公里的住宅用地容纳了超过 700 万人口。澳门土地用途中，公共基础设施用地（23.1%）、居住用地（21.3%）、生态保护用地（18%）排在前三（见图 7-12），但由于本身面积有限，7 平方公里居住用地容纳了 68 万人口，居住拥挤程度与香港接近。统计数据显示，2021 年香港、澳门人均居住面积分别为 16、20.6 平方米，明显低于内地。2021 年，中国内地城镇人均住房建筑面积为 41 平方米（未扣除公摊面积），若公摊面积按 25% 计算，扣除公摊后仍超过 30 平方米，达到香港的 2 倍左右。

除填海造陆外，港澳分别规划在香港北部都会区及横琴岛布局新的产业空间。香港填海工程可追溯至 1852 年，历年填海工程新增超过 67 平方公里土地，容纳了 27% 的香港人口及 70% 的商业活动，澳门填海则受益于浅滩较多的有利地理条件，现有陆地面积中接近 2/3 来源于填海工程。

（平方公里）

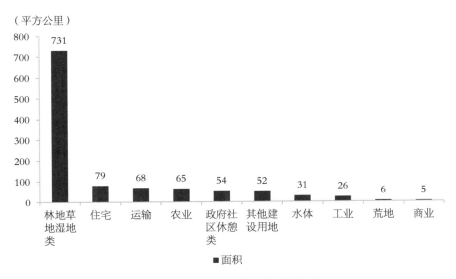

图7-11 2021年香港土地用途结构

资料来源：香港特区政府网站、粤开证券研究院。

（平方公里）

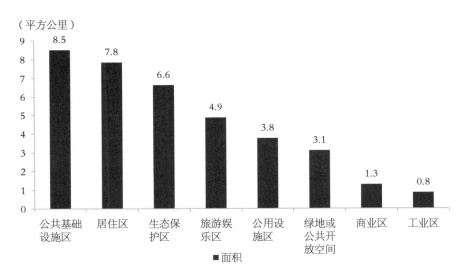

图7-12 澳门城市规划的土地用途结构

资料来源：《澳门特区城市总体规划（2020—2040）技术报告》、粤开证券研究院。

近年来，社会各界呼吁保护环境与景观、反对填海的声音增强，填海工程谨慎推进，有望新增 17 平方公里可用土地和约 30 万套住宅的香港"明日大屿"填海计划仍未形成社会共识。2021 年，中共中央、国务院印发《横琴粤澳深度合作区建设总体方案》，规划在总面积约 106 平方公里、超过澳门陆地面积三倍的横琴岛，建设横琴粤澳深度合作区，打造促进澳门经济适度多元发展的新平台。同年，香港特区政府发布《北部都会区发展策略》，明确香港将在临近深圳的 300 平方公里区域规划建设"北部都会区"，以开拓产业空间，助力解决香港中长期土地需求。

三、基础设施

（一）本地和跨境交通

香港公共交通的覆盖程度达到全球领先水平，澳门公共交通服务以巴士为主。2022 年，香港公共交通服务日均客运量达到 967.7 万人次，包括铁路、巴士、渡轮等交通工具。其中，港铁载客量占公共运输总载客量的 41.6%（含机场快线、轻铁），具有专营权的公共汽车（专营巴士）载客量比重为 32.1%。澳门公共交通服务以巴士为主，2022 年巴士日均载客 46.2 万人次，新能源巴士比重达 42%。澳门轻轨已开通氹仔线，2023 年 1—2 月日均载客量超 4000 人次。

澳门人均汽车保有量高于香港。2022 年，香港公路总里程 2223 公里，汽车保有量 73.5 万辆（不含摩托车，下同），平均每千人拥有 100.2 辆汽车，其中电动汽车 4.6 万辆，占全部汽车的 5.6%。2021 年，澳门道路总里程达到 462.5 公里，汽车保有量 12 万辆，平均每千人拥有 176.2 辆汽车，其中电动汽车 0.2 万辆，占全部汽车的 1.7%。

港澳主要货运交通方式仍是水运。水运方面，2022 年香港港口吞吐货柜数 1668.5 万 TEU，货物吞吐量 1.9 亿吨，占香港全部货物吞吐量约九成。据上海国际航运研究中心统计，2021 年香港港口货运吞吐量列全球第 32

位、全国第 24 位(见表 7-1)。2022 年澳门港口吞吐货柜数 12.8 万 TEU,货物吞吐量 15.9 万吨(含转口)。陆运方面,2021 年香港跨境客货运汽车共计 611.6 万辆次,陆路货物吞吐量 1981.3 万吨;2022 年澳门跨境客货运汽车共计 378.6 万辆次,陆路货物吞吐量 4.9 万吨(含转口)。航空方面,2021 年香港机场客货航班起降 14.5 万架次,航空货物吞吐量 498.6 万吨;澳门机场客货航班起降 1.4 万架次,航空货物吞吐量 4.9 万吨(含转口)。

表 7-1 2021 年我国主要港口全球排名情况

全球排名	港口	吞吐量(亿吨)	全球排名	港口	吞吐量(亿吨)	全球排名	港口	吞吐量(亿吨)	全球排名	港口	吞吐量(亿吨)
1	宁波舟山	12.2	10	天津	5.3	19	南通	3.1	29	营口	2.3
2	上海	7.7	13	烟台	4.2	21	深圳	2.8	31	厦门	2.3
3	唐山	7.2	14	北部湾	3.6	22	福州	2.7	32	香港	2.1
4	青岛	6.3	15	泰州	3.5	23	连云港	2.7	35	秦皇岛	2.0
5	广州	6.2	16	江阴	3.4	24	南京	2.7	36	重庆	2.0
7	苏州	5.7	17	大连	3.2	25	湛江	2.6	38	东莞	1.9
9	日照	5.4	18	黄骅	3.1	27	镇江	2.4	47	九江	1.5

资料来源:上海国际航运研究中心《2021 年全球港口发展报告》、粤开证券研究院。

(二)科技

香港已拥有一批科技产业化平台,澳门的科技产业化平台相对处于起步期。香港的科技产业化平台面向生物医药、信息技术、绿色科技、精密技术等领域,以提供土地、先进的实验室、共享设施和服务等方式支持科技成果转化及企业孵化,主要包括新界东部的香港科学园(22 公顷)、香港岛西南部的数码港、靠近深圳的落马洲河套港深创科园(87 公顷,在建),以及大埔、元朗和将军澳三个"创新园"(原为三个工业村,共 217 公顷)。澳门的科技基础设施以位于珠海横琴的中医药科技产业园(50 公顷)为主,依托已建立的药品评估、评审、科研成果转化等渠道,吸引企业和机构入驻运营。

香港、澳门分别拥有 16 家、4 家国家重点实验室，多聚焦生物医药领域（见表 7-2）。香港 16 家国家重点实验室中，半数以上聚焦生物医药领域，其余涉及环境治理、微波和精密加工等领域。澳门 4 家国家重点实验室中，2 家聚焦新一代信息技术，另外两家涉及生物医药和空间科学领域。

表 7-2　港澳国家级科研平台一览表

城市	名称	领域
香港	新发传染性疾病国家重点实验室	生物医药
	脑与认知科学国家重点实验室	生物医药
	转化肿瘤学国家重点实验室	生物医药
	太赫兹及毫米波国家重点实验室	物理
	农业生物技术国家重点实验室	生物医药
	超精密加工技术国家重点实验室	机械
	分子神经科学国家重点实验室	生物医药
	海洋污染国家重点实验室	海洋科学
	药用植物应用研究国家重点实验室	生物医药
	肝病研究国家重点实验室	生物医药
	合成化学国家重点实验室	化学
	化学生物学及药物研发国家重点实验室	生物医药
	环境与生物分析国家重点实验室	环境科学
	生物医药技术国家重点实验室	生物医药
	消化疾病研究国家重点实验室	生物医药
	先进显示与光电子技术国家重点实验室	信息技术
	国家专用集成电路系统工程技术研究中心香港分中心	信息技术
	国家钢结构工程技术研究中心香港分中心	土木工程
	国家轨道交通电气化与自动化工程技术研究中心香港分中心	机械
	国家贵金属材料工程技术研究中心香港分中心	材料
	国家人体组织功能重建工程技术研究中心香港分中心	生物医药
	国家重金属污染防治工程技术研究中心香港分中心	环境科学

续表

城市	名称	领域
澳门	中药质量研究国家重点实验室	生物医药
	模拟与混合信号超大规模集成电路国家重点实验室	信息技术
	智慧城市物联网国家重点实验室	信息技术
	月球与行星科学国家重点实验室	空间科学

资料来源:粤开证券研究院整理。

创新基金方面,香港特区政府创新及科技基金 2022 年共支持 1.8 万个项目,总金额约 62.6 亿港元,受资助项目的前四大类别(按各个科技范畴的项目数排序)是信息技术(21.5%)、基础工业(19.7%)、生物科技(16.9%)、电气及电子(12.8%)。澳门科技基金 2022 年共支持 214 个项目,总金额约 3.5 亿澳门元,资助的科研项目主要集中在生物医药、信息技术、工程和材料等领域。

(三)教育与卫生

2021/22 学年,香港有 30 所专上教育院校,在校生 30.7 万人。香港大学、香港科技大学、香港中文大学、香港城市大学、香港理工大学 5 所学校在多个全球高校排名榜单中位列全球 100 强。2021/22 学年,澳门共有 10 所高等院校,在校生 4.4 万人。澳门大学在 2022 泰晤士高等教育全球大学排名中位列全球第 201—250 名。

香港、澳门中小学教育均为十二年制。从中学层次来看,2021/22 学年香港在校生 32.7 万人,师生比 11.1,澳门在校生 2.9 万人,师生比 10.5。从小学层次来看,2021/22 学年香港在校生 34.9 万人,师生比 12.5,澳门在校生 3.7 万人,师生比 13.4。

香港、澳门人口预期寿命分列全球第一、第三位。2021 年,香港拥有 76 家医疗机构,每万人拥有医生 21 名、护士 86.2 名、病床数 48.7 张。澳门医院虽只有 4 家,但除医院外还有数百家诊所和卫生护理场所,每万人拥有医生 28 名、护士 40 名、住院病床数 26 张。据世界银行统计，2020 年香港、澳门新出生人口预期寿命分别达到 84.9 岁、84.4 岁，在全球主要经济体中列第一、第三位。

四、公共财政

港澳财政连续多年保持盈余，疫情之下香港出现赤字，而澳门仍有少量盈余。回归以来，香港、澳门特区政府延续了过去的稳健财政政策，收支同步增长。香港在 2004/05 至 2018/19 财年（香港以每年 4 月至次年 3 月为一个财年）连续 15 年实现财政盈余，2019/20 财年以来三个财年的赤字主要是受到财政支出大幅扩张的影响。澳门一直保持财政盈余，尤其是 2007—2014 年每年财政收入达到支出的 2 倍以上，形成大量财政盈余。

（一）财政收入

香港方面，香港特区政府收入总额从 1997/98 财年的 2812 亿港元增长到 2019/20 财年的 5909 亿港元，2020/21 财年以来的三个财年受疫情影响收入回落，其中 2021/22 财年实现 2.55 亿港元的小规模盈余，其余两个财年赤字超过 2000 亿港元。香港财政收入占 GDP 比例基本保持在 20% 左右。结构上，利得税（相当于企业所得税）、投资收入、薪俸税、地价收入、印花税分别约占 2022/23 财年财政收入（修订预算数）的 26.8%、15.4%、12.5%、11.8%、11.1%，为前五大财政收入来源。

澳门方面，澳门财政一般综合账目总收入从 2000 年的 153 亿澳门元增长到 2019 年的 1407 亿澳门元，但随后连续两年负增长，2022 年重回增长，实现收入 1268.7 亿澳门元（第二次修改预算数）。结构上，疫情之前，特许批给收入中的幸运博彩收入处于绝对主导地位，占 2019 年财政收入的八成。疫情后幸运博彩收入大幅下降，2022 年居第二位，占财政收入的 35.8%，资本收入则上升为第一大收入来源，占比 44.8%，所得补充税（相当于企业所得税）、职业税（相当于个人所得税）、印花税分列第三至第五位，约占财政收入的 4.1%、1.8%、1.3%。

（二）财政支出

香港方面，政府支出总额从 1997/98 财年的 1944 亿港元增长到 2019/20 财年的 6078 亿港元，2020/21 财年为应对疫情冲击大幅扩张（8161 亿港元）、2021/22 财年有所收缩（6933 亿港元）后，2022/23 财年（修订预算数）再度扩张到 8096 亿港元。结构上，香港财政支出中约 70% 为经常开支，卫生、社会福利、教育是财政支出的三大政策组别，分别占 2022/23 财年财政支出（修订预算数）的 15.7%、13.1%、12.1%。

澳门方面，澳门财政综合账目总支出从 2000 年的 150 亿澳门元增长到 2019 年的 847 亿澳门元。2022 年第二次修改预算支出 1264.6 亿澳门元。结构上，澳门前三大财政支出功能分类是经济服务（主要为交通运输）、卫生、教育，分别占 2022 年财政支出（第二次修改预算）的 13.9%、11.6%、10.9%。

五、发展规划

对香港和澳门，培育高端产业和改善社会民生已成为下一阶段发展的迫切任务。

（一）香港：建设宜居、具有竞争力及可持续发展的"亚洲国际都会"

《香港 2030+》提出了在 2030 年乃至更长的时期内，香港的发展空间、城市规划、基础设施建设的策略框架，三大目标分别为：提升集约高密度城市的宜居度、迎接新的经济机遇与挑战、创造容量以达致可持续发展。

第一，改善民生是三大目标之首，体现了民生元素在香港城市发展中的重要性。积极应对人口和楼宇"双老化"问题，推动"城—乡—郊—野"和海滨共融，为不同年龄层人士打造宜居城市。

第二，经济结构向价值链高端迈进，重点在于科技创新。香港将对接

《十四五规划纲要》《大湾区发展规划纲要》，打造广深港科技创新走廊、深港河套科技创新极点，充分发掘产业空间、创新科技、人力资源，具体包括提供商业、物流、会展等产业空间，构建创新科技生态园，优化人才教育培训设施等。

第三，充分考虑房屋、工商业、医疗、运输、公共服务等方面现实和潜在需要，以可持续和前瞻为原则开展土地规划、基建投资（含智慧城市）、环境保护等工作。土地供应或是香港可持续发展的关键，规划提出拟通过北部都会区开发、填海工程、土地更新等方式，满足中长期26—30平方公里的土地需求。

（二）澳门：中短期内促进博彩旅游复苏，长期须加快经济适度多元发展

澳门《"二五"规划》提出，一方面要巩固提升传统产业，促进博彩和综合旅游业健康发展，全面优化营商环境；另一方面要顺应时代潮流，发挥澳门独特优势培育新兴产业，推进产业的适度、多元、合理布局，打造"一中心、一平台、一基地"（世界旅游休闲中心、中国与葡语国家商贸合作服务平台、中外文化交流合作基地），对接和融入国家发展大局。

第一，促进博彩业稳定发展，巩固提升综合旅游休闲业。妥善推进博彩牌照竞投等工作，增强博彩业国际竞争力，促进具有创意、特色的非博彩业务发展。打响"澳门历史城区"世界遗产和"美食之都"两张城市名片，推动会展、零售、餐饮住宿等环节联动发展。深化"旅游+会展"深度融合，鼓励引进企业年会、球迷会、车迷会等活动。

第二，推动经济适度多元发展，融入国家发展大局。对接国家发展战略，用好用足澳门优势，以中医药研发制造为切入点的大健康、现代金融、高新技术、会展商贸、文化体育等产业为抓手，发展"澳门制造"品牌和总部经济，推进产业结构合理多元布局。结合澳门实际，在科学论证基础上，选准经济适度多元发展的主攻方向和相关重大项目，从政策、人力、财力等方面多管齐下，聚力攻坚。

第三，做好珠澳合作开发横琴的文章，共建横琴粤澳深度合作区。积极参与粤港澳大湾区建设，把握横琴深度合作区的历史性机遇，构建粤澳全方位合作新体制机制。构建以横琴与澳门间"一线"、横琴与境内其他地区间"二线"为界限的"分线管理"监管创新模式，探索落地贸易、投融资、财政税收、金融、出入境的创新规则体系。推进横琴"澳门新街坊"项目建设，开辟便利澳门居民生活就业的新家园。

第二节　百年变局下，港澳面临五大转变

香港和澳门是我国通向世界的重要窗口，也是百年未有之大变局的亲历者。一方面，经济全球化大势不可逆转，港澳持续受益于我国和其他新兴市场国家快速发展；另一方面，全球产业体系、创新版图、国际秩序、绿色低碳等正在发生深刻变革，港澳亦需做好应对。展望未来，香港与澳门正面临五大转变：一是港澳与内地要转向一体化市场，二是产业结构从去工业化转向再工业化，三是发展抓手从人口红利转向人才红利，四是发展空间从老城区转向规划新都会，五是从强调规模速度转向强调安全发展。

一、区域经济整合：内地与港澳从分割市场转向一体化市场

港澳与内地经济合作取得积极成果。为提升港澳经济韧性，未来还需进一步推动一体化。港澳回归以来，"一国两制"方针、单独关税区和自由港地位、接轨国际的市场制度保障了港澳的良好营商环境和经济竞争力，近年实施的 CEPA 及各项补充协议，进一步畅通了内地与港澳之间的贸易投资活动。但是，正如香港特区政府在《香港营商环境报告》中所指出的，一些国家对中国崛起感到焦虑。相关国家以无理制裁的方式破坏

香港经济稳定，阻碍香港对外商贸往来。从内地来看，内地的超大规模市场应成为港澳经济强大后盾，而港澳也有必要、有条件深化与内地经贸投资合作，削弱外部非法制裁影响，强化经济运行的韧性。

大湾区市场一体化对港澳的作用，主要体现在拓展内地市场、对接海外市场、推广港澳商事规则等三个方面。第一，大湾区内部的投资、贸易、人员货物往来便利化，有助于港澳企业拓展内地市场，发挥出港澳经济的发展潜力。第二，粤港澳共同参与国际经济合作，有利于港澳对接海外尤其是"一带一路"沿线国家地区的经贸平台、投资项目和专业服务市场。第三，珠三角地区参与大湾区一体化市场，更需要透过港澳对接国际高标准市场规则体系，此举有望使港澳商事模式落地内地市场，并通过内地参与经贸协定而实现"转口"海外，有望提升港澳商事规则的国际地位。此外，近期中央提出的全国统一大市场和内外贸一体化建设，有利于打破国内市场分割，改善国内外体制机制衔接，将对推进港澳与内地经济一体化形成更多的助益。

二、重振实体经济：从去工业化转向再工业化

回归以来，港澳经济全面转向以金融和博彩为代表的服务业，实体经济"去工业化"严重。港澳产业延续回归前的发展红利，新的突破性增长点一直未曾出现，与全球的"再工业化"大势相脱节，或难以支撑下一阶段的城市发展。当前，产业结构的失衡令港澳经济陷入不利，港澳传统制造业趋于收缩，而服务经济则受到疫情打击。

制造业方面，近年来港澳传统制造业生产停滞，甚至有所收缩。当前，香港制造业生产活动低于 2010 年水平，食品饮品烟草的增量被纺织服装、机电行业的负增长抵消（见图 7-13）。澳门制造业在疫情冲击下回落到 2008 年水平，食品饮料为澳门制造业中唯一较 2008 年增长的行业，而纺织和服装业生产活动 2008 年以来年均降幅达 20% 左右（见图 7-14）。

从占 GDP 比重来看，港澳制造业比重早已降至个位数，2021 年占比均为 1%。以色列、新加坡等小型经济体制造业比重维持在 10% 以上，远高于港澳。

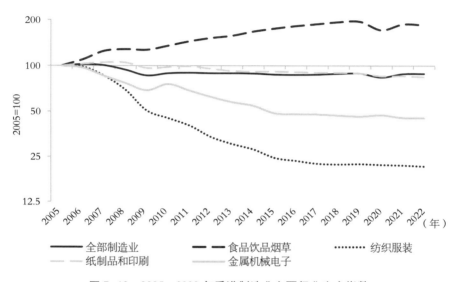

图 7-13　2005—2022 年香港制造业主要行业生产指数

资料来源：香港特区政府统计处、粤开证券研究院。

服务业方面，香港发展最快的服务行业，主要包括银行保险等金融行业和仓储、速递等传统服务行业，而信息服务、专业和科技服务等行业，2012 年至今年均增速仅为 4% 左右，地产业年均增速则达 5.7%（见图 7-15）。以博彩、旅游为主的澳门更是缺乏其他增长点。在疫情影响下，访港人数从每月数百万降至数万，访澳人数从每月数百万降至不足 100 万（见图 7-16），两地旅游、商务服务、批发零售等行业受损明显。

"再工业化"带来经济格局重构，各方积极进军制造业高端环节，力争在全球产业版图争得一席之地。从海外来看，不仅美、德、日等大型经济体高度强调制造业竞争力，新加坡、以色列等旅游、金融行业高度发达的中小型经济体也未舍弃高端制造业。例如，与中国香港同为"亚洲四

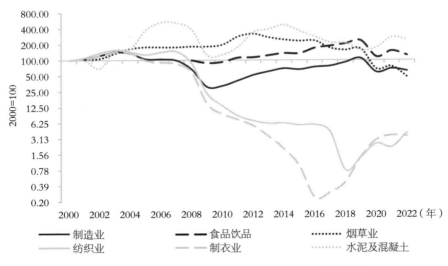

图 7-14　2000—2022 年澳门制造业主要行业生产指数

注：食品饮品制造业以 2008 年生产规模为 100。

资料来源：澳门特区政府统计暨普查局、粤开证券研究院。

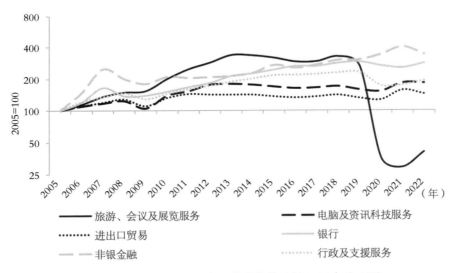

图 7-15　香港服务业主要行业收益指数（以 2005 年为 100）

资料来源：香港特区政府统计处、粤开证券研究院。

（万人）

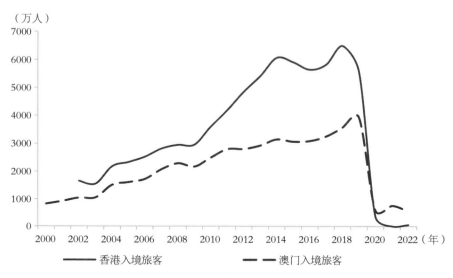

图 7-16　2000—2022 年香港、澳门旅客数量对比
资料来源：香港特区政府统计处、澳门特区政府统计暨普查局、粤开证券研究院。

小龙"的新加坡，制造业基础十分扎实，占 GDP 比重通常维持在 20%以上，电子、新能源、化工、仪器仪表等行业始终保持世界领先地位。从国内来看，内地主要城市目光直指实体产业高端领域，提出"高精尖经济结构""卓越制造基地""制造业立市"等目标，重点突破电子信息、生物医药、新能源新材料、高端装备等领域，力图在全球产业版图中站稳脚跟。

港澳"再工业化"应体现前沿、开放、融合的特征。

第一，以创新和跨越式发展为目标，在集成电路、医药领域选择专攻方向，进击产业前沿，重塑本地制造业形态。传统的食品、纺织等行业具有品牌和标准优势，但市场拓展与降本增效都缺乏空间，简单的循序渐进式发展难以扭转制造业空心化局面。唯有改弦更张、奇兵制胜，在集成电路、生物医药等领域选定细分行业，布局小规模定制化工厂、高端产线等差异化发展方向，进而追赶全球科技与产业前沿。否则，由于港澳制造业生态与自身造血能力并不成形，若支持面过大，"撒胡椒面"无益于形成产业竞争优势。

第二，瞄准外部市场，积极适应国际需求变化。香港生产力局2021年进行的"香港再工业化研究"结果显示，受访工业企业以中国内地、东南亚为目标市场的比重，分别达到37%、22%之多。世界制造业无不依托于分工及贸易，对于港澳更是如此。香港转口贸易发达、电子产品占比高，生物医药创新企业多借道香港开展国际资本市场融资，有望为香港本地的电子信息制造、生物医药行业提供巨大优势。

第三，"再工业化"还需要与空间规划、人才引进、智慧城市、生态保育等目标统筹考虑、深度融合，以实现经济社会的全面、长期、可持续发展。

三、高端人才引育：从人口红利转向人才红利

少子化和老龄化是包括港澳在内的高收入经济体普遍面临的问题。现代化和城市化往往伴随着人口生育率的下降，老龄化是低生育率少子化的自然结果。高收入经济体出生率经历了一个下行过程，20世纪60年代跌破20‰，80年代跌破15‰，目前已降至10‰左右。香港、澳门也不例外，2020年出生率分别降至10‰、6‰。从老年人口来看，2021年港澳65岁以上人口占比已分别达到19.6%、12.3%，远高于全球平均（9.6%）。

香港和澳门实质上是移民社会，凭借优越的经济条件和人居环境，吸引以中国内地为主的外来移民前来定居工作，共同铸就了经济辉煌。随着内地从人口红利阶段转向人才红利阶段，未来港澳人口迁入的局势将发生变化。内地人口总量达峰，人才培育从中低层次转向高层次，今后移居港澳的新移民大概率会出现总量减少、人力资本有所提升的变化；内地经济环境和城市建设整体改善，与港澳差距也在不断缩小。整体来看，港澳还需要进一步提升自身对人才的吸引力。

新一轮科技革命下的人才争夺日渐白热化，高层次人才始终稀缺，尖

端技术进步加大了人才培育的难度，各地引才政策频出与外部技术制裁叠加，则使形势更加复杂。综合国力竞争说到底是人才竞争，人才是赢得国际竞争主动的战略资源，是自主创新的关键。

"人才红利"新时代，港澳的人才资源可能正在从长板变成短板，高层次人才将成为港澳必须大力争夺的资源。高学历劳动力或才是未来的关键变量。虽然港澳的劳动力总规模仍然保持增长，且就业人员总体学历层次较高，但部分内地城市的高学历人口比重现已超过香港。具体看，香港获大专以上学历人口比重为 30.8%，澳门为 25.8%，远高于内地平均的 15.7%。若与重点城市相比，香港获大专以上学历人口比重已不及北京（42.0%）和上海（33.9%），大湾区内的广州（27.3%）、深圳（28.9%）、珠海（25.8%）也接近港澳水平（见图 7-17）。展望未来，港澳一方面要凭借优良的生活环境，积极地吸纳非本地高层次人才，另一方面要重点发展高等教育，强化创新科技相关学科，培育更多优秀人才。

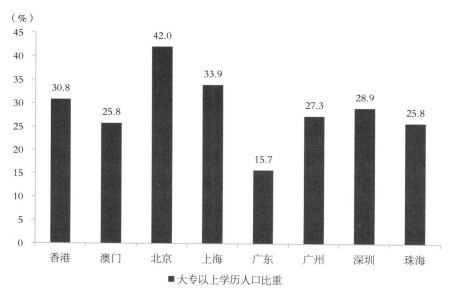

图 7-17　我国部分地区大专以上学历人口占总人口比重

资料来源：第七次全国人口普查（2020）、香港 2021 年人口普查、澳门 2021 年人口普查。

四、拓展城市空间：从高密度老城转向规划新都会

土地空间拥挤是香港、澳门城市发展过程中的长期矛盾，港澳亟须开发新的"熟地"，拓展城市发展空间。回归以来，特区政府主导的土地开发在经济波动期屡屡受到外界干扰，开发进度不顺。一方面引起用地短缺、房屋供应不足（涨价）的问题，另一方面导致区域间土地开发不平衡的问题一直无法解决。总体来看，香港土地开发程度只有 25% 左右，已开发区域相对集中、密度较高。

澳门拥挤的根本原因是本身的土地面积较小。澳门经过多次填海工程后，土地面积方扩大至 33 平方公里，还不到东莞市虎门镇全镇面积的 1/5。狭小的土地面积导致澳门人口密度全球第一。

香港在现有维港都会区的基础上，布局建设北部都会区。香港特区 2021 年施政报告提出，将在元朗区、北区及港深边境建设北部都会区。北部都会区面积 300 平方公里，预计将有 250 万人居住，建设目标为宜居、宜业、宜游、以创新科技为经济引擎，打造香港未来 20 年的策略发展地区。建设北部都会区的意义主要有四个方面。

一是在维港都会区以外，构建香港第二个经济引擎。发展国际创新科技中心，建立完整的创科产业生态系统，使以创新科技为特色的北部都会区与以国际金融中心著称的维港都会区相媲美，推动两个都会区并驾齐驱、相辅相成。

二是增加房屋供应和创科用地。香港特区政府认为，总结过去经验，必须持之以恒开拓土地，不因短期经济波动或价格变化而动摇，未来要以充足的土地空间来应对创新科技产业、教育科研的需要。

三是促进新界地区"职住平衡"。在新界提供更多就业机会，减少交通资源耗费，提高新界居民生活品质。

四是融入大湾区，完善港深融合发展模式。北部都会区将与深圳在经

济、基建、民生、生态环境等多方面紧密合作，强化港深合作协同效应，跨越港深两地行政界线，打造由港深创新及科技园和深圳科创园区组成的深港科技创新合作区。

澳门与广东合作发展横琴岛，打造促进澳门经济适度多元发展的新平台。2009年党中央、国务院决定开发横琴，初心就是为澳门产业多元发展创造条件。《横琴粤澳深度合作区建设总体方案》指出，横琴开发开放，是粤港澳大湾区发展的重点举措，是丰富"一国两制"实践的重大部署，有利于推动澳门长期繁荣稳定和融入国家发展大局。对于澳门而言，横琴主要能够提供优化产业结构、拓展居住空间、探索机制创新的三方面作用。

一是发展促进澳门经济适度多元的新产业。布局科技研发和电子信息、生物医药等高端制造产业，建设世界一流中医药生产创新基地，发展文旅会展商贸、现代金融等特色产业。促进境内外人才向横琴集聚。

二是建设便利澳门居民生活就业的新空间。深度对接澳门公共服务和社会保障体系，为澳门居民在合作区学习、就业、创业、生活提供更加便利的条件，营造趋同澳门的宜居宜业生活环境。

三是探索构建粤澳共商共建共管共享体制机制。作为海关监管区域，实施分线管理机制，由粤澳双方探索建立合作区收益共享机制。率先在改革开放重要领域和关键环节大胆创新，推进规则衔接、机制对接，用足用好澳门自由港和珠海经济特区的有利因素，加快实现横琴与澳门一体化发展。

五、维护安全法治：从强调规模速度转向强调安全发展

国家安全是港澳长期繁荣稳定的根本保障。"一国两制"方针下，香港、澳门特区保持原有的资本主义制度，保障私有财产和外来投资，保持自由港地位，保障货物、财产和资本的自由流动，享有独特的营商优势。

　　坚持"爱国者治港""爱国者治澳"根本原则，加强国家安全体系和能力建设，系统构筑安全防线，才能为港澳长治久安及稳定发展确立坚实基础。香港特区政府《香港营商环境报告》指出，香港经济和营商环境一度受到"黑暴"和中美贸易摩擦的影响，而直到《香港国安法》实施后，香港迅速由乱转治，为香港商业发展提供了有序的社会环境，让香港恢复为一个和谐、多元与包容的国际大都会。

第三篇

活力大湾区——谱写转型升级新乐章

· 大湾区产业：打造全球领先的现代化产业集聚地

· 大湾区金融：建设比肩纽约的国际金融枢纽

· 大湾区科技：创建世界级战略性创新高地

· 大湾区公共服务：构建宜居宜业宜游的优质生活圈

第八章

大湾区产业：打造全球领先的现代化产业集聚地

粤港澳大湾区实体经济发达、市场竞争力强，是全球重要的制造业和现代服务业基地，对稳定我国经济大盘、加快建设世界级湾区、丰富"一国两制"实践和扩大对外开放发挥了重要作用。根据大湾区发展规划，大湾区未来要建成世界新兴产业、先进制造业和现代服务业基地，一方面要挖掘产业发展潜力、推动新旧动能转换、提升产业竞争力，另一方面要配套开展体制机制改革、扩大对外开放、营商环境优化等一系列工作，并积极应对人口变局、能源革命、地缘政治等内外冲击。

本章分析了大湾区建设产业体系的意义，介绍了装备制造、消费品、原材料、现代服务等重要产业引擎的现状，探究了大湾区产业面临的三大挑战，最后提出完善大湾区现代化产业体系的有关建议。

第一节　大湾区建设现代化产业体系的四重意义

粤港澳大湾区是我国产业体系的重要承载者。我国是全世界唯一拥有联合国产业分类中全部工业门类的国家，拥有 41 个工业大类、207 个中类、666 个小类。粤港澳大湾区拥有 41 个工业大类中的 39 个，已形成原材料、装备、消费品、现代服务等齐头并进的产业格局。充分发挥大湾区产业体系的重要作用，有助于促进我国实体经济企稳向好，走出中国式现代化的发展道路。大湾区建设现代化产业体系有四个重要意义。

一、有利于巩固我国的完整产业体系优势

大湾区坐拥近 4 万亿元工业增加值、超 8 万亿元服务业增加值，电子、家具、文体娱乐用品、电气机械、其他制造业产业规模占全国比重超20%，是我国产业转型升级、适应全球产业新格局、增强全球市场竞争力的重大战略优势所在。

大湾区产业的稳链强链，关系到国内国际双循环的畅通。大湾区制造业以终端产品制造为主，是上游原材料、半成品企业与全球市场需求之间的重要枢纽，但由于汽车、电子、机械等行业关键核心技术还较薄弱，中间品和核心零部件高度依赖海外供应，面临外部的"脱钩""断链""围堵"威胁。大湾区聚焦重点产业开展稳链延链补链，就是要从传统的下游低附加值加工进入中上游的高附加值制造环节，弥补技术短板，增强关键零部件、原材料供应韧性，推动产业循环的畅通运转。

大湾区产业发展还有利于挖掘国内市场潜力。一方面，能够为居民和政府消费活动提供更丰富、更高档次的选择，夯实扩大内需的物质基础。2021 年，珠三角九市社会消费品零售总额达 3.4 万亿元，占全国的7.8%；人均社会消费品零售额达 4.38 万元，是全国平均的 1.4 倍，若再加上港澳，那么大湾区就是国内最强大的一股消费力量。另一方面，重大生产力布局、配套基础设施建设需要加大有效投资力度。2016—2020 年，大湾区固定资产投资（港澳以固定资本形成总额计）累计超过 2 万亿元，年均增长 11.5%。

二、有利于提升大湾区城市群产业合作

经过多年发展，大湾区的制造、贸易、金融、信息服务等行业均处

于全国领先地位，并具有全球性的影响力。当前，人工智能、能源转型、生命科学等已成为最新一轮科技革命的关键词，一股席卷电子、汽车、石化、高端装备等众多产业的变革大潮正在袭来。必须立足大湾区现有产业优势，把握前沿关键技术多点突破、深度渗透的机遇，争取在人工智能、先进芯片、新能源汽车、绿色低碳等领域进军世界一流。

在大湾区产业竞争力更强的基础上，深化珠三角与港澳之间产业合作，丰富"一国两制"实践。1978 年，香港企业在东莞设立了内地首家来料加工厂——太平手袋厂，拉开了珠三角和香港间"前店后厂"垂直分工合作的序幕。此后，香港制造业向内地转移，香港产业结构偏向金融、贸易、旅游等服务业（见表 8-1）。港澳回归后 CEPA 的签订，推动了货物贸易、服务贸易自由化和投资便利化，积极服务内地与港澳产业转型升级的需要。随着大湾区建设进入新阶段，大湾区城市间的产业合作将不仅限于贸易、投资和基础设施互联互通，更要发挥港澳对接国际市场的重要窗口作用，依托法律、知识产权、全球融资、会展等港澳优势专业资源，使大湾区新兴产业更好地走出国门，并推动港澳融入国家发展大局。

表 8-1　大湾区"9+2"城市按照工业规模分类

工业增加值	城市	产业特色
1 万亿元以上	深圳：产业实力强劲，已成为大湾区制造业、信息服务业第一大市。规模以上工业总产值、全部工业增加值分别超过 4.5 万亿元、1.1 万亿元，双双位列全国首位。电子制造业占工业比重过半，华为、中兴、华强等企业入选 2022 中国电子信息百强企业；汽车制造业不断壮大，比亚迪夺得 2022 年全球新能源汽车销量冠军；信息服务业增加值达到 3512 亿元，是第二名广州的 1.8 倍；金融业增加值 4739 亿元，规模比肩香港。	电子、信息服务、金融

工业增加值	城市	产业特色
6000 亿—7000 亿元	广州：产业结构侧重汽车，电子、化工、电力等行业具备良好的发展基础。全市汽车规上工业增加值达 1268 亿元，占到珠三角汽车工业的六成以上，广汽丰田、东风日产、广汽本田的汽车产销量排在全国前列。	汽车、电子、化工、电力
	佛山：大湾区制造业创新高地之一，微波炉、电扇、冰箱、空调、热水器、消毒碗柜、铝型材、陶瓷八种产品产量全球第一。电气机械制造业的增加值占到珠三角地区电气制造的四成、佛山工业增加值的三成。服装、印刷、水务等产业规模居前。	家电、有色、建材、服装
	东莞：制造业基础强大，拥有超过 1.2 万家规模以上工业企业，排名全国地级市第一，造纸、印刷、橡胶塑料、机械、电子具备优势。全球 1/3 的玩具、1/5 的羊毛衫和智能手机、1/2 的 5G 时钟芯片和锡膏印刷机均产自东莞。	轻工、机械、电子
900 亿—2500 亿元	惠州、中山、江门、珠海、肇庆：形成特色产业优势，具体为惠州的石化产业、中山的五金和日用杂品制造、江门的运输设备制造和食品制造、珠海的医药和家电制造、肇庆的资源综合利用等。其中，惠州以中海油惠州石化、中海壳牌乙烯和埃克森美孚惠州乙烯项目为龙头，石化产业炼化一体化规模居全国第一位；江门大长江集团的摩托产销量从 2003 年起连续 20 年居全国首位，中车广东公司动车组产能达到 400 辆/年，位居全国前列；珠海格力进入"财富世界 500 强"榜单。	石化、五金、运输设备、食品、家电、资源综合利用
600 亿元以下	香港、澳门：已进入后工业化阶段，现代服务业是其核心竞争力。香港以金融业、进出口贸易、专业及商用服务为主，三大产业合计占 GDP 的六成；澳门则是博彩业一业独大。港澳工业占 GDP 比重仅约 2%。	金融、贸易、专业服务、旅游

资料来源：粤开证券研究院整理。

三、有利于大湾区深度参与全球化

大湾区是产业配套能力最完善的区域之一，外贸辐射能力强，市场空间广阔。据广东省商务厅披露，广东 80% 的工业生产能够在半小时运输圈内完成配套，剩下 20% 在 1 小时运输圈内完成配套。高效便捷的配套能力使大湾区制造业具有隐性成本优势，大湾区的贸易辐射范围得以不断拓宽。2021 年，珠三角地区出口总额达 4.81 万亿元，占全国（不含港澳台）的 22.2%。东莞、深圳的对外依存度（进出口总额与 GDP 之比）达到 140.5%、115.6%，远高于全国平均的 34%（见图 8-1）。从行业来看，按照出口交货值占工业销售产值的比重来计算，2022 年广东制造业整体对外依存度达 24%，其中电子制造、皮毛羽和制鞋业、其他制造业的对外依存度分别达到 44.6%、42%、41%，运输设备制造业、文教工美体育和娱乐用品制造业、电气机械和器材制造业、仪器仪表制造业均超过 25%。

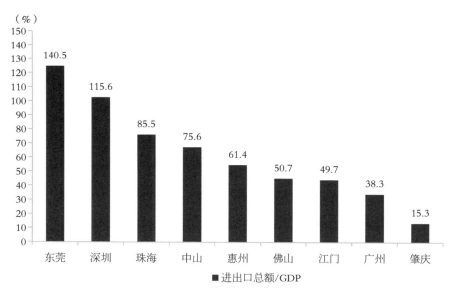

图 8-1　2021 年珠三角地区 GDP 的对外依存度对比

资料来源：《广东统计年鉴 2022》、粤开证券研究院。

　　大湾区产业的高度全球化特征，是吸引外商投资的优越条件，也是我国企业"走出去"的重要本钱。从外商投资来看，2021 年珠三角地区实际使用外资1747.69亿元，占全国（不含港澳台）的15.2%，外商投资企业进出口总额占珠三角地区进出口总额的近四成。从对外投资来看，一批"走出去"企业的技术品牌优势已融入全球价值链。例如，美的并购了日本东芝家电、全球四大机器人巨头之一的德国库卡等企业，在全球布局了34个主要生产基地；又如，广东纺织服装企业通过投资埃塞俄比亚棉纺原料生产、在东南亚开展服装加工、在意大利等地建立设计室等方式，整合境外优质原料、技能人才、渠道品牌等资源提升竞争力。

大湾区产业发展还能进一步推动市场制度和营商环境改革，增强经济发展动能。构建与国际通行规则相衔接的营商环境制度体系，对标国际先进水平，是培育和激发市场主体活力的重要途径。全国工商联发布2022年度"万家民营企业评营商环境"调查结果显示，广东省、深圳市连续三年被评为营商环境最佳口碑省份和最佳口碑城市，广州市被评为最佳口碑城市第三名。2021年11月，国务院发文将广州、深圳纳入首批营商环境创新试点城市，支持试点城市进一步破除区域分割和地方保护等不合理限制，健全市场主体准入和退出机制，深化投资和建设审批制度改革，优化外商投资和国际人才服务管理等。

四、有利于改善大湾区居民就业和收入

大湾区的产业优势带来了大量的就业岗位，居民收入水平全国领先。2021年，珠三角地区全社会就业人员达4949.36万人，占全国（不含港澳台）的6.6%，第二、三产业就业人员分别占全国的9.3%、7.6%。其中，计算机通信电子制造、电气机械制造就业人数分别达322.45万、174.41万人，解决了大量就业人员岗位需求（见图8-2）。珠三角地区收入水平整体较高，全体居民人均可支配收入6.07万元，在31个省份中仅低于京沪。

大湾区建设现代化产业体系，还将促进市场、技术、管理、人才等

高端要素进一步集聚，更好发挥重大项目、企业、平台在大湾区现代化建设中的作用。广东省委十三届二次全会强调，要坚持抓大产业、大平台、大项目、大企业、大环境，挺起现代化建设的产业"脊梁"。目前在大湾区发展中，量的增长到了平台期，质的突破还处在酝酿期，必须将强大的综合制造能力与超大规模市场、技术产品创新、高水平人才高地、横琴前海南沙三大平台等重大机遇相结合，推动重点产业的制造、研发、财务、营销中心等项目落地布局，推动大湾区在高质量发展中实现更好发展。

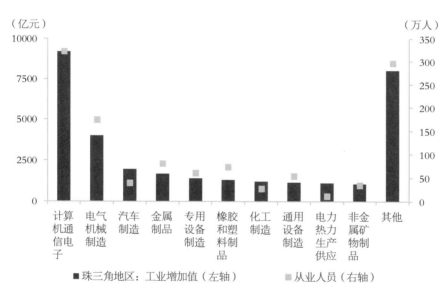

图 8-2　2021 年珠三角地区主要工业行业增加值和从业人员规模

资料来源：《广东统计年鉴 2022》、粤开证券研究院。

第二节　大湾区十大产业的发展现状

改革开放后，大湾区的产业结构变迁大致经历了三个阶段。

阶段一：珠三角地区首开对外开放之先河，围绕劳动密集型、资源密集型产业"从无到有"建设大批工业企业，并与香港开展"前店后厂""三来一补""筑巢引凤"等多种形式的合作，产业规模迅速壮大。"珠江水、广东粮、岭南衣、粤家电"一时风靡全国，大湾区遂成为服装、电器、日化产品、塑料制品等消费品的重要生产基地。

阶段二：到了20世纪90年代后，珠三角地区重点布局大型重工业项目，电气机械、石油化工、汽车等占比不断提升，2002年起珠三角九市重工业总产值超越轻工业总产值，标志着重工业成为大湾区的产业支柱。

阶段三：在我国新一轮产业转型升级的带动下，大湾区产业体系出现了新的调整，由低端走向中高端、由高耗能转向高精尖、由外需导向转向内外结合。从珠三角头部企业的工业总产值来看，传统高耗能的石化企业排名下降，汽车企业排名上升，电子信息和家电企业则一直保持较强的竞争力（见表8-2）。

表8-2　珠三角地区工业企业工业总产值前15大企业情况

珠三角地区工业总产值排名	2001年		2006年		2011年		2016年		2021年	
	企业	领域	企业	领域	企业	领域	企业	领域	企业	领域
1	华为技术	电子	广东电网	电力	广东电网	电力	华为技术	电子	华为技术	电子
2	中海石油深圳	石化	深圳鸿富锦	电子	深圳富泰华	电子	广东电网	电力	广东电网	电力
3	美的集团	家电	华为技术	电子	华为技术	电子	美的集团	家电	美的集团	家电
4	中石化广州	石化	深圳富泰宏	电子	美的集团	家电	中兴通讯	电子	华为终端	电子
5	中兴通讯	电子	美的集团	家电	中兴通讯	电子	华为终端东莞	电子	中兴通讯	电子
6	广州本田	汽车	中海石油深圳	石化	东风日产	汽车	深圳富泰华	电子	东风日产	汽车
7	东莞诺基亚	电子	广州本田	汽车	深圳鸿富锦	电子	东风日产	汽车	深圳富泰华	电子

珠三角地区工业总产值排名	2001 年		2006 年		2011 年		2016 年		2021 年	
	企业	领域	企业	领域	企业	领域	企业	领域	企业	领域
8	长城IIPC	电子	联想LIPC	电子	中石化广州	石化	珠海格力	家电	广汽丰田	汽车
9	珠海格力	家电	珠海格力	家电	中海油惠州炼油	石化	惠州三星	电子	广汽本田	汽车
10	鑫茂深圳	电子	中石化广州	石化	珠海格力	家电	中国南方电网	电力	OPPO	电子
11	TCL惠州	家电	东风乘用车	汽车	广汽本田	汽车	OPPO	电子	荣耀	电子
12	深圳创维RGB	家电	伟创力实业珠海	电子	广汽丰田	汽车	广汽本田	汽车	中海油惠州石化	石化
13	广东核电	电力	群康深圳	电子	乐金显示广州	家电	VIVO	电子	VIVO	电子
14	广东科龙	家电	中兴通讯	电子	惠州三星	电子	广汽丰田	汽车	中国南方电网	电力
15	广东格兰仕	家电	广州宝洁	日化	中国南方电网	电力	格兰仕	家电	比亚迪	汽车

注：广东省从 2001 年起在年鉴中公布广东企业 50 强榜单，本表列示了珠三角地区工业企业中的工业总产值前 15 大企业。

资料来源：历年广东年鉴、历年广东统计年鉴、粤开证券研究院。

如今的大湾区，电子信息、新能源汽车、机器人等先进制造业以及以批发零售、信息服务为代表的现代服务业已成为新的"产业名片"。

一、装备制造

以电子、电气机械、汽车为代表的装备制造业，夯实大湾区实体经济基本盘。2021 年，粤港澳大湾区装备制造业规上工业增加值达 1.96 万亿元，占全部规上工业增加值的六成以上，其中电子制造、电气机械、汽车制造分列前三位。

（一）计算机、通信和其他电子设备制造业是大湾区最具代表性的产业

第一，大湾区移动通信基站、程控交换机等通信设备长期保持领先地位。市场研究公司 Dell'Oro Group 报告显示，华为、中兴在全球通信设备市场占有率中分列第一位和第四位。第二，新型显示加快全产业链布局。华星、乐金、超视界等企业高世代显示面板的投产，带动大湾区视频生产、终端呈现、核心元器件、网络传输、服务及应用等全产业链逐渐完善。第三，集成电路产业崭露头角。芯片设计企业积极投入功率器件、微处理器、模拟芯片等产品，精准服务家电、汽车等相关产业，海思半导体、中兴微电子、汇顶科技 3 家企业入选 2020 全国集成电路设计十大企业；粤芯半导体已实现量产，中芯深圳进入投产阶段，增芯、华润微等项目已开工建设，标志着大湾区芯片制造"从无到有"的突破。第四，香港是全球重要的电子产品贸易枢纽。2020 年，以价值计算，香港是全球最大的集成电路出口地，全球第二大的移动电话、电脑零配件及摄录机出口地。

（二）大湾区汽车产业集群具有产业链完备的优势，以比亚迪为代表的新能源汽车产业快速壮大

大湾区拥有整车及零部件研发、设计、生产、销售等较为完备的产业链，形成了广州花都、番禺、南沙及深圳坪山等高度集聚的产业园区，规模以上汽车及零部件企业有近千家，2021 年规上工业增加值约 1953 亿元。在国家大力推广新能源汽车的背景下，大湾区率先布局完善新能源基础设施，不断提升消费者认同度，推动新能源汽车产业快速壮大。从乘用车销量来看，2022 年比亚迪、广汽丰田、东风日产销量分别达到 180.5 万辆、97.1 万辆、89.8 万辆，分列全国第一位、第七位、第八位。在新能源汽车中，2022 年比亚迪以 180.5 万辆的销量领跑，广汽埃安则以 27.1 万辆排在全国第五位。

（三）电气机械及器材制造业是大湾区传统优势产业，尤其是新能源行业近年来呈起飞之势

大湾区从传统的发电机组、输变电机组，再到风电、光伏、核电、锂电等新能源产业，都具有强大竞争力。这得益于大湾区电力消纳空间较大，同时邻近的沿海地区拥有良好的风电、光伏资源且是核电项目的合适选址，因而电力设备制造具有较大的市场空间。除此之外，新能源汽车的快速发展成为锂电储能等行业的重要驱动力。从重点企业来看，明阳智能在全球海上风电市场的占有率中排名第一，比亚迪精密制造已成为全球产能最大的磷酸铁锂电池厂商，双双入选全省工业总产值最大的 50 家工业企业。

二、消费品制造

大湾区是国内家具家电、消费电子、文体娱乐用品等最重要的生产基地之一。2021 年，大湾区消费品制造业规模以上工业增加值约 5400 亿元。按营业收入计算，大湾区家具制造、文体娱乐用品的产业规模分别占全国的 27.1%、23.1%，纺织服装服饰、造纸、印刷均占全国的 1/10 以上。重点产品中，手机、空调、冰箱、电饭锅、微波炉等产品产量保持全球领先。

（一）家电和手机产业的发展是大湾区制造业崛起的缩影

从家电来看，多家大湾区家电企业已成为全球的行业领头羊，微波炉、电扇、冰箱、空调、热水器、消毒碗柜产销量全球领先，多家龙头企业近年来先后迈上新业务拓展之路。例如，美的完成库卡股权收购和私有化，坚定投入机器人业务，格力收购银隆新能源进军高端制造，TCL 由 TV 整机厂向光伏和半导体等新赛道延伸。从手机来看，大湾区手机行业"品牌"已经取代"山寨"，尤其是 4G、5G 商用后，大湾区智能手机厂商的国际竞争力进一步增强。市场研究公司 Omdia 报告显示，大湾区的

OPPO、vivo、传音、荣耀、真我、华为六大手机品牌进入 2022 全球智能手机出货量前十名，合计出货 4.1 亿台，占全球市场份额约 1/3。目前，大湾区 7 个国家级先进制造业集群中，4 个集群涉及家电和手机制造（见表 8-3）。

表 8-3　粤港澳大湾区已有 7 个产业集群入选国家级先进制造业集群

集群名称	批次	集群名称	批次
深圳市新一代信息通信集群	第一批	广深佛莞智能装备集群	第二批
深圳市先进电池材料集群		深广高端医疗器械集群	
广佛惠超高清视频和智能家电集群		佛山市、东莞市泛家居集群	第三批
东莞市智能移动终端集群			

资料来源：工业和信息化部、粤开证券研究院。

（二）大湾区轻工纺织行业保持国内龙头地位，在全球具有一定的规模优势，但也面临着全行业层面的下行压力

从轻工领域较有代表性的家具制造来看，大湾区家具行业延续多元化、定制化趋势，2021 年规模以上工业增加值 528.5 亿元。从纺织领域来看，2021 年大湾区纺织、纺织服装服饰、皮毛羽和制鞋业规模以上工业增加值分别为 409.4 亿、485.2 亿、252 亿元，具有良好的发展基础，但近年来整体面临要素成本上涨、贸易壁垒增多、环保指标约束等不利因素的制约，产业外迁压力较大。香港拥有班尼路（Baleno）、堡狮龙（Bossini）、鳄鱼恤（Crocodile）、纵横二千（G2000）、佐丹奴（Giordano）等国际知名服装品牌，多数制造商已设立离岸生产设施，产品供应中国内地、美国、欧洲以及新兴市场。

三、原材料制造

大湾区石化、陶瓷、有色等产业特色突出。大湾区虽然煤矿、铁矿资源较少，但凭借沿海区位、矿藏禀赋及广阔市场腹地三重优势，在临港石化、有色及稀土冶炼、建筑陶瓷等领域实现突围。广东全省规模以上原材料制造业企业营业收入达 2.71 万亿元，超过河北、安徽等省，排在全国前列。

（一）大湾区石化项目联动粤东粤西，共建广东万亿级石化集群

绿色石化产业是广东的支柱产业之一，广东绿色石化产业集群串联揭阳、惠州、广州、茂名、湛江等地，总产值超万亿元，其中珠三角地区约占 3/4。近年来，惠州大亚湾加快建设总投资约 100 亿美元的埃克森美孚惠州乙烯项目、总投资约 56 亿美元的中海壳牌惠州三期乙烯项目、总投资 159 亿元的宇新轻烃综合利用项目、总投资 150 亿元的恒力石化惠州 PTA 项目等重大项目，大力引进下游配套企业，有力助推粤港澳大湾区世界级石化基地建设。

（二）大湾区建材冶金产业规模偏弱，陶瓷产业为一大亮点

2021 年，大湾区建材冶金行业规上工业增加值为 1619.4 亿元，营业收入 1.0 万亿元，不足全国建材冶金行业营业收入的 5%，明显低于 GDP 比重。不过在建材行业中，大湾区建筑陶瓷产业颇有竞争力，其中又以佛山陶瓷最为知名。佛山作为"南国陶都"，建筑陶瓷形成了专业化集群化发展的产业链格局，在建筑陶瓷制造、陶瓷装备制造、陶瓷化工色釉料等方面均处于国内领先地位。《佛山陶瓷年鉴 2021》显示，2021 年佛山陶瓷行业工业总产值达 914.9 亿元。

四、现代服务

批发零售、房地产、信息服务、商务服务等行业成为重要经济动力，并与制造业深度融合。2021 年，大湾区（含港澳）服务业增加值超 8.1 万亿元，占全国（含港澳台）的 12.2%。除金融业增加值超 1.5 万亿元外，批发零售、房地产增加值分别达到 1.4 万亿元和 1.0 万亿元，占全国比重均超 10%。大湾区信息服务、租赁和商务服务增加值均超 5000 亿元。

（一）香港批发零售业高比重凸显"转口港"特征

2021 年，大湾区批发和零售业增加值达到 1.4 亿元（港元和澳门元按年均汇率换算，下同），占 GDP 的比重为 11.1%，高于全国平均水平（约 10%）。其中，珠三角地区、香港、澳门批发零售分别占 GDP 的 9.4%、18.6%、9%。香港批发零售业比重较高，主要与香港的转口贸易有关。2021 年，香港再出口规模占货物进出口总额的比重高达 47%，"转口港"特征突出。

（二）房地产业也是大湾区的重要产业之一

2021 年，大湾区房地产业增加值 1.0 万亿元，占 GDP 比重为 8.1%。分城市来看，房地产业增加值前五大城市为广州、深圳、香港、佛山、东莞，分别为 3258 亿、2555 亿、879 亿、852 亿、705 亿元。

（三）深圳信息服务业领跑大湾区

深圳是大湾区信息服务企业最集中的区域，信息服务产业规模处于国内领先水平。2021 年，深圳信息传输、软件和信息技术服务业增加值 3511.6 亿元，占全国（不含港澳台）的 7.9%。作为"创新之城"，深圳培育了腾讯科技、腾讯音乐、平安科技等信息服务龙头企业，软件业务收入、软件业务出口、软件著作权登记量居全国前列，10 家企业入选 2021 年度中国软件和信息技术服务竞争力百强企业。

第三节 大湾区产业发展的三大挑战

大湾区上升为国家战略以来，驶入了高质量发展快车道。然而，大湾区产业体系仍然有待进一步升级，面临一系列内外部挑战。

一、产业链面临全球经济波动、地缘政治、能源变局等冲击

全球产业分工调整、贸易保护、"卡脖子"等都是大湾区经济的潜在风险因素。一方面，新兴国家凭借低成本优势，中低端制造业竞争力不断增强，最高达 25% 的美国对华加征关税和能源革命意味着潜在的成本压力，或加快相关产业外迁，传统产业面临下行冲击；另一方面，在美国"长臂管辖"和单边制裁影响下，大湾区重点布局的半导体、通信、超算等产业首当其冲，华为、中国电子、大疆等企业被列入实体清单等制裁清单，面临断供、禁售、禁投资等一系列冲击，威胁到大湾区高技术产业的正常发展。

二、产业协同水平不足，规则体系不统一

从产业协同来看，区域间产业合作层次有待提升。

第一，珠三角地区和港澳之间的市场融合，面临三地经济发展水平不同的制约。"一国两制"是大湾区的最大优势，将内地的制度优势、产业优势与港澳的贸易自由、司法独立等优势相结合，能够激发新的发展活力。然而经济发展水平差异仍影响到大湾区的产业合作。例如，内地和港澳的服务业开放及人才流动长期不对等，导致港澳人才能够自由进入内地，反之则不然，原因之一是避免工资成本较低的内地劳动力过度冲击港澳就业市场。

第二，大湾区城市间产业配套还不够完善，且存在同质化竞争问题。以汽车产业为例，长期以来我国汽车产业中零部件和整车规模不相称，尤其是大湾区零部件供应商大部分为日系供应商，近地化配套更为不足，汽车零部件和整车产值之比远低于主要国家水平。从各城市"十四五"规划纲要来看，电子信息在珠三角 9 个城市中均有布局，生物医药有 6 个城市进行了布局，产业布局有所趋同（见表 8-4）。

第三，大湾区还需要提升城乡融合水平。大湾区工业用地处于长期短缺状态，许多农村土地未能实现充分、高效利用。例如，在一些农村高度城市化、村民高度市民化的区域，农业用地不宜继续保留，闲置宅基地等农村闲置土地也要大力盘活。珠三角地区有 337 平方公里闲置宅基地，相当于珠三角地区全部工业用地的 1/4。又如，遍布珠三角地区的村级工业园，要加快整理整治，解决发展粗放、分布零散、治理困难、产权不清等问题，为紧缺的产业用地提供更多增量空间。

表8-4 珠三角九市"十四五"产业布局相对趋同

城市	广州	深圳	珠海	佛山	江门	肇庆	惠州	东莞	中山
"十四五"重点产业	新一代信息技术	新一代信息技术	家电	装备制造	新材料	汽车	石化能源	电子信息	家居
	汽车	生物医药	集成电路	家居	大健康	金属加工	电子信息	电气机械	电子信息
	生物医药与健康	装备制造	生物医药	汽车	高端装备	电子信息	生命健康	纺织服装鞋帽	装备制造
		新材料	新能源	新能源	新一代信息技术	建筑材料		食品饮料	健康医药
			新材料	电子信息	新能源汽车				
			高端打印设备						

资料来源：珠三角九市"十四五"规划纲要、粤开证券研究院。

从市场规则来看，大湾区内部规则体系不统一，对一体化市场形成阻力。例如司法差异，导致在知识产权保护、商事仲裁、合同履行等领域存在差别。在知识产权领域，内地知识产权侵权案件主要适用"法定赔偿标准"，极少适用"惩罚性赔偿"，而港澳地区知识产权保护案件有时会涉及刑事检控，保护力度更高。又如市场准入差异，大湾区市场准入管理较为复杂，非但珠三角地区和港澳之间市场准入门槛有所不同，珠三角地区内部也存在各式各样的政策试点区域，如 CEPA 服务贸易补充协定允许特定服务行业投资在珠三角地区部分城市落地，深圳根据《关于深圳建设中国特色社会主义先行示范区放宽市场准入若干特别措施的意见》可在全国负面清单的基础上放宽部分行业的市场准入限制。如不尽快扩大试点到整个大湾区，企业在扩大经营过程中难以避免一系列制度性成本。

三、人才短缺问题或逐渐显现

改革开放以来，大湾区积极引进技术和人才落地，由此成为人才热土，而人才也为大湾区经济腾飞提供了支撑。第七次全国人口普查数据显示，居住在广东省的外省户籍人口达到 2486 万人，广东已成为全国外省户籍人口最多的省，是第二名浙江的 2.5 倍。不过，大湾区的人才供给未来或成为一大瓶颈。

一方面，大湾区引才难度或逐渐加大，既有工资薪酬还不够高的因素，也有国内人口总量见顶回落的因素。国家统计局数据显示，2021 年广州和深圳的职工平均工资为 14 万元左右，与北京、上海（约 18 万元）相比有明显差距（见图 8-3）。同时，大湾区生产生活配套设施仍有短板，如广深部分产业园区周围缺乏合适的房源及学位，与北京亦庄、上海临港相比处于劣势。此外，中国人口正面临见顶回落的历史性变化，就业人员总量已连续多年下降。未来如何在劳动力更加稀缺的背景下增加人才吸引力，是大湾区城市必须考虑的问题。

另一方面，大湾区产业人才的培养力度仍然不足。大湾区最有影响力的高校如香港大学、香港中文大学、香港科技大学等，虽然全球排名领先，但"硬科技"领域并非强项。同时，珠三角地区本地高校的科研实力、生源质量乃至学术环境不及京沪顶尖高校。如何挖掘大湾区高校科研创新和人才培养潜力，形成大湾区产业发展的后备力量，同样是十分重要的命题。

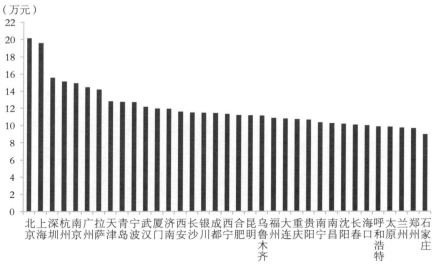

（万元）

■ 城镇非私营单位在岗职工全年平均工资：2021年

图 8-3　2021 年我国部分城市年平均工资对比

资料来源：国家统计局、粤开证券研究院。

第四节　大湾区建设现代化产业体系的建议

粤港澳大湾区的产业发展已取得了辉煌成就。新时代新征程下，大湾区建设更肩负着增强城市群竞争力、深化粤港澳互利合作和协同发展、探索体制机制深化改革等一系列重要战略任务。大湾区有必要从产业竞争力、区域融合度、贸易便利化、制度开放性及人才培养五个方面发力，加快实现产业体系现代化。

第一，大力布局新能源汽车、集成电路、高端装备、精密仪器、人工智能等战略性新兴产业，推动传统产业转型和现代服务业提质。将战略性新兴产业作为产业变革的重要力量，积极配合国家战略，支持创新企业和专精特新企业发展，努力实现引领性技术突破和产品创新，进军价值链高端，提升大湾区产业竞争力。传统制造业要依托电子信息、汽车、家电等基础优势，融入智能制造、绿色制造等先进技术，引入服务型制造理念，站稳国际市场地位。大力发展信息服务、商务和法律服务、文化体育旅游等产业，以现代服务业支撑产业发展、满足居民消费需求、提供更多就业岗位，做大做强大湾区实体经济。

第二，推动粤港澳产业合作，促进城际及城乡产业协同。一是推动粤港澳全面深度合作。鼓励珠三角地区企业立足产业优势，对接港澳的金融、教育、贸易、专业服务等资源，如开展校企研发项目合作、赴港上市等。二是大力建设粤港澳合作的平台载体。横琴合作区积极引进高端制造、中医药、文旅会展商贸、现代金融企业；前海合作区对港澳扩大教育、文化、医疗、金融、法律等服务领域开放，加强与港澳的交通、通信、支付规则衔接；南沙示范区开展智能网联汽车、机器人、数字经济、海洋产业粤港澳合作，设立大湾区国际商业银行等。三是推动珠三角地区城市间优势互补。广深发挥国际大都会城市引领作用，补齐商贸物流等基础设施短板，推动教育医疗等资源扩容；东莞、佛山、珠海等城市积极吸引电子信息、机械和精密设备高端产业落地，其余中小城市积极培育配套和协同产业。四是城乡融合发展。聚焦城中村等区域，探索土地、居民户籍、公共服务等领域体制机制创新，盘活农村闲置土地和"村级工业园"土地资源，实现较高水平公共服务对农村居民的均等化覆盖。

第三，提升贸易投资双向便利化水平，构建大湾区一体化市场。针对大湾区存在的内地、香港、澳门三个不同市场，便利粤港澳货物、人员、资本及要素流动。落实好内地与香港、澳门CEPA系列协议，在减少贸易限制、鼓励服务贸易、加强投资保护等方面出台新举措，推进粤港澳口岸监管信息互换、监管互认、执法互助，推广"湾区一港通""组合港"等物流新模式的应用，实现一次申报、一次查验、一次放行后换装大型船舶出口；完善口岸功能和签注安排，便利粤港澳之间的人员往来。

　　第四，建立对标先进和对接国际的市场规则，优化营商环境。粤港澳大湾区拥有港澳两大开放窗口，尤其是香港在经济发展的长期实践中培育出了有竞争力的营商环境，商事管理、纠纷解决、行政服务相关规则制度较为先进。珠三角九市要加快建立与国际高标准投资和贸易规则相适应的制度规则，落实港、澳、外资的准入前国民待遇加负面清单管理模式，加快转变政府职能，以事中事后监管取代事前审批。

　　第五，吸引产业人才向大湾区集聚。百年大计，教育为本，人才是产业发展的永恒命题。一是面向国内外招揽紧缺人才，建立紧缺人才清单制度，完善税费减免、科研奖励、购房补贴等人才激励政策。二是着力优化大湾区宜居环境和产业生态，以城市形象魅力和产业发展机遇吸引人才。三是鼓励粤港澳教育合作，创新内地与港澳高校合作办学，积极发展高水平职业教育，为大湾区人才培养提供持续动力。

第九章

大湾区金融：建设比肩纽约的国际金融枢纽

从历史和国际视角来看，金融业日趋壮大是湾区经济发展的必然趋势和客观规律。纽约、旧金山、东京三大世界级湾区的发展，普遍经历了四个阶段：从以装卸运输为主导的"港口经济"，到以临港工业为主导的"工业经济"，再到以金融等现代服务业为主导的"服务经济"，最终发展为金融、科技深度融合的"创新经济"。例如20世纪70年代的纽约湾区，金融、法律等服务产业快速发展，制造业向周边迁移，同时以电子通信为代表的技术密集型产业快速增长，以纳斯达克为代表的服务于创新创业的交易所迅速崛起。可以说，金融业发展是产业升级后半程的关键。

回望粤港澳大湾区的发展历程：从早期自由贸易引发航运和物流的兴旺；到20世纪八九十年代，形成了"香港服务业+珠三角制造业"的"前店后厂"模式；进入21世纪后，国际资本全球化配置的需求增多，香港作为国际资本进入中国市场的重要通道，包括金融业在内的生产性服务业不断壮大，也间接拉动了深圳电子产业的飞速发展。当前，粤港澳大湾区正从第三阶段迈向第四阶段，金融业将发挥更多积极作用。

第一节　大湾区金融发展的五个基础功能

第一，金融业发展能有效满足国际贸易、投资增长带来的支付结算、贸易融资、外汇交易等需求，是"扩内需、稳外需"的必要支撑。一方面，金融业集聚化发展有助于满足大湾区内不断增长的贸易结算和融资需求。2022年，粤港澳大湾区城市群进出口贸易总额约2.4万亿美元，占全国贸易总量的38.1%；另一方面，粤港澳大湾区港口密集、航运繁忙，未来要畅通对外综合运输通道，打造大湾区"1小时交通圈"，建设世界级机场群、港口群等，仅凭借财政资金难以覆盖，需要金融体系提供配套资金。

第二，金融业发展能有效支持企业创新活动，是打造"具有全球影响力的国际科技创新中心"的重要一环。科技创新是个高风险、不断试错的过程，相关企业高研发投入、长周期资金需求的特征，决定了资本市场等直接融资体系的支持至关重要。同时，知识产权质押、知识产权资产证券化（ABS）等多元化融资服务，也丰富了创新企业融资渠道。目前湾区内深圳、香港、广州形成的科技集群，不仅在国内首屈一指，放眼全球也优势突出。根据世界知识产权组织2021年全球创新指数报告，深圳—香港—广州科技集群排名第二位，仅次于东京—横滨，优于北京、首尔、圣何塞—旧金山、纽约等（见表9-1）。未来，大湾区要发展成为国际科技创新中心，保持深圳—香港—广州集群的国际影响力，金融的助力必不可少。

表9-1　2021年全球排名前15的科技集群

排名	集群名称	所属经济体	排名变化
1	东京—横滨	日本	—
2	深圳—香港—广州	中国	—
3	北京	中国	↑1

续表

排名	集群名称	所属经济体	排名变化
4	首尔	韩国	↓1
5	圣何塞—旧金山	美国	—
6	京都—大阪—神户	日本	—
7	波士顿—剑桥城	美国	—
8	上海	中国	↑1
9	纽约	美国	↓1
10	巴黎	法国	—
11	圣迭戈	美国	—
12	名古屋	日本	—
13	华盛顿—巴尔的摩	美国	—
14	洛杉矶	美国	—
15	伦敦	英国	—

资料来源：WIPO，"Global Innovation Index 2021"、粤开证券研究院。

第三，金融业发展能加速要素流动，加速实现要素市场化配置，是建立全国统一大市场的应有之义。一方面，金融业互联互通机制的深入，有效提高了贸易和投融资便利化水平，加速人员、货物、资金等市场要素的自由流动，优化资源配置；另一方面，金融机构跨域、跨境自由地提供金融服务，有助于提升金融运行效率，加速相对落后地区的储蓄投资转化效率，并形成风险共担机制。

第四，金融业发展能显著优化民生服务，是"建设宜居宜业宜游的优质生活圈"的客观要求。横琴、前海、南沙合作区均明确提出吸引港澳居民创业就业。随着粤港澳三地居民跨境往来密切，将会有越来越多的港澳居民来内地生活工作。而金融业发展直接关系港澳居民跨境开户、支付、购房、理财、缴纳税费等基础需求，是建设大湾区优质生活圈的必要保障。

第五，金融业发展能推进人民币国际化战略纵深发展，是贯彻高水平开放的切实举措。大湾区金融体系在人民币国际化战略中发挥着重要作用。2022 年，广东省跨境人民币业务量达 5.9 万亿元，同比增长 11.3%，占同期本外币跨境结算的 44.4%，在全国占据主导地位；人民币自 2020 年起，连续三年成为大湾区第一大跨境结算货币。近年来，香港更担当起离岸人民币业务枢纽的角色，成为全球开发人民币产品和推动人民币广泛使用的开创者，人民币资金池近万亿元。SWIFT 数据显示，全球逾 75% 的离岸人民币支付活动通过香港进行。

第二节　大湾区金融发展的三重显著特征

近年来，粤港澳大湾区金融业保持蓬勃发展，增加值超过东京湾区，逐步比肩纽约和旧金山湾区。粤港澳大湾区 11 座城市的金融业增加值从 2002 年的 2189.8 亿元增长至 2021 年的 14982.9 亿元，年化增长率 10.1%，金融业占 GDP 的比重达到 11.9%（见表 9-2）。2018 年粤港澳大湾区金融业占比（10.7%）超过东京湾区（9.3%），不断向纽约、旧金山湾区 15%的水平看齐。

表 9-2　2021 年粤港澳大湾区各城市金融发展概况（以人民币计价）

城市	金融业增加值（亿元）	GDP（亿元）	占比（%）
广州	2352.5	28232.0	8.3
佛山	632.1	12156.5	5.2
肇庆	116.8	2650.0	4.4
深圳	4738.8	30664.9	15.5
东莞	697.4	10855.3	6.4
惠州	286.2	4977.4	5.7
珠海	475.7	3881.8	12.3
中山	264.8	3566.2	7.4

城市	金融业增加值（亿元）	GDP（亿元）	占比（%）
江门	260.8	3601.3	7.2
香港	4841.1	23790.8	20.3
澳门	316.7	1943.5	16.3
合计	14982.9	126319.5	11.9

注：除了中山市金融业增加值为统计公报数据，其余数据均为统计年鉴数据；澳门没有金融业
　　相关统计，其金融增加值为银行、保险及退休基金两行业增加值之和；汇率均采取年度
　　平均汇率。
资料来源：各市统计局、香港特区政府统计处、澳门统计暨普查局、粤开证券研究院。

全面梳理粤港澳大湾区各个城市金融细分行业、金融市场、金融机构、金融产品等方面发展情况，可以发现大湾区金融具有三个显著特征。

一、银行、证券、保险三大行业发展水平全国领先

（一）银行业层面，单个城市平均存贷款规模远超长三角、京津冀等其他城市群

粤港澳大湾区 2022 年本外币存款余额、贷款余额分别为 42.8 万亿元和 31.8 万亿元，同比增长 8.7% 和 7.7%，贷存比为 0.74。和长三角、京津冀、成渝等其他经济圈、城市群相比，粤港澳大湾区优势突出，平均每个城市存贷款余额分别约为 3.9 万亿元和 2.9 万亿元，是长三角的 1.7 倍和 1.5 倍（见图 9-1）。

大湾区银行业的快速发展，很大程度上要归功于内地和港澳互联互通机制的深入。正是这种双向联通，满足了更多居民、企业的跨境融资需求。一是优化民生金融服务，实现见证开户、移动支付互通等多个"率先"。（1）率先开展港澳居民异地代理见证开户试点，使港澳居民可在港澳试点银行通过代理见证方式开立内地个人 II 类、III 类银行账户。截至 2023 年 1 月末，香港、澳门居民通过代理见证开立内地个人账户 23.5 万

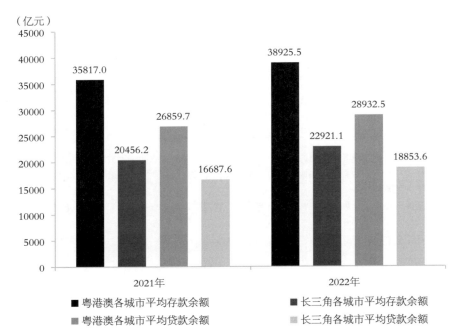

（亿元）

图 9-1　2021 年和 2022 年粤港澳大湾区城市与长三角城市平均存贷款余额对比

注：长三角 27 个核心城市中，泰州、滁州、马鞍山 3 个城市尚未公布 2022 年本外币存贷款余
　　额，采取人民存贷款余额代替。

资料来源：Wind、各市统计局、香港特区政府统计处、澳门统计暨普查局、粤开证券研究院。

户。（2）率先实现大湾区移动支付互通，目前港澳居民可使用港澳版
"云闪付"钱包、支付宝（香港）电子钱包、微信（香港）电子钱包、中
银澳门手机银行和澳门通 Mpay 钱包五种移动支付工具，在内地支付服务
的便利性大幅提高。（3）将跨境贷款从企业延伸至居民跨境置业，目前
已在横琴合作区率先试行跨境住房按揭贷款。

　　二是提升跨境贸易和投融资的便利化水平。（1）率先在全国开展货
物、服务贸易便利化试点，允许试点银行对符合条件的优质企业简化单证
审核，可以凭收付款指令先行办理收付，事后再进行抽查。（2）率先开
展融资租赁资产和贸易融资资产的跨境双向转让业务，进一步加快境内外
人民币流通，为实体经济跨境融资注入新动力。2022 年，广东省有 7 家

银行开展融资租赁资产跨境转让业务，12 家银行开展贸易融资资产跨境转让业务，金额达 216.34 亿元。

三是开展资本项目收入支付便利化改革试点。符合条件的企业将资本金、外债和境外上市等资本项目收入用于境内支付时，无须事前向银行逐笔提供真实性证明材料，有效提升了资金使用效率，同时便利了跨国集团跨境资金管理。截至 2022 年年末，广东省办理此便利化业务合计 120 亿美元，"诚信便利、小额便利"跨境投融资氛围基本形成。

四是推出自由贸易账户分账核算业务。2019 年，自由贸易（FT）账户在广东自贸试验区上线，成为各项金融创新的基础。FT 账户为本外币一体化账户，可以满足不同币种的结算需求，同时适用于境外汇率和利率，有利于企业利用"两个市场、两种资源"降低资金汇兑成本，境内母公司还可以利用 FT 账户为境外子公司提供授信服务。截至 2022 年年末，广东省开立 FT 账户 9756 个，发放 FT 贷款 1678.3 亿元；企业搭建 FT 全功能资金池 259 个，调拨资金 1556.5 亿元，为大湾区实体经济发展注入"金融活水"。

（二）证券业层面，粤港澳大湾区上市企业平均市值较大，科技性、开放性更突出

香港和深圳在大湾区乃至全国均具有多层次资本市场体系的专业化优势，带动证券、基金、债券评级等机构聚集，进一步丰富了当地的金融服务。一是单个企业平均市值规模较其他城市群更大。截至 2022 年年末，注册地在大湾区的 A 股（含北交所）上市企业共计 751 家，总市值 13.5 万亿元，单个企业市值规模为 179.7 亿元，显著高于长三角地区 1473 家上市企业的平均市值（129.1 亿元）。增量上，2022 年粤港澳大湾区共有 73 家企业在境内完成 IPO（含北交所），募资净额为 790.7 亿元，较 2021 年增长 21.2%，同期长三角地区企业 IPO 金额的增速为 -9.9%。二是大湾区企业多选择在创新属性、科技属性明显的板块上市。创业板（鼓励新技术、新产业、新业态、新模式与传统产业融合）、科创板（侧重硬科技）、北交所（服务创新创业）分别有 260 家、74 家和 23 家，合计占比47.5%，高于全国的 37.4%以及长三角地区的 40.5%（见图 9-2 和图9-3）。此外，粤港澳大湾区上市企业高度集中在电子、信息等行业，751家上市企业中有 191 家属于计算机、通信和其他电子设备制造业，61 家属于软件和信息技术服务业，占比分别为 25.4%和 8.1%，长三角地区相应行业上市企业占比仅为 9.2%和 6.4%。三是粤港澳大湾区优质的上市公司资产已经深度进入以互联互通机制为桥梁搭建的共同市场。751 家企业中有 42 家为沪港通标的、196 家为深港通标的，合计占比 31.7%，远超长三角地区上市企业中沪深港通标的的占比（26.3%）。

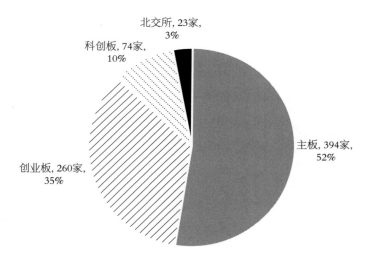

图 9-2　粤港澳大湾区各板块上市企业数量及占比

资料来源：Wind、粤开证券研究院。

　　大湾区证券业的领先优势主要得益于资本市场制度建设的不断完善，以及制度融合的持续深化。一是港交所、深交所、广期所三大全国性金融基础设施建设不断完善。（1）港交所通过修订上市制度，鼓励新兴产业、未盈利生物医药企业赴港上市；通过优化"第二上市""同股不同权"等

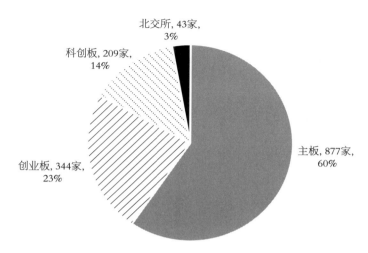

图 9-3　长三角地区各板块上市企业数量及占比

资料来源：Wind、粤开证券研究院。

上市规则，为中概股回流扫清制度障碍；通过引入 SPAC 上市机制，增强交易所竞争力。（2）深交所通过创业板注册制改革，主板与中小板合并，进一步强化了不同板块的定位，增强了发行的市场化程度，完善了境内权益市场的生态。（3）广期所于 2021 年获批设立，成为我国第一家混合所有制交易所，实现了广州国家级金融基础设施历史性突破。同时，证监会已明确将碳排放权、锂、稀土、工业硅等 16 个重点品种交由广期所研发上市。2022 年 12 月 22 日，首个品种工业硅期货已成功上市，截至 12 月底，广期所工业硅期货和期权累计成交量 19.36 万手，成交额 185.4 亿元。

二是股票通、债券通、理财通、基金互认等互联互通机制有效促进了跨境资金的流动。（1）"深港通"范围不断扩大，在港上市生物科技公司纳入"深港通"股票范围。2022 年深股通平均每日成交金额为 542.2 亿元，2016 年设立之初仅 16 亿元。此外，深港 ETF 互通正式开通，深港 ETF 于 2022 年纳入互联互通标的。（2）债券通"南向通"正式开通，目前债券通日均成交 322 亿元，而 2017 年北向通的日均成交额仅 22 亿元。（3）"跨境理财通"业务稳步发展，自 2021 年启动业务试点以来，跨境理财通的操作规则不断简化，试点银行不断扩充。2022 年，内地试点银行达 31 家；粤港澳大湾区新增参与"跨境理财通"的个人投资者 19021人，其中港澳投资者 14909 人，内地投资者 4112 人，跨境理财汇划金额达 17.4 亿元。

三是双向私募股权投资业务有序推进。合格境内有限合伙人（QDLP）试点扩容至广东全省，首笔试点业务已落地，深圳合格境内投资企业（QDIE）额度从 50 亿美元增加到 100 亿美元，参与试点企业 69家，已出境投资 19.9 亿美元。合格境外有限合伙人（QFLP）业务在广州、深圳、珠海等地稳步推进，试点企业超 200 家。

（三）保险业层面，粤港澳大湾区保费收入在总量和平均水平上处于领跑状态

2021 年，粤港澳大湾区保险业保费收入为 9945.4 亿元，占到全国保费收入的 22.2%（见表 9-3）。根据银保监会（现国家金融监督管理总局）可比口径，2020 年粤港澳大湾区保险业保费收入 10278.9 亿元，远超长三角地区的 8828.4 亿元。粤港澳大湾区保险业的强势主要得益于香港发达的保险市场。根据香港保监局资料，香港的保险渗透率排名全球第一位，保险密度排名亚洲第一位。[①]

表 9-3 2021 年粤港澳大湾区各城市保费收入情况

城市	2021 年保费收入（亿元）	占比（%）
广州	1463.4	14.7
佛山	593.6	6.0

① 《保险监管局年报 2020—2021》，https://www.ia.org.hk/sc/infocenter/publications_publicity_ materials.html。

续表

城市	2021 年保费收入（亿元）	占比（%）
肇庆	77.5	0.8
深圳	1426.5	14.3
东莞	525.2	5.3
惠州	181.1	1.8
珠海	181.4	1.8
中山	215.1	2.2
江门	166.8	1.7
香港	4825.8	48.5
澳门	289.2	2.9
合计	9945.6	100.0

资料来源：各市统计局、香港保监局、粤开证券研究院。

粤港澳大湾区通过建设保险要素平台、丰富跨境产品供给等方式，加速境内外保险资源聚集，构筑起大湾区保险业发展的绝对优势。一是打造保险要素平台。（1）积极推动上海保交所在南沙设立全国首个国际航运保险要素交易平台，并推动保险业务税收优惠政策落地，为航运业注入新的活力。（2）探索建立医疗保险交易平台。积极推动上海保交所在广州设立南方服务中心，并推动其参与广州市商业健康险交易平台建设，探索为广州市民提供快赔直赔、产品定制、健康管理等服务，进一步缩小大湾区内地医疗服务与港澳之间的差距。（3）推进港澳保险服务中心建设，为持有港澳保单的港澳居民提供保险售后服务。

二是加大跨境保险产品供给。（1）独创推出湾区重疾表，成为我国首个也是唯一一个区域性的重大疾病经验发生率表，有力支持了内地保险公司研发更具市场竞争力的重疾险产品。（2）推进跨境车险便利化，积极推动粤港澳三地保险机构合作提供跨境车险服务试点，实现"三地保单、一地购买"，极大地便利了车主投保。（3）指导保险机构推出跨境医疗保险产品，为跨境居民提供医疗保障。截至 2022 年 6 月末，广东已有 18 家公司 29 款湾区专属重疾险及跨境医疗险上市，累计为 11.09 万人次提供保险保障 992.54 亿元。

三是引进保险资金参与大湾区建设。广东银保监局积极推进"险资入粤"，截至 2022 年年末，"险资入粤"（含股票）累计投资余额 2.19 万亿元，同比增长 14.66%，助力稳住宏观经济大盘。其中，保险资金投资先进制造业、能源及"两新一重"等领域近 3400 亿元，占比约 16%。①

二、香港、深圳、广州三大城市金融特色产业优势互补

香港、深圳、广州是粤港澳大湾区内金融业发展的三个极点，金融业支柱作用显著，国际竞争优势突出。三个城市金融业增加值均超过 2000 亿元，香港、深圳金融业均是其第一支柱产业，广州金融业为其第四支柱产业。2021 年香港金融业增加值达 5835.5 亿港元，占名义 GDP 的 21.3%，提供就业占香港总就业人数的 8.8%。深圳金融业则以 3% 的就业人口贡献了 1/6 的 GDP 和 1/4 的税收，2021 年深圳金融业实现增加值 4738.8 亿元，同比增长 7.6%，占同期 GDP 的 15.5%；贡献税收占全市总税收的比重为 24%，居各行业首位。广州金融业自 2019 年成为第四支柱产业后持续壮大，2021 年广州实现金融业增加值 2352.5 亿元，同比增长 5.3%，占 GDP 的比重为 8.3%。全球范围内，三大城市金融业展现出极强的活力和竞争力。2022 年最新一期全球金融中心指数排名中，香港居全球第 4 名，深圳从全球第 10 位前进至第 9 位，广州位于第 25 位（见表 9-4）。

---

① 《2022 年广东保险业十件大事出炉》，2023 年 2 月 13 日，见 http://gdjr.gd.gov.cn/gdjr/jrzx/dfjr/content/post_ 4093467.html。

表 9-4　全球金融中心指数前 15 名的城市

城市	2022 年 32 期排名	2022 年 31 期排名	排名变化
纽约	1	1	—
伦敦	2	2	—
新加坡	3	6	↑3
香港	4	3	↓1
旧金山	5	7	↑2
上海	6	4	↓2
洛杉矶	7	5	↓2
北京	8	8	—
深圳	9	10	↑1
巴黎	10	11	↑1
首尔	11	12	↑1
芝加哥	12	13	↑1
悉尼	13	23	↑10
波士顿	14	12	↓2
华盛顿	15	15	—

资料来源：《第 32 期全球金融中心指数报告》（GFCI 32）、粤开证券研究院。

在金融业高水平发展的过程中，三大城市也逐渐培育出差异化竞争优势，形成错位发展格局。

（一）香港：金融起步早，银行、保险体系成熟完善，具有绝对优势；证券业由于内地资本市场崛起优势有所削弱，但依然保持着较强竞争力，尤其在权证等衍生品领域全球领先

首先，香港银行业贷款规模持续上升，银行资本充裕。2021 年，香港共有 188 家认可机构，其中 160 家持牌银行，16 家有限牌照银行，12 家结构存款公司，资产总额为 26.4 万亿港元，同比增长 1.9%（见图 9-4）。贷款总额达 10.9 万亿港元，同比增长 3.8%；与内地相关贷款增长 3.6%，其中贸易融资增速高达 20.7%。银行体系资本及流动性状况良

好，2021 年年底香港本地注册认可机构的综合总资本比率为 20.2%，一级资本比率为 18.2%，均高于国际标准（8% 和 6%）。2021 年第四季度，第 1 类机构的平均流动性覆盖比率为 151.9%，远高于 100% 的法定最低要求。

其次，香港保险业体量大。根据香港保监局数据，2021 年香港毛保费总额 5817 亿港元，约合人民币 4825.8 亿元，与珠三角 9 市总和（4830.5 亿元）相近。香港保险业务分为寿险等长期保险业务和一般保险业务，2021 年有效长期业务的保费收入总额为 5201 亿港元，一般保险业务的保费为 616 亿港元。

最后，内地企业越来越成为香港证券市场的中流砥柱。2003 年，内地与香港签署《内地与港澳关于建立更紧密经贸关系的安排》（CEPA），支持双方进一步加强在银行、证券、保险领域的合作，内地企业赴港上市步伐加速。增量上，2022 年港交所主板及创业板（GEM）共计 90 家新上市企业完成融资 1045.7 亿港元，其中内地企业 75 家，融资额 962 亿港元，占比分别为 83% 和 92%。筹资额前十的企业中 9 家属于内地企业，中国旅游集团中免股份有限公司筹资额居首，为 183.9 亿港元。存量上，2022 年年末港交所共计 2597 家上市公司，总市值 35.7 万亿港元，其中内地企业 1409 家，总市值高达 27.4 万亿港元，占比近八成。港股流动性分化较大，但内地企业个股交易活跃，2022 年内地企业每日平均成交额 839 亿港元，全市场为 1249.0 亿港元。除了股票外，衍生品市场也发展迅速。权证等衍生工具高度发达，使得香港成为国际重要的风险管理枢纽，也使得港交所成为全球证券化衍生产品交投最活跃的市场①。2022 年香港证券化衍生产品成交金额高达 4695.9 亿美元，是第二位的斯图加特证券交易所的 9 倍。

---

① 证券化衍生产品包括股本权证、衍生权证、牛熊证及股票挂钩票据等结构性产品，期权、期货则属于契约型衍生工具。

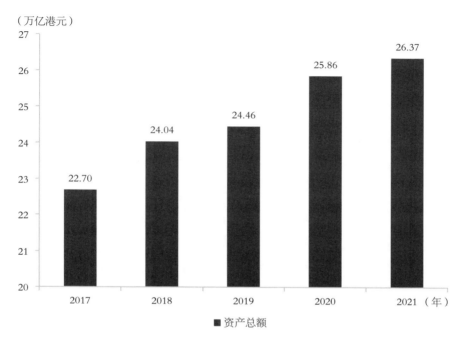

（万亿港元）

图 9-4　2017—2021 年香港银行资产规模

资料来源：香港金融管理局、粤开证券研究院。

（二）深圳：依托深交所品牌效应，吸引证券服务机构聚集，形成正循环机制，助推证券业飞速发展，其证券业在湾区各市内最为发达

首先，注册制下制度环境不断优化，市场功能日益凸显，竞争优势加速形成。2022 年创业板上市企业新上市 142 家，达到 1232 家。2021 年年报数据显示，新产业、新模式的企业上市后茁壮成长，超八成公司实现盈利，九大战略新兴产业中有四大产业实现翻倍式增长。与此同时，主板和中小板合并，并全面实施注册制，深交所功能定位愈发清晰。2022 年全市场共 187 家企业完成融资，融资额 2115.2 亿元，同比增长 24.6%。

其次，交易所的品牌效应、良好的资本市场生态促使证券、期货、基金等服务机构聚集，并取得高质量发展。截至 2022 年年末，深圳共有 22 家证券公司，32 家基金公司（注册地口径），均居全国第二位；14 家期货公司，居全国第三位；平安集团、招商银行、深投控等 3 家金融企业上榜世界 500 强；更有证券分支机构 577 家，期货分支机构 86 家，私募基金管理人 3871 家。根据《深圳证监局 2021 年监管年报》，32 家证券公司合计实现营业收入 1246.5 亿元，净利润 504.9 亿元，均居全国第一位。期货公司资本实力持续增长，注册资本 165.4 亿元，总资产 2159.5 亿元，分别较 2020 年增长 18.7%和 49.1%；累计实现营业收入、净利润 53.3 亿元和 16.2 亿元，较 2020 年增加 37.4%和 65.8%。32 家公募基金管理规模达 6.73 万亿元，较 2020 年增长 29.54%；净利润 116.4 亿元，同比增长 42.8%。

最后，优秀的金融服务能力进一步反哺当地企业发展，助推企业深度拥抱资本市场，拓宽融资渠道。2022 年，深圳新增 36 家上市公司，上市公司数量达 405 家；沪深交易所深圳上市公司总市值约 8.6 万亿元，居全国第二位，包括招商银行、中国平安、比亚迪、迈瑞医疗等各领域龙头企业；北交所总市值 351.2 亿元，居全国第一位，包括北交所龙头贝特瑞等。与此同时，2021 年，深圳企业通过交易所债券市场发行公司债券融资 4285.82 亿元，同比增长 12.66%；债券余额达 10421.80 亿元，较年初增长 21.91%。

（三）广州：金融发展滞后于香港、深圳，保险业有一定比较优势，随着广期所设立，正通过打造期货产业链，走出一条差异化发展道路

不同于改革开放后迅速崛起的深圳，千年商都广州肩负着更多的历史任务和时代使命，既要谋求经济发展，又要兼顾省内其他城市协调发展，发挥好省会城市"老大哥"的职能，还要平衡与深圳的错位竞争，因此广州的金融业发展一直以稳为主。以证券业为例，由于缺乏全国性金融市场交易平台，证券服务机构聚集效应不明显且综合实力较弱。2021 年广州有证券公司 4 家，全年营业收入 237.1 亿元，而深圳有 22 家证券公司，营业收入达到 1246.5 亿元，是广州的 6 倍。相应地，2022 年广州境内外累计上市公司 218 家，总市值近 3 万亿元（见表 9-5），数量和规模均低于深圳（405 家，8.6 万亿元）。但广州保险业发展较好，保费收入列省内第一位。2021 年，广州市保费收入 1463.4 亿元，占全省保费收入的 26.2%，同比增长 4.3%。

随着南沙方案落地，广期所设立，广州开始深入谋求错位竞争，在保险、期货、理财、资管等方向着力。一是广东银保监局、上海保交所南方中心、南沙区正协同研究，积极筹建南沙区保险服务中心，落实《广州南沙深化面向世界的粤港澳全面合作总体方案》。二是 2022 年广东省地方金融监督管理局《关于完善期现货联动市场体系　推动实体经济高质量发展实施方案》明确提出打造国际性期货交易所，建立完善期现货联动的交易市场体系等目标，并具体指出要在广州市天河区、南沙区形成期货产业链聚集，支持企业依托广州市南沙区、黄埔区等具备条件的综合保税区开展国际化期货品种保税交割业务。三是 2022 年年初，建设大湾区跨境理财和资管中心同时写入省政府和市政府年度工作报告。4 月市府办正式印发《广州市建设粤港澳大湾区理财和资管中心实施方案》；随后《广州市黄埔区　广州开发区建设粤港澳大湾区跨境理财和资产管理中心实施办法》正式出台。四是指导天河、黄埔、南沙三个区加快推进和储备理财资管相关金融招商项目。

表 9-5　2022 年广州证券市场概况

指标名称	数值
累计培育上市公司（家）	244
境内上市公司（家）	218
境内外上市公司总市值（万亿元）	3.0
新三板挂牌企业数（家）	229
证券交易额（万亿元）	26.4
期货交易额（万亿元）	14.6

资料来源：广州市地方金融监督管理局、粤开证券研究院整理。

总的来看，三大城市在不同细分领域的侧重，使得三大城市的定位逐渐清晰。香港要发展成为国际金融中心、国际资产管理中心，也是服务"一带一路"建设的投融资平台和全球离岸人民币业务枢纽。深圳风投、基金、券商等机构云集，证券业优势有助于更好服务内地创新创业，因此是国际金融创新中心、保险创新发展试验区，侧重于建设多层次资本市场和吸纳风投创投，促进全球创新资本形成。广州未来将着力打造期货产业链，资管、保险等业务也将成为发展重点，因此是风险管理中心、财富管理中心和具有重要影响力的国际化金融资源配置中心，同时也是绿色金融发展创新高地。

三、绿色金融、金融科技、普惠金融三大前沿领域优势突出

绿色金融方面，绿色金融组织、标准、规则、融资渠道不断优化。一是组织架构日趋统一，香港、深圳、广州、澳门四地联合成立了全国首个区域性绿色金融联盟——粤港澳大湾区绿色金融联盟，促进绿色金融发展。二是制度规则不断完善，《深圳经济特区绿色金融条例》成为我国首部绿色金融法律法规，同时也是全球首部规范绿色金融的综合性法案。三是积极推动内地企业赴港发行绿色债券，推进绿色金融标准融合。2021年10月，深圳市在香港发行50亿元离岸人民币地方政府债券，其中30亿元为绿色债券。四是持续提高信贷绿色化水平，通过建立工作专班、制定行业白名单库、开展政策宣传等方式，引导金融机构加大对中央碳减排支持工具等配套融资的支持力度。截至2022年年末，广东省绿色贷款余额达2.2万亿元，同比增长53.3%；绿色贷款占各项贷款的比重为8.9%，比2021年末提升2.5个百分点。广东金融机构运用专项再贷款发放碳减排贷款642亿元，金额居全国首位，惠及企业266家，预计可减少二氧化碳排放1142万吨。

金融科技方面，香港持续探索，内地后来居上。香港金融管理局早

在 2016 年就设立了金融科技促进办公室，近年来不断推进金融科技发展，推出了"转数快"快速支付系统、发放虚拟银行牌照、推动设立区块链技术为基石的贸易融资平台等。截至 2021 年年末，香港已有超过 600 家金融科技公司和初创企业。近年来，内地核心城市开始发力。广东搭建了基于区块链的贸易融资企业系统，通过科技金融技术为企业风险评级和画像，推动企业和银行进行线上融资对接。深圳成为金融科技应用试点城市、央行金融科技创新监管试点城市和首个国家级金融科技测评中心，广州获批成为金融科技创新监管试点城市，广东股权交易中心获批开展区块链建设试点。此外，中国人民银行与香港金融管理局签署了《关于在粤港澳大湾区开展金融科技创新监管合作的谅解备忘录》，将中国人民银行金融科技创新监管工具与香港金融管理局金融科技监管沙盒联网对接。

普惠金融方面，通过普惠贷款风险补偿、应急转贷机制等手段精准滴灌中小微企业。以广州为例，一是深入实施普惠贷款风险补偿机制。截至 2022 年 5 月，普惠机制下各合作银行累计投放普惠贷款 794.3 亿元、32 万笔，共惠及小微市场主体 11.1 万余户，户均贷款 56.5 万元，加权平均利率为 5.21%。二是积极发挥应急转贷机制功能，积极化解企业资金周转困难。2021 年广州市转贷服务中心完成 991 笔业务，提供 26.6 亿元转贷资金，降低约 85% 的转贷成本。2022 年转贷业服务持续推进，并探索在现有转贷服务的基础上增加首贷、续贷服务功能。三是与融资担保公司发挥协调联动作用。2022 年第一季度，全市小微、"三农"企业融资担保在保余额约 33.65 亿元，有效纾解企业融资难、融资贵问题。

第三节 大湾区金融发展存在的问题

尽管粤港澳大湾区金融发展水平已在全国居于首位，但考虑自身发展潜力，仍存在以下三个方面的问题。

第一，互联互通的制度基础有待进一步融合。

如前文所述，粤港澳大湾区金融业的繁荣很大程度上依赖于互联互通机制，畅通互联互通机制也成为金融能否持续发展的关键。粤港澳大湾区虽然地理上一衣带水，但涉及"一个国家、两种制度、三种货币"，又有自由港、特别行政区、经济特区、自由贸易试验区等多重体制叠加，互联互通制度基础存在诸多桎梏。

一是金融法律体系差异较大，导致金融机构、金融产品、金融人才的流动障碍。香港的金融法律属于英美判例法，而内地则属于大陆法系，二者存在诸多不同。例如，英美法系下金融体系不同市场参与者并不具体分类，持牌法团可以申请不同牌照参与竞争，这些牌照多按照业务大类划分而不按照金融工具划分。而内地金融机构不但要分业申请牌照，还须根据具体业务申请批准或者备案。又如财政科研经费管理上，香港奉行信用监管，仅要求最后出具严格的审计报告，而内地注重过程管理。再如，知识产权保护方面，在保护对象、期限等方面差异较大，三地知识产权权利难以自动获得相互承认。

二是税收政策、资金流通制度等方面的实质性差别，限制了资金流通。例如目前我国资本项目尚未完全开放，须平衡开放带来的资本大进大出的风险。又如，香港居民在内地发展仍存在投资范围限制、资格认可、税制衔接等问题。此外，目前金融市场主要采取"管道式"联通，联通的方式、范围仍需创新和突破。

三是三地之间的金融监管与调控分离为金融市场的联通造成了一定阻碍。粤港澳三地之间仍未达成有关统一监管的协议，也没有形成协调监管的领导机构。以银行业为例，仍面临多头监管，多规则并行的问题（见表9-6）。

表 9-6　粤、港、澳三地银行监管体系对比

类别	广东		香港	澳门
政府监管机构	中国人民银行		香港金融管理局	澳门金融管理局
	国家金融监督管理总局（原中国银行保险监督管理委员会）			
	地方金融监督管理局			
行业自律机构	中国银行业协会		香港银行公会	澳门银行公会
	广东银行同业公会			
监管法律体系	大陆法律体系，成文法，作为金融监管法律依据的《中国人民银行法》《商业银行法》《票据法》等金融法规已先后出台，逐步形成较为完善的金融法律法规体系		英美海洋法律体系，判例法，1992年通过《外汇基金条例》《银行业条例》《金融机构（处置机制）条例》《存款保障计划条例》《支付系统及储值支付工具条例》《打击洗钱及恐怖分子资金筹集条例》	欧洲大陆法律体系，1993年颁布《金融体系法律制度》，先后推出《信用机构内控指引》《电子银行风控指引》等法律规范

资料来源：香港、澳门金融管理局官网，粤开证券研究院整理。

第二，城市间金融供给的差距有待进一步弥合。

目前，粤港澳大湾区"9+2"城市的金融业发展水平差距较大，形成了明显的三个梯队。香港、深圳、广州居于第一梯队，金融业增加值均超过 2000 亿元，GDP 均超过 2 万亿元；佛山、东莞居于第二梯队，金融业增加值超过 500 亿元，GDP 超过 1 万亿元；其他城市位于第三梯队，金融业增加值介于 100 亿—500 亿元间。这意味着各城市间金融供给差异大，以银行信贷资源为例，2021 年深圳本外币贷款余额是肇庆的 29 倍，这一数值在 2019 年、2020 年尚在 27 倍左右。

第三，金融与科技资源的对接有待进一步加强。

香港具有成熟的风险投资系统和丰富的人才教育资源，有 6 所世界排

名位列前 500 的大学，其中 4 所大学跻身全球百大；科研实力较广深仍具有比较优势，但由于产业转移，缺乏具有创新成果转化能力的企业和空间。而珠三角九市内有大量基础研究和转化能力强的企业，但缺乏真正的风险投资。① 二者之间优势互补，具有广阔空间，但现实中受制于资金流通、制度衔接等问题，港澳创新金融资源与珠三角的创新成果转化仍缺乏有效对接。未来 QFLP 的试点范围、通道额度、投资标的仍需创新突破。

第四节 大湾区金融发展的建议

粤港澳大湾区的金融业在一系列政策规划下，深度嵌入了湾区经济转型升级过程中，取得了长足发展，又进一步反哺实体经济，推动区域发展能级跃迁。虽然目前仍存在法制衔接不畅、跨境服务不充分等问题，但趋势上已经向"对内再出发，对外更开放"靠拢，未来仍需要从以下几点着力。

第一，围绕香港、深圳、广州"三核"和深圳前海、珠海横琴、广州南沙"三极"错位竞争，打造协调共荣的金融空间格局。

未来应围绕"三核、三极"，以珠江东岸金科产深度融合发展核心区、珠江西岸产业金融核心区、广佛科技金融合作区等若干区域为代表，结合各个城市的发展定位，大力发展特色金融产业，通过产业、金融、科技的协调联动，辐射带动形成网络化金融空间布局。香港是全球金融资源高度聚集的地区，应增加其对其他城市的金融辐射强度，在维持自由港基础上，管控系统性金融风险，巩固并发展好离岸人民币交易中心的地位，成为参与国际竞争的金融中心。深圳具有最活跃的创新要素，作为内地金融龙头城市，要依托中国特色社会主义先行示范区、碳达峰碳中和先行示

---

① 《协同推进粤港澳大湾区建设》，2022 年 8 月 24 日，见 http：//www. ce. cn/xwzx/gnsz/gdxw/202208/24/t20220824_ 38051408. shtml。

范区建设的政策优势，强化金融对科技产业的支撑，以前海为抓手、探索港深的进一步合作，引领湾区金融创新，成为服务实体经济的金融中心。广州要依托南沙方案，结合广期所、粤港澳大湾区国际商业银行设立的契机，发展差异化金融，在汽车金融、航运金融、绿色金融、普惠金融、财富管理、保险、期货等领域出新出彩，巩固区域金融中心的地位。

第二，抓住建立统一大市场的契机，有序推进互联互通机制深入，促进金融一体化发展。

首先，应加强法律协调。例如探索将部分香港金融相关的判例法，通过立法转换为大湾区地方法规，同时进一步完善《粤澳地区金融纠纷调解合作框架协议》，优化金融纠纷快速处理机制。其次，推动监管规则统一。开展金融创新的监管沙盒实验，建立粤港澳金融监管试验区，设立联合协调机构、开展监管对话合作、探索监管人员互派交流、推动监管标准趋同。最后，优化现有的机构协同机制、市场对接机制以及产品互认机制，并探索更多互联互通的产品。继续完善"跨境理财通""债券通"及"沪深港通"、基金互认等金融市场互联互通渠道，优化资金跨境结算安排，降低准入门槛，扩容可投标的，扩大试点规模。充分利用 FT 账户等政策优势，完善企业全球授信及跨境综合服务能力，加大差异化授权和授信审批的支持力度。推出以人民币结算的境外大宗商品套保业务，探索 QDIE、QFLP 等跨境资产托管业务，适时推出"保险通"等。

第三，把握注册制改革机遇，聚焦金融支持科技创新、金融优化民生服务两条主线，提高金融服务实体经济、便利生活的能力。

全面注册制下，资本市场制度优化开启加速，同时创新产品的供给速度也将大幅提升，为大湾区金融业发展带来机遇。一方面，应持续优化制度，增强大湾区金融基础设施的吸引力。例如，优化港交所 SPAC 上市机制，完善深交所信披机制，创新融资方式，加速科创企业上市步伐，提高直接融资占比。另一方面，加速丰富金融产品供给，增加居民资产配置的途径。例如，支持香港发挥比较优势，推出多元化的金融产品，助力内地养老金投资境外资本市场，提升内地养老金多元化资产配置水平，更好地实现提高收益、分散风险等管理目标。

第四，把握数字化转型和绿色转型的历史机遇，推动绿色金融、金融科技取得更深层次的发展。

支持香港强化可持续投资理念，推出更多 ESG（环境、社会和公司治理）相关金融产品，加强 ESG 相关信息披露、评级、指数编制、产品认证等专业服务。加强绿色立法，全国范围内推广《深圳经济特区绿色金融条例》。鼓励科技对跨境服务的赋能，例如加快"跨境理财通"系统建设与对接，实现跨境财富管理业务移动化、智能化、场景化，挖掘大数据在跨境资产转让、跨境信贷领域的应用等。

第五，把握香港离岸人民币业务枢纽发展的有利时机，助推人民币国际化进程。

一方面，应支持香港进一步发展离岸人民币产品市场，探索在港发行人民币计价的股票产品，拓宽离岸人民币市场的广度和深度；另一方面，加强人民币跨境支付系统（CIPS）建设，更好地对接香港离岸市场，提高人民币跨境资金的清结算效率和支付清算便利水平。

第十章
大湾区科技：创建世界级战略性创新高地

改革开放以来，粤港澳大湾区实现了从"跟跑"到"并跑"再到"领跑"的跨越式发展，成为全球科技创新的重要平台载体。伴随全球产业和科技版图的深度重构，大湾区成为电子信息、软件、医药等领域的全球科技竞争前沿。国际科技创新中心是大湾区建设的重要内容，大湾区肩负着引领国家科技自立自强、争取全球科技创新主动、助力畅通国内国际大循环的重大使命。本章主要解答以下问题：创新型大湾区建设具有哪些方面的价值？当前大湾区科技创新有何成就？仍有哪些短板？未来大湾区应如何建设国际科技创新中心？

第一节　创新型大湾区建设的六大作用

21 世纪以来，全球进入大科学时代，各国高度重视系统性创新，研发活动空前活跃。新一轮科技革命不同于以机械、电气、信息为标志的前三轮科技革命，它广泛依托于信息与智能、生命科学、能源、地球与海洋等领域，体现出更多的复杂性、协同性、颠覆性，并带来全球科技和产业版图的深度重构。

抓创新就是抓发展，谋创新就是谋未来。我国坚定实施创新驱动发展战略，2022 年全社会研发投入达 3.09 万亿元，研发投入规模多年稳居世界第二位；研发投入强度为 2.55%，高于欧盟平均水平；[①] 研发人员全时当量超 600 万人年，稳居全球第一位；全球创新指数排名从 2012 年的第 34 位上升至 2022 年的第 11 位。[②] 我国制定了《国家创新驱动发展战略纲要》《国家中长期科学和技术发展规划（2021—2035 年）》《基础研究十年规划》等，提出科技创新"三步走"战略目标：在 2020 年进入创新型国家行列的基础上，到 2035 年进入创新型国家前列，到 21 世纪中叶成为世界科技强国。

粤港澳大湾区要打造具有强大带动力的创新型大湾区和科技高地。科技创新具有区域集聚的规律，与产业能够形成协同效应。大湾区实体经济活跃、消费市场庞大、人才智力丰富、开放程度领先，具有科技研发与产业创新的重要优势，国家已提出要在大湾区建成全球科技创新高地和新兴产业重要策源地，提升新兴技术原创能力和科技成果转化能力。未来，大湾区科技创新有望发挥 6 个方面的重要作用。

一、支撑国家战略

建设创新型大湾区，是我国落实创新驱动发展战略的必然要求。我国正处于从要素驱动、投资驱动转向创新驱动的转型期，注重内涵式效率提升，对创新能力以及知识、人才两个关键要素的依赖不断增强。大湾区作为经济和科技的重要增长极，在国家级自主创新示范区、国家级创新型城市、高水平实验室、"双创"孵化器、院士和高层次人才数量等方面都处于全国第一方阵的领先位置，在自主创新、科技转化、新兴产业发展等方

---

① 《2022 年中国全社会 R&D 经费投入超 3 万亿元　稳居世界第二》，2023 年 2 月 21 日，见 https：//www. chinanews. com/gn/2023/02-21/9957671. shtml。

② 《国新办举行"权威部门话开局"系列主题新闻发布会　介绍"深入实施创新驱动发展战略，加快建设科技强国"图文实录》，2023 年 2 月 24 日，见 http：//www. scio. gov. cn/xwfbh/xwbfbh/wqfbh/49421/49612/wz49614/Document/1736742/1736742. htm。

面有望发挥对全国的引领和带动作用。

二、系统推进大湾区全面创新

建设创新型大湾区，有助于全面落实创新发展理念，系统推进涵盖科技、制度、业态与模式等层面的全面创新。科技创新是全面创新的核心，要通过科技创新来解放和发展生产力，由此引领制度、业态等领域的生产关系发生变革，推动产业链价值链实现整体提升。大湾区既拥有"一国两制"重要制度优势，又拥有广阔的消费市场和智能制造、电子商务、网络消费等新业态，以及数据、管理、设计、人才等要素，更要注重优化创新资源的市场化配置，以科技创新的力量驱动全要素生产率提升，带动新产品、新服务、新市场、新模式、营商环境等方面创新活动。近年来，广东被确定为全面创新改革试验区域，深圳、珠三角国家自主创新示范区先后获批，广州、深圳被确定为首批营商环境创新试点城市。

三、集聚大湾区人才资源

建设创新型大湾区，有利于壮大高素质人才群体。创新驱动的实质是人才驱动，人口总量、结构、人力资本积累、人才流动等因素都与城市发展和科技进步具有密切联系。谁拥有优秀人才实力，谁能够形成梯次合理的人才队伍，谁就能有强大的科技创新能力，就可以让实体经济发展保持"源头活水"的持续性竞争优势。2023 年《广东省政府工作报告》披露，全职在粤工作的两院院士达 135 人，广东全省研发人员数量达 130 万人。同时，大湾区拥有一流的双创生态链，已成为创新创业的热土。近年来，广东建设的科技企业孵化器、众创空间均超过千家，两类载体数量在全国居首位，2021 年全省孵化器培育毕业企业 4571 家、吸纳 42.35 万人就业。①

---

① 《广东科技企业孵化器达 1111 家，连续 6 年全国居首》，2022 年 8 月 30 日，见 https://mp.weixin.qq.com/s/DEDBKukaUP1Nv_VTa6urlg。

依托蓬勃发展的科技企业，大湾区有望吸引和培养一批新兴产业领域、跨学科前沿领域的高素质人才，形成经济高质量发展与扩大高质量就业的正向循环。

四、激发大湾区实体经济动能

建设创新型大湾区，有利于推动区域经济高质量发展。科技创新的落脚点，在于培育壮大经济新动能，在于中国式现代化经济体系建设，在于引领世界科技革命和产业变革潮流。目前，大湾区产业体系的技术密集、智力密集特征不断增强。其中，新一代信息技术、高端装备、生物医药、海洋经济等新兴产业发展迅速，光伏、风电、超高清显示、半导体照明、储能等已具备明显优势，消费电子、汽车产业中下游环节竞争力较强，能源化工、原材料产业加快低碳化转型。大湾区科技创新的重点，是要加快"硬科技"创新，推进技术改造、科技自立自强、科技重大基础设施、专利标准体系等方面建设，积极攀爬产业链高端和全球技术尖端，增强实体经济新动能。科技创新将成为大湾区供给侧结构性改革、新旧动能转换、区域经济发展的强劲动能。

五、发挥大湾区"互联网+""金融+"等产业赋能效应

建设创新型大湾区，要立足科技优势，发挥对实体经济的赋能作用。近年来，我国依托现有产业格局、科技进步及基础设施建设，积极利用"互联网+""金融+"等手段激发经济新的增长点。其中，在数字创新和互联网普及的基础上，工业互联网、柔性化定制、共享生产、电子商务的发展带来了制造、设计、营销等环节的改造，使工业生产的质量和效益得以提升。同时，依托金融大数据、信用模型等技术支持，金融机构能够更高效地识别和评价融资主体，更好地服务实体经济。从大湾区来看，一方面，大湾区企业正面临日趋激烈的市场竞争。尤其是新兴发展中国家凭借

低廉的劳动、土地成本所进行的存量竞争，导致大湾区企业面临降本增效的严峻压力。另一方面，大湾区在互联网、金融等方面走在全国前列。2021年广东数字经济规模达5.9万亿元，连续5年居全国首位;① 拥有华为、富士康、树根互联、腾讯4家国家级工业互联网平台，数量全国第一;② 香港、深圳、广州金融中心指数分列全球第4、第9、第25位（GFCI 32）。这意味着，大湾区更有必要积极利用互联网、物联网、大数据、金融科技等创新成果，推动产业数字化、网络化、智能化发展，为实体经济转型升级赋予强劲动能。截至2023年1月，广东省累计推动超2.5万家规上工业企业数字化转型，带动70万家中小企业"上云用云"。③

六、加快大湾区优质生活圈建设

建设创新型大湾区，有利于构建生态安全、环境优美、社会安定、文化繁荣的美丽大湾区。智慧城市建设依托于人工智能、通信网络等科技创新成果，涵盖智慧基础设施、智慧城市经济、智慧社会生活、智慧政务、绿色低碳等领域，统筹治理与服务、经济与社会、标准化与高度灵活等不同层面，重点提升人居环境、基本公共服务和市民幸福度，促进城市群发展壮大。尤其是信息网络、智慧交通、智慧能源等建设，既有利于提升居住品质，又有利于优化贸易物流条件。《粤港澳大湾区发展规划纲要》指出，要推进新型智慧城市试点示范和珠三角国家大数据综合试验区建设，加强粤港澳智慧城市合作，大力发展智慧交通、智慧能源、智慧市政、智慧社区，利用现代信息技术为大湾区居民带来学习、就业、创业、生活等

---

① 《发力数字赛道　共谋未来产业　广东数字经济呈加速发展势头　数字经济增长值规模连续5年居全国首位》，2022年7月9日，见http：//www.gd.gov.cn/gdywdt/bmdt/content/post_ 3965685. html。
② 《广东：国家级工业互联网平台的数量全国第一》，2021年3月22日，见http：// www.gd.gov.cn/gdywdt/gdyw/content/post_ 3246939. html。
③ 《广东形成8个超万亿产业集群　汽车产业首次实现超万亿元营业收入》，2023年1月6日，见http：//www.gd.gov.cn/hdjl/hygq/content/post_ 4076565. html。

领域的更多高品质公共服务，提高大湾区城市群生活便利水平和居民生活质量。

第二节　大湾区科技创新的五大特征

粤港澳大湾区是我国技术引进、自主创新、科研合作的重要窗口和平台。借助香港对外开放的渠道，大湾区积极对接海外技术、资本、人才等资源，建设高新技术产业项目，充实强化高校院所和企业的科研力量，科技事业实现从"跟跑"到"并跑"再到"领跑"的跨越式发展。

近年来，大湾区重点面向电子、机械、汽车等领域开展创新研发，形成科研成果与市场应用有效衔接，做强做大高新技术产业。2021年大湾区珠三角九市的高新技术企业达到5.7万家，其中约1/4集聚在国家级高新区。大湾区拥有独角兽企业51家，约占全国的1/6。全省约90%的科研机构、90%的科研人员、90%的研发经费、90%的发明专利申请都来源于企业。同时，大湾区坚持加大基础研究投入，提升原始创新、自主创新、前沿创新能力。2020年，大湾区珠三角九市PCT国际专利申请量2.8万件、发明专利授权量6.9万件，分别占全国的40.6%、15.7%。整体来看，大湾区"两廊"（广深港科技创新走廊、广珠澳科技创新走廊）、"两点"（深港河套创新极点、粤澳横琴创新极点）的创新发展框架体系初步成形，积极打造5G、集成电路、纳米、生物医药四大产业创新高地，加快布局一批高水平的创新平台载体。

目前，大湾区科技发展主要体现出五大特征。

一、大湾区创新投入强度居全国前列

大湾区研发投入规模和强度持续增长。2021年，珠三角九市全社会R&D经费达到3826.75亿元，规模高于30个省份；R&D经费投入强度

（R&D 经费占 GDP 比重）为 3.8%，在 31 个省份中仅低于北京、上海（见图 10-1）。从城市来看，2021 年深圳、东莞、惠州、广州的 R&D 经费投入强度超过 3%。《2022 全国城市创新能力百强榜》中，深圳、广州分列全国第三位、第十位。

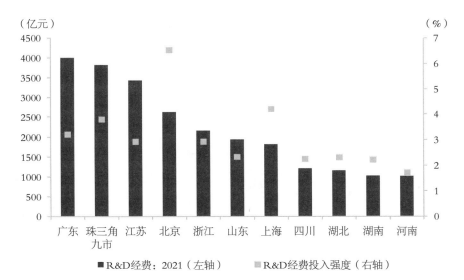

图 10-1　2021 年大湾区珠三角九市 R&D 经费与全国前 10 省份比较

资料来源：国家统计局、广东省统计局、粤开证券研究院。

　　基础研究投入力度加大，工业研发投入中电子制造业占据半壁江山。考虑到大湾区珠三角地区 R&D 经费占广东全省的 95.6%，以下使用广东省数据近似分析珠三角地区研发投入情况。2021 年，广东省 R&D 人员全时当量达到 88.5 万人年，财政科学技术支出达 982.76 亿元（科技经费公报口径），专利授权总量 87.2 万件。分类别来看，基础研究投入从 2017 年的 109 亿元增长到 2021 年的 270 亿元，比重从 2017 年的 4.7% 提高到 2021 年的 6.9%；应用研究、试验发展经费所占比重分别为 8.9%、84.2%。分行业来看，2021 年广东省规模以上工业企业 R&D 经费支出为 2902.18 亿元，其中电子、电气机械、汽车、专用设备、通用设备为前五大行业，分别占规模以上工业企业 R&D 经费支出的 48%、12%、6%、5%、4%（见图 10-2）。

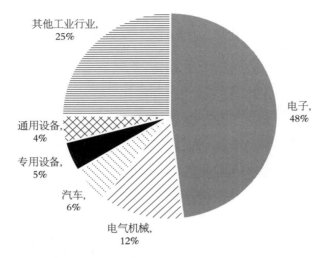

图 10-2　2021 年广东工业 R&D 投入行业结构

资料来源：广东省统计局、粤开证券研究院。

二、支撑产业、基建、卫生等重大战略需求

大湾区面向国家重大战略需求，形成一批科技创新成果及其应用示范。一是围绕重点产业链部署科技创新。近年来，科技部支持建设粤港澳大湾区国家技术创新中心（广州）、国家新型显示技术创新中心（广州）、国家第三代半导体技术创新中心（深圳），以及一批新型研发机构，聚焦新型产业技术突破（见表 10-1）。广东省围绕新一代信息技术、高端装备制造、绿色低碳、生物医药等实施省级重点领域研发计划，以科技力量支持产业发展及供应链自主可控。目前，大湾区超高清显示、手机、新能源汽车、无人机、工业机器人产业规模已稳居世界前列，粤芯半导体、因湃电池、库卡机器人等产业化项目助力提升产业链供应链韧性和安全水平，工业大数据、低碳工艺等则为传统产业智能化绿色化提供技术支持。同

时，跨国企业也将一些产业链中高端环节布局在大湾区，如蔡司光学在广州设立高端人工晶体产线，飞利浦部署深圳创新中心等。

二是以重大基础设施需求为导向开展科技成果应用。例如，港珠澳大桥作为世界最长的跨海大桥，实现了长大桥梁建设技术、沉管隧道设计施工成套技术、中国外海通道成套技术标准三大技术突破，尤其是沉管安装工程创下了全球最长、最大跨径、最大埋深和最大体量的四项第一，岛隧工程完成了 100 多项试验研究，创造了 500 多项技术专利。又如太平岭核电、珠三角水资源配置工程等项目，首次实现了新型核电技术、长距离高压输水盾构隧洞设计等若干最新成果的实际应用。中国电信广东公司的卫星大带宽应急通信技术，实现了 Ku 高通量卫星中继网与车载移动通信网的融合，有效提升了台风、洪涝、地震等场景下的应急通信保障能力。

三是积极组织新冠领域科研攻关。我国科技工作始终将民生与健康摆在突出位置。新冠疫情发生以来，广东共有 5 个新冠病毒疫苗取得临床试验批件，深圳康泰灭活疫苗、珠海丽珠 V—01 疫苗获紧急使用，1 个小分子化学药取得临床试验批件，19 个检测试剂获批，累计生产超 28 亿人份，为保障人民生命健康贡献了重要力量。

表 10-1　大湾区 9 个国家级高新区一览

名称	成立时间	主导行业	工业总产值（亿元）	工业总产值排名	R&D 经费支出（亿元）	高新企业数量（家）
广州高新区	1991 年	电子信息、生物医药、新材料	7691.8	4	579.7	3544
深圳高新区	1991 年	电子信息、光机电一体化、生物医药	13556.9	1	1470.5	4929
中山火炬高新区	1991 年	电子信息、生物医药、装备制造	1501.2	42	48.7	469

名称	成立时间	主导行业	工业总产值（亿元）	工业总产值排名	R&D 经费支出（亿元）	高新企业数量（家）
佛山高新区	1992 年	装备制造、智能家电、汽车零部件	4433.7	13	190.5	1854
惠州高新区	1992 年	移动互联网、平板显示、新能源	2264.5	33	85.3	505
珠海高新区	1992 年	电子信息、生物医药、光机电一体化技术	2354.8	29	153.8	1033
东莞松山湖高新区	2010 年	电子信息、生物技术、新能源	5071.7	8	221.1	360
肇庆高新区	2010 年	新材料、电子信息、装备制造	632.0	101	21.6	193
江门高新区	2010 年	机电、电子、化工	1259.6	55	44.8	548
合计			38766.2	／	2816.0	13435

注：工业总产值、R&D 经费支出、高新企业数量均为 2020 年数据；排名基于 2020 年 169 个国家级高新区工业总产值数据。

资料来源：科技部火炬中心、粤开证券研究院。

三、重大科技基础设施"从零到一""从一到多"

大湾区大科学装置群密集落地。东莞散裂中子源的建成，实现了大湾区国家重大科技基础设施"0"的突破。2018 年建成以来，注册用户已超过 3800 人，其中粤港澳大湾区用户占 25%以上，累计支持国内外用户约 700 项课题研究，涵盖航空航天、磁性、量子、能源、合金、高分子、信息材料等领域。继散裂中子源项目后，惠州强流重离子加速器和加速器驱动嬗变研究装置、江门中微子实验站、东莞南方光源项目等国家重大科技基础设施先后落地建设。依托这些项目，大湾区组建了松山湖材料实验室、先进能源实验室等高水平实验室，实现重大科技基础设施与实验室

"1+1>2"的合作共赢，打造物理、信息、材料等领域基础研究基地。"十四五"规划期间，大湾区正在布局建设人类细胞谱系、散裂中子源二期、鹏城云脑Ⅲ、先进阿秒激光设施、冷泉生态系统研究装置 5 个大科学装置，增量居全国首位。

四、粤港澳科教合作按下"加速键"

大湾区依托高水平实验室体系、高校合作办学及三大合作区平台，积极对接港澳科技创新资源。一是布局建设省实验室、国家重点实验室和粤港澳联合实验室等（见表 10-2）。粤港澳大湾区拥有 9 家省实验室、50 家国家重点实验室（含香港 16 家、澳门 4 家）、20 家粤港澳联合实验室、4 家"一带一路"联合实验室、约 400 家省级重点实验室以及粤港澳协同布局的国家应用数学中心、大湾区量子科学中心等创新平台，吸引了超过 1000 位港澳科学家共同参与建设，取得积极成效。例如，粤港澳联合实验室通过课题实施、学术交流、科技资源共享等方式，促进粤港澳三地科研人员深化合作，并通过举办高端学术论坛，推进三地政府人员、学者、知名企业家深入交流，打造粤港澳科研合作的重要平台。

表 10-2　大湾区二批 20 家粤港澳联合实验室一览

第一批粤港澳联合实验室	城市	第二批粤港澳联合实验室	城市
粤港澳光热电能源材料与器件联合实验室	深圳	粤港量子物质联合实验室	广州
粤港澳光电磁功能材料联合实验室	广州	粤港 RNA 医学联合实验室	广州
粤港澳离散制造智能化联合实验室	广州	粤港澳中医药与免疫疾病研究联合实验室	广州
粤港澳人机智能协同系统联合实验室	深圳	粤港澳污染物暴露与健康联合实验室	广州
粤港澳中子散射科学技术联合实验室	东莞	粤港大数据图像和通信应用联合实验室	深圳

第一批粤港澳联合实验室	城市	第二批粤港澳联合实验室	城市
粤港澳呼吸系统传染病联合实验室	广州	粤港澳智慧城市联合实验室	深圳
粤港慢性肾病免疫与遗传研究联合实验室	广州	粤港澳数据驱动下的流体力学与工程应用联合实验室	深圳
粤港新发传染病联合实验室	汕头	粤港澳商品物联网联合实验室	珠海
粤港澳环境污染过程与控制联合实验室	广州	粤港水安全保障联合实验室	珠海
粤港澳环境质量协同创新联合实验室	广州	粤港澳智能微纳光电技术联合实验室	佛山

资料来源：粤开证券研究院整理。

二是开展高水平研究型大学合作办学。内地与港澳已建成3所合办大学，分别为北京师范大学—香港浸会大学联合国际学院、香港中文大学（深圳）及香港科技大学（广州）（见表10-3）。"十四五"期间，广东计划新建3—5所粤港澳合作办学机构，新设3—5所不具法人性质的合作办学机构和联合研究院①，香港城市大学、香港都会大学、香港理工大学、香港大学、澳门科技大学、澳门城市大学等高校有望加快推进在粤办学。此外，2013年澳门大学在珠海横琴的新校区启用后，已建立一批联合实验室、产学研示范基地等创新载体，有效推动了澳门与内地的产学研合作。

表 10-3 港澳高校在内地合作办学情况

城市	学校	进度	城市	学校	进度
广州	香港科技大学（广州）	已招生	珠海	北京师范大学—香港浸会大学联合国际学院	已招生

---

① 《3所内地与港澳合办大学均落户广东》，2022年9月21日，见http://www.gd.gov.cn/gdywdt/zwzt/ygadwq/zdgz/content/post_4016164.html。

城市	学校	进度	城市	学校	进度
深圳	香港中文大学（深圳）	已招生	东莞	香港城市大学（东莞）	建设中
深圳	香港大学（深圳）	筹建中	佛山	香港理工大学（佛山）	筹建中
珠海	澳门科技大学珠海校区	建设中	肇庆	香港都会大学（肇庆）	筹建中

资料来源：粤开证券研究院整理。

三是建设横琴、前海、南沙等科技创新合作平台。《横琴方案》《前海方案》《南沙方案》的印发，标志着粤港澳科技合作进入了新的阶段。例如，横琴作为与澳门一体化发展的区域，涵盖建设科技基础设施、产学研示范基地、技术创新与转化中心、人工智能协同创新生态、中医药科技产业园等方面，前海主要是加快科技发展体制机制改革创新，南沙则明确了"科技创新产业合作基地"的定位，高水平建设南沙科学城，培育发展智能网联汽车、机器人、数字信息、海洋等高新技术产业。针对三大合作平台，国家先后出台了"鼓励类产业企业所得税减按 15% 税率征收""横琴合作区境内外高端紧缺人才的个人所得税负超 15% 部分予以免征"等税收优惠政策。此外，香港政府积极推进港深创新及科技园的建设，与深圳科创园一同打造河套深港科技创新合作区，为大湾区高校院所提供优惠、充足的科研、科技成果转化空间及公共科研装置、公共技术服务平台、中试基地等设施，香港科学园深圳分园已于 2023 年 1 月竣工。

四是大湾区创新协作日益紧密。例如，中央财政科研经费跨境直接拨付至港澳，支持港澳国家重点实验室建设，国家重点研发计划 17 个基础前沿类专项、自然科学基金优秀青年科学基金向港澳开放。2020 年香港工商机构对大湾区的研发开支总额达 8.74 亿港元，与大湾区单位有协作的香港企业占比超过 1/4，且呈上升态势。此外，广东已有 19 家医疗机构获批执行"港澳药械通"政策，可使用临床急需、已在港澳上市的药品，以及临床急需、港澳公立医院已采购使用、具有临床应用先进性的医疗器械，实现了粤港澳药品医疗器械的应用创新和监管创新。

五、大湾区科技与金融形成联动

大湾区具有科技高地与金融中心的双重优势，推动科技金融与金融科技蓬勃发展。一是科技金融，体现为风投、创投等金融模式对科技创新及产业化的支持。例如，广州宣布成立 1500 亿元广州产业投资母基金和 500 亿元广州创新投资母基金，计划设立 6000 亿元的产业子基金集群和 2000 亿元的创投子基金集群，目标分别对准大中型成熟项目和"投早、投小、投科技、投创新"，打通从科技成果转化、种子、天使、创投到产业化的整个链条。风险投资方面，广东已拥有 3000 多家风投机构、管理基金规模约 2 万亿元，尤其是深圳起步较早，积极打造香蜜湖国际风投创投街区、前海深港国际风投创投集聚区。目前香蜜湖街区已有达晨财智、东方富海、天图资本等清科排名前 50 强风投创投机构签约入驻，前海则发布了支持深港风投创投联动发展的"十八条"措施，拓宽前海风投创投机构与香港有限合伙基金（LPF）、前海外商投资股权投资企业（QFLP）的合作渠道。香港数码港和科技园公司分别成立数码港投资创业基金和科技企业投资基金，截至 2022 年年底，已吸引了超过 74 亿港元私人投资，壮大约 50 家科技初创企业。资本市场方面，广东实施科技企业"全链条培育计划"，支持科技企业股改和上市，加快广东区域性股权市场"专精特新专板""科技创新专板"建设。从知识产权融资来看，广东累计获批 43 个知识产权证券化产品，发行产品规模 75 亿元（截至 2023 年 1 月），其中深交所设计并发行以小额贷款债权为基础资产、知识产权作质押、将多家企业债权打包入池的 ABS 产品，通过提升债务人的分散度来降低企业融资成本，佛山则首创"省、市、区、镇"四级财政共建的知识产权质押融资风险补偿资金池，发布全国地级市首单知识产权证券化产品。

二是金融科技，聚焦从技术、应用、标准等层面提升金融服务能力及监管水平。深圳和香港是大湾区金融科技的代表性城市，已走在全国前列。深圳拥有平安集团、招商金科、金腾科技、百行征信、央行数字货币研究院等金融科技企业及基础设施。中央结算公司的金融科技创新中心成为深圳首家国家级金融科技基础设施平台，金融壹账通等 23 家企业入选毕马威 2021 中国金融科技"双 50"榜单。深圳是首批数字人民币试点城市，并完成了全国首笔数字人民币跨境消费。深圳先后获批金融科技应用试点、金融科技创新监管试点、资本市场金融科技创新试点，开发了地方金融风险监测预警系统、大数据市场监察系统等，深入推进基于金融科技的监管创新。香港金融科技生态系统快速发展，拥有超过 600 家金融科技公司。香港已提出设立虚拟资产行业愿景、监管及试验计划，探索发行非同质化代币（NFT）、绿色债券代币化及数码港元。香港金融管理局"金融科技 2025"策略则涵盖了银行数字化、央行数字货币等内容，积极打造亚太地区金融科技的重要中心。另外，粤港澳金融科技合作初具成效。例如，中国人民银行和香港金融管理局已签署《关于在粤港澳大湾区开展金融科技创新监管合作的谅解备忘录》，将中国人民银行金融科技创新监管工具与香港金融管理局金融科技监管沙盒联网对接；深圳、香港、澳门金融监管部门于 2019 年启动"深港澳金融科技师"专才计划，建立了集培训、考试、认定于一体的金融科技人才培养机制。

第三节　大湾区科技创新的不足

粤港澳大湾区科技创新能力虽已达到国内领先，但与全球科技创新前列的城市群相比，还存在不小差距。当前正是新一轮科技革命同我国转变发展方式的历史性交汇期，是我国从"世界工厂"走向全球科技前沿，进而实现中国式现代化和第二个百年奋斗目标的重要机遇。必须打造强大的科技创新力量，为经济社会高质量发展提供支持。大湾区作为区域重大战略的载体之一，不仅要以全面创新来支撑区域经济发展，更要承担起引领、驱动、托举我国科技创新的重要责任。认清大湾区科技创新的薄弱之处，坚持问题导向有的放矢，是创新型大湾区建设的要义。当前大湾区主要存在四项短板。

一、原始创新、前沿创新能力不足

前瞻性基础研究和重大原始创新成果是一个国家、一个城市群的创新能力赖以自立的基点。目前，原始创新能力成果不足、基础研究投入偏低仍是大湾区科技创新存在的突出问题。以生物医药为例，当前国内已拥有几家发展较快的仿制药①企业，原创药研发能力则在逐步提升，而大湾区在这个经济价值高、指标意义强的领域可谓刚刚入局。我国很多重要专利药物市场绝大多数被国外公司占据，高端医疗装备主要依赖进口。除生物医药以外，新材料、新能源、海洋产业等同样是大湾区应深入打磨原始创新能力的重要领域。

二、关键核心技术受制于人，重点产业"断供""断链"风险上升

新冠疫情期间，汽车制造业成为受影响最严重的产业之一。尤其是汽车芯片的全球供应链紊乱，导致全球汽车产业2021年、2022年分别减产1056万辆、438万辆（AutoForecast Solutions咨询公司数据）。大湾区汽车产业并未独善其身，广汽、东风日产等整车企业均面临供货难题。究其原

---

① 根据国家药监局的定义：专利药，指在全球最先提出申请，并获得专利保护的药品，一般有20年的保护期，其他企业不得仿制；原研药，指过了专利期的、由原生产商生产的药品；仿制药，指专利药过了保护期、其他企业均可仿制的药品。

因，大湾区车企中高端芯片仍仰赖海外供应。近年来，广东提出打造中国集成电路第三极，推动粤芯、华润微、增芯等项目加快建设，但考虑到大湾区尚不具备芯片领域关键设备、材料、工艺等环节的核心技术实力，在国际不稳定形势的影响下存在"断供""断链"风险。

三、科技体制机制不适应新的形势，不利于一流人才的引进培养

目前，我国科技管理体制还不能完全适应当今时代和我国现实国情的需要。例如，一些落后的经费管理、人才评价制度没有彻底淘汰，重大科技咨询和决策制度不够科学化，科技创新政策与经济、产业政策的统筹衔接不够，鼓励创新、包容创新的社会环境不够完善，人才激励制度不完善，高校人才培养与业界需求不匹配等。不恰当的科技管理体制，尤其是片面强调论文和专利、职称、学历、资金的人才评价体制，对一流创新人才、一流科学家的引进培养不利，而成果转化和收益分配制度不够完善，则有可能导致许多科研成果被束之高阁。

四、金融支持创新作用未充分发挥

我国金融体系一直以来以间接融资为主，通常占到 80% 以上。对于初创期科创企业而言，风险高、抵押品少等特征与银行信贷准入标准存在较大差异，股权融资往往较信贷融资更为有利。风投创投方面，国内风投机构大多缺乏健全的考核体系、完善的退出渠道、专业的管理团队等，虽然大湾区已涌现出深创投、深圳高新投等业绩卓著的国资风投机构，但撬动规模更大的社会资本仍面临一定困难。科技金融方面，知识产权融资虽取得相当成效，但评估变现难、不良风险控制难、监督考核机制不合理等带来了一定的制约。

第四节　大湾区科技创新发展的建议

《粤港澳大湾区发展规划纲要》将建设国际科技创新中心作为大湾区建设的首要任务，这既是党中央国务院赋予大湾区的时代使命，也是大湾区城市合作的重要前沿阵地。展望未来，深化科技领域体制改革、激发各类创新主体创新资源的活力、发挥各城市的独特创新优势将是构建大湾区协同创新生态的非常重要的内容。2021 年，国家发展改革委发文推广深圳经济特区创新举措和经验做法（47 条"深圳经验"），其中"'基础研究+技术攻关+成果产业化+科技金融+人才支撑'全过程创新生态链"居于首位。在大湾区范围内推广"全过程创新生态链"改革创新举措，将有助于大湾区科技创新能力实现新的飞跃，打造科创城市群和活力大湾区。

从基础研究来看，大湾区要加快布局高水平实验室和重大科技基础设施体系，保障基础研究投入。推进大湾区综合性国家科学中心、国家技术创新中心及鹏城实验室、广州实验室等高水平实验室建设，新建一批粤港澳联合实验室。依托散裂中子源、人类细胞谱系、冷泉生态系统等重大科技基础设施，实施一批大科学计划、大科学工程，加快在高能物理、生物医药、海洋科学等国际科学前沿领域抢占制高点。争取国家在大湾区布局环境、能源、光电等领域新的重大科技基础设施。深入实施基础与应用基础研究十年"卓粤"计划，确保一定比重的财政资金投向基础研究，加大对基础研究领域重大设施、重点机构、重点人才、重点学科的支持，持续鼓励企业、金融机构、社会等多渠道基础研究投入，形成基础研究长期持续稳定投入机制。对创新平台建设提供土地、设备采购、人才引进等方面的系统配套支持。

从技术攻关来看，组织高校院所和企业开展关键领域协同攻关，发挥新型举国体制优势。围绕信息技术、生物医药、新能源新材料等关键领域和集成电路、信息通信、新型显示、动力电池等重点方向，组建高校院所、链主企业、有实力的科技型企业等多主体协同的创新联合体，实施新一轮广东省重点领域研发计划，积极争取国家重大科技专项、科技创新应急专项等项目。完善新型举国体制配套保障，加强顶层统筹协调能力，建设高效协同、权责明晰的科研管理机制，加强对"卡脖子"和突发事件的应对能力。此外，在大湾区具有优势的领域，加快建设印刷及柔性显示、5G 中高频器件、超高清视频等国家级创新中心。

从成果产业化来看，强化粤港澳成果转化协同，深化科技成果转化制度改革。推进大湾区高校成果转化和技术转移中心建设，积极探索"港澳高校、港澳科研成果—珠三角转化"的科技产业协同发展模式。对接《香港创新科技发展蓝图》，发挥香港在微电子、生命健康等领域科技优势，促进技术转移和研发成果实践，孵化一批独角兽企业，支持香港"再工业化"。支持粤港澳联合举办高水平学术会议、产业创新论坛等活动，构建具有国际影响力的科技创新合作平台。利用港澳作为引入境外高端创新资源、科技服务资源的窗口，将横琴合作区、南沙合作区、河套深港科技创新合作区等打造为大湾区科技成果转化基地。此外，落实科技成果转化机制改革措施，支持科技成果权利人依法行使自主处置权、收益分配权及定价权，简化相关国有资产评估要求。

从科技金融来看，统筹利用金融机构、资本市场、公共财政、社会资本等支持科技创新发展。把握当前我国金融监管改革的重要时机，进一步推动银行信贷考评机制加强科创导向、小微导向，有效降低科技企业综合融资成本，支持科技融资担保、科技融资租赁等创新业务发展，健全知识产权质押融资、担保增信、资产证券化等机制。支持深交所、港交所、广期所建设完善创新支持市场体系，继续实施广东科技企业"全链条培育计划"以及深圳"星耀鹏城"、广州"领头羊"、东莞"鲲鹏计划"、佛山"添翼行动"等政策举措，助力大湾区科技型上市企业扩容提质。发挥好大湾区政府引导基金的引领作用，支持各市及所属区县的政府引导基金设立产业子基金，重视撬动社会资本，培育发展"投早、投小、投科技"的风投创投产业集群。在深港"十八条"基础上，完善大湾区风投创投机构"募投管退"全流程全生命周期扶持政策，支持科技金融机构跨境联动，打造全球创新资本顶级载体。

从人才支撑来看，积极探索新型引才、用才、留才模式。深入实施战略人才锻造、人才培养强基、人才引进提质、人才体制改革、人才生态优化"五大工程"，设立"高精尖缺"人才清单，携手港澳链接全球高端创新人才，探索"居住在港澳、工作在广东""居住在广东、工作在湾区"等多样化引才用才模式。建设一批世界一流研究型大学，加快港澳高校内地合作办学项目建设，扩大现有高校的科学、工程、数学等学科规模，引进知名教授、工程师及其团队，提升高水平科技人才的培养能力，并尽快扭转大湾区高校"硬科技"实力不足的现状。加强对海内外年轻科研人才、科研学者的资助，争取国家"优青""杰青"项目扩大对大湾区（含港澳）的资助名额。面向科技人才的安居需求，实施人才住宅项目，出台和落实房地产相关税费优惠政策，提升大湾区引进人才归属感。

第十一章
大湾区公共服务：构建宜居宜业宜游的优质生活圈

粤港澳大湾区要实现更大发展，为构建新发展格局作出重要贡献，便要实现人才要素的自由流动，而这在很大程度上要依托于公共服务的融合发展。公共服务若差距太大，将严重阻碍人才的双向自由流动，产生市场分割。

当前，粤港澳大湾区公共服务的财政支出总量大、增速快，但较高的常住人口规模对大湾区公共服务的需求在快速攀升，与低于长三角和京津冀的教育、卫生健康等领域公共服务水平产生矛盾。同时，港澳与珠三角之间、珠三角内部间的公共服务水平分化，也在一定程度增加了人才要素流动的时间成本、金钱成本和心理成本。

展望未来，粤港澳大湾区公共服务融合发展涉及一系列体制机制的改革与协调，需以加强基本公共服务供给能力、优化体制规则对接、改善交通基础设施、提高普惠性非基本公共服务水平四大目标为抓手，以政府托底、市场改善的形式推动粤港澳大湾区公共服务融合共享、促进人才流动，构建宜居宜业宜游的优质生活圈。

第一节　大湾区公共服务融合发展的意义

公共服务关乎民生，连接民心。党的十八届三中全会提出："政府的职责和作用主要是保持宏观经济稳定，加强和优化公共服务，保障公平竞争，加强市场监管，维护市场秩序，推动可持续发展，促进共同富裕，弥补市场失灵。"[①] 公共服务作为政府的重要职能之一，为人民"幼有所育、学有所教、劳有所得、病有所医、老有所养、住有所居、弱有所扶"提供坚实基础。

据《"十四五"公共服务规划》，公共服务包括基本公共服务、普惠性非基本公共服务两大类。从服务供给的权责分类来看，基本公共服务是保障全体人民生存和发展基本需要、与经济社会发展水平相适应的公共服务，由政府承担保障供给数量和质量的主要责任，引导市场主体和公益性社会机构补充供给。普惠性非基本公共服务是为满足公民更高层次需求、保障社会整体福利水平所必需、但市场自发供给不足的公共服务，政府通过支持公益性社会机构或市场主体，增加服务供给，提升服务质量，推动重点领域非基本公共服务普惠化发展，实现大多数公民以可承受价格付费享有。

共同富裕与新发展格局是"十四五"期间乃至更长时期的关键词，其中，提高公共服务供给水平、推动不同城市公共服务协同发展、促进人才要素流动是推进共同富裕的重要内容。当前，中国经济中长期发展的逻辑正经历五大变化：从效率到公平、从先富到共富、从速度到安全、从侧重资本到保护劳动、从房地产繁荣到科技和制造强国。其中，从效率到公平、从先富到共富是最重要的两个变化，是针对我国贫富分化现状最迫

---

① 中共中央文献研究室编：《十八大以来重要文献选编》上，中央文献出版社 2014 年版，第 514 页。

切、最直接的要求。提高基本公共服务供给水平是促进社会公平正义、扎实推进共同富裕的应有之义，也是促进人才要素流动、形成强大国内市场、构建新发展格局的重要内容，对增强人民群众获得感、幸福感、安全感，促进人的全面发展和社会全面进步，具有十分重要的意义。在此背景下，市场化和开放程度高的粤港澳大湾区需要更多作为，也可以发挥出更大作为。

大湾区公共服务融合协同发展，第一，有助于丰富区域经济一体化内涵，推动粤港澳大湾区开放城市群一体化的制度创新。2019 年《粤港澳大湾区发展规划纲要》不仅涉及经济层面的贸易与投资一体化，还涉及人员跨境流动、城市间的公共服务合作等制度层面的合作推进，丰富了区域经济一体化的内容。

近年来，在各地方政府不断深化合作、共谋发展的基础上，粤港澳大湾区在提高公共服务供给水平方面取得一定成果。同时，在"一国两制"背景下，三地的财政体制和经济发展水平有较大差异。讨论大湾区内部公共服务供给水平时，不能单纯地以公共服务平均发展为目标，而要更多地突出融合发展、协同发展。党的十八届三中全会指出，要"紧紧围绕更好保障和改善民生、促进社会公平正义深化社会体制改革，改革收入分配制度，促进共同富裕，推进社会领域制度创新，推进基本公共服务均等化"[①]。地方政府受到不同的经济发展水平和财政能力的影响，产生了不同的公共服务供给水平，在同一财政体制下，可以通过财政转移支付等手段实现基本公共服务均等化。但大湾区"一国两制"缺乏统一的财政体制、社保机制，在推动湾区内部公共服务协同发展时，不仅难以像内地其他的城市群通过转移支付解决基本公共服务不均衡的问题，还存在体制机制对接、跨境数据信息平台互联互通等问题。讨论大湾区公共服务发展，

---

① 《中国共产党第十八届中央委员会第三次全体会议文件汇编》，人民出版社 2013 年版，第 5 页。

应更多从公共服务体制融合、公共服务供给水平协同的角度出发，丰富大湾区公共服务发展的内涵。

第二，有助于促进大湾区人才要素流动，有利于社会资源的合理配置，助力构建新发展格局。一方面，通过加强基础设施建设等公共服务，可畅通对外联系通道，提升内部联通水平，推动形成布局合理、功能完善、衔接顺畅、运作高效的基础设施网络，为粤港澳大湾区经济社会发展提供有力支撑；另一方面，通过拓展粤港澳大湾区在教育、文化、社会保障等领域的合作，完善区域公共就业服务体系，有助于加速大湾区内部人员流动与融合，为人才跨地区、跨行业、跨体制流动提供便利条件，充分激发人才活力。

第三，有助于缓解城乡以及地区间发展不均衡。当前粤港澳大湾区内部发展差距较大，深圳、广州、香港处于大湾区的绝对领先地位。2022年深圳、广州、香港 GDP 合计占大湾区 GDP 总量的比重达 65.6%。从人均 GDP 来看，2022 年大湾区 11 城均达到世界银行划定的中等偏上收入水平，但各城市间仍不均衡，分化为三个梯队。据世界银行划分标准，第一梯队香港、澳门人均 GDP 遥遥领先；第二梯队深圳、珠海、广州、佛山、东莞、惠州均达到高收入水平；第三梯队中山、江门、肇庆为中等偏上收入水平。经济发展阶段不同导致各地对公共教育、公共医疗和社会保障等基本公共服务供给水平存在差异，在一定程度上拉大了各收入阶层的贫富差距。推进大湾区内部公共服务融合发展有助于改变内部收入分配不均衡的状态，调节城乡、区域差距较大的问题，促进社会稳定与和谐。

第二节　大湾区公共服务的发展现状

推动大湾区人才要素流动，是打造粤港澳大湾区区域战略增长极的重要条件之一，也是助力构建新发展格局的重要推动力。城市化、工业化带动下的人口流动，背后的力量是人民对美好生活的追求，因此公共服务供给水平在畅通人才要素流动中的作用显得尤其突出。

考虑到数据可得性和可比性，基于《中国城市统计年鉴 2021》《香港统计年刊（2021 年版）》《澳门统计年鉴 2021》和 2020—2021 年各地市财政决算及统计公报等数据，选取基础教育、卫生健康、社会保障与就业、科技文化服务四个方面的指标构建衡量基本公共服务的评价体系。其中，基础教育、卫生健康、社会保障与就业反映政府公共服务对民众的基本保障，科技文化服务反映公共服务的发展理念与进步性。值得注意的是，由于粤港澳大湾区的"一国两制"特殊背景，港澳与珠三角内地城市的公共服务并不在相同的衡量指标体系中，而是存在一定的差异性，因此在选取公共服务指标体系的过程中主要考虑指标的同一性问题，侧重考虑指标所反映的实质内容，允许存在对结果不会有较大影响的偏差，解决差异性问题。

总体来看，当前粤港澳大湾区公共服务的财政支出总量大、增速快，但较高的常住人口规模和较年轻的人口结构，使得大湾区对教育的需求快速攀升，同时部分地市由于早期通过招商引资、扩大基建投资等大力发展经济，在有限财力和年轻化人口结构的背景下，选择部分弱化卫生健康等公共服务的提供，需求上升、供给有限，最终导致大湾区人均教育和人均卫生健康公共服务水平低于长三角和京津冀。2020 年大湾区 11 城的小学、中学师生比分别为 12.8 和 18.4，公共服务水平在三大城市群中排名垫底。同时，大湾区每千人拥有医疗机构床位数和职业医师数分别为 3.81 张和 2.67 人，远低于京津冀和长三角中心区平均水平。但是，粤港澳在科技文化领域公共服务相对领先，反映了粤港澳大湾区打造国际科技创新中心重要战略地位的目标与决心。

从财政支出来看，2021 年粤港澳大湾区 11 城在教育、卫生健康、社会保障与就业、科技四大公共服务领域的平均财政支出达 819.7 亿元，剔

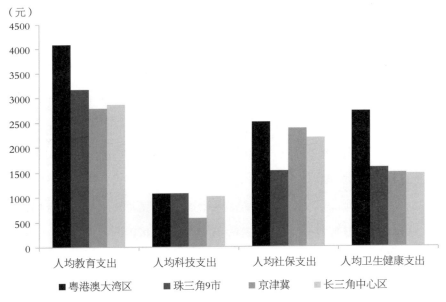

除香港和澳门数据后，珠三角 9 市仍达 643.2 亿元，高于京津冀（600.5 亿元）和长三角中心城市群（491.1 亿元）。考虑常住人口因素后，大湾区在教育、卫生健康和科技领域的人均公共财政支出仍远超京津冀和长三角中心区，仅珠三角 9 市的教育、卫生健康和科技领域的人均公共财政支出就分别达 3168 元、1593 元和 1075 元（见图 11-1）。值得注意的是，大湾区人均社保支出规模和占比均明显偏低（见图 11-2），主要原因在于大湾区加大人才引进力度，人口结构相对年轻。以 65 岁及以上人口占常住人口比重衡量老龄化率，2020 年粤港澳大湾区 11 城老龄化率仅为 7.7%，远低于京津冀（13.9%）和长三角中心区（15.1%）。

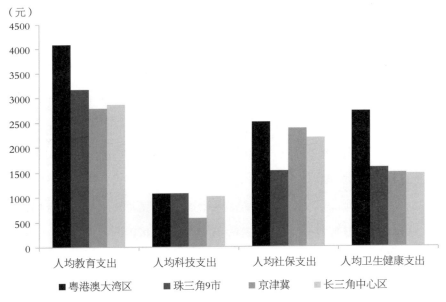

图 11-1　2021 年主要城市群人均一般公共预算支出结构

注：据 2019 年《长江三角洲区域一体化发展规划纲要》，以上海市，江苏省南京、无锡、常州、苏州、南通、扬州、镇江、盐城、泰州，浙江省杭州、宁波、温州、湖州、嘉兴、绍兴、金华、舟山、台州，安徽省合肥、芜湖、马鞍山、铜陵、安庆、滁州、池州、宣城 27 个城市为中心区，下同。

资料来源：2021 年各省份财政决算报告、《香港统计年刊（2022 年版）》、《澳门统计年鉴2021》、粤开证券研究院。

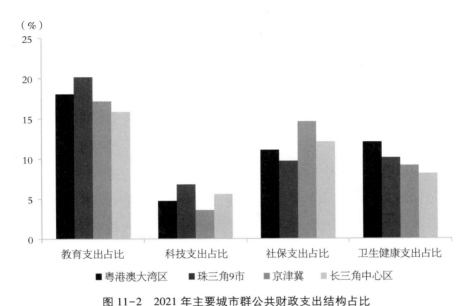

图 11-2　2021 年主要城市群公共财政支出结构占比

资料来源：2021 年各省份财政决算报告、《香港统计年刊（2022 年版）》《澳门统计年鉴 2021》、粤开证券研究院。

　　从粤港澳大湾区内部来看，当前港澳与珠三角之间、珠三角内部间的公共服务水平分化，增加了人才要素流动的时间成本、金钱成本和心理成本。

　　一是港澳作为沟通内地与海外的"桥梁"，经济发展水平较高，带动其整体公共服务水平领先于珠三角 9 市。2021 年香港、澳门人均财政支出分别达到 8.8 万元和 10.5 万元，分别是珠三角 9 市中最后一名东莞的 10.5 倍和 12.6 倍。较高的人均财政支出保障了港澳提供基本公共服务的能力，以中国香港为例，2020 年香港小学、中学师生比分别为 13.0 和 11.2，即每位小学、中学教师对应负责教学 13 名小学生和 11.2 名中学生，教师精力集中程度远高于珠三角平均水平的 18.8 和 13.1。医疗卫生方面，香港每千人床位数达到 4.2 张，同样与珠三角 9 市拉开差距。

二是珠三角内部进一步分化，主要体现在卫生健康和科技领域。分地市来看，广州在卫生健康、教育领域公共服务水平相对领先，深圳在科技领域相对突出（见图11-3至图11-6）。2020年广州每千人拥有的医疗机构床位数为4.97张，小学、中学师生比分别为18.0和11.9，均位居珠三角地区前列。中山、东莞、肇庆、惠州等地公共服务水平相对落后。深圳作为"创新之都"，在科技领域财政支出占比达到8.1%，同时每百人公共图书馆藏书量达到279本，居珠三角地区首位。

值得注意的是，深圳作为一线城市，2021年在教育、卫生健康领域的人均财政支出均居珠三角9市第一位，分别为5455元和2890元，但深圳2020年中学师生比和每千人医疗机构床位数仅为12.5张和3.3张，不仅低于北、上、广、杭等其他一线或新一线城市，还低于珠三角部分城市。深圳教育、医疗资源的相对紧张，一方面，源于深圳人口净流入多、人口密度高，对教育、卫生健康的需求量大。2020年深圳常住人口达1763万人，但市辖区面积不到2000平方公里，人口密度居全国第一位。同时，深圳年轻的人口结构使得其出生率常年居全国第一位，对教育资源的需求进一步提升。2020年深圳65岁以上人口占比仅为3.2%，是粤港澳大湾区、长三角、京津冀中人口结构最为年轻的城市。另一方面，深圳城区土地面积较少，可供建设的教育和医疗卫生设施用地受限。此外，从公共服务的质量来看，深圳作为较为年轻的城市，公共服务建设投入高但起步晚，在教育、卫生健康领域的服务数量和质量仍有待加强。截至2020年年末，广州集中了珠三角城市群仅有的4所211高校，同时三甲医院数达38家，深圳仅18家，尽管2021年增至23家，仍与广州存在较大差距。

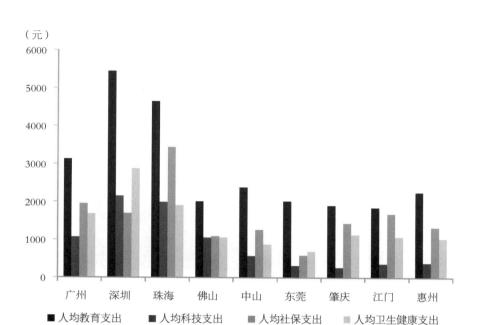

图 11-3　2021 年珠三角 9 市公共服务财政支出情况

资料来源：2021 年珠三角 9 市财政决算报告、粤开证券研究院。

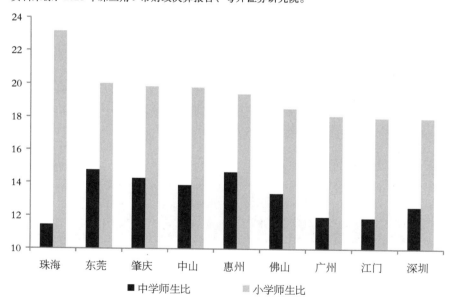

图 11-4　2020 年珠三角 9 市教育领域基本公共服务水平比较

资料来源：《中国城市年鉴 2021》、粤开证券研究院。

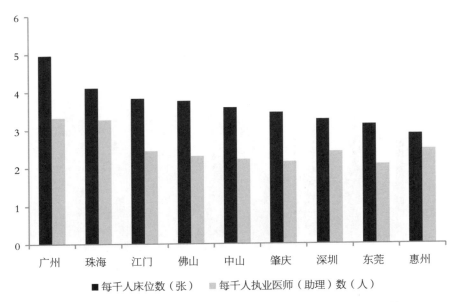

图 11-5　2020 年珠三角 9 市卫生健康领域基本公共服务水平比较

资料来源：《中国城市年鉴 2021》、粤开证券研究院。

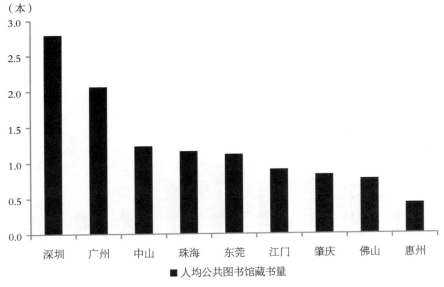

图 11-6　2020 年珠三角 9 市文化领域基本公共服务水平比较

资料来源：《中国城市年鉴 2021》、粤开证券研究院。

第三节 大湾区基本公共服务存在的问题

当前粤港澳大湾区提高基本公共服务水平，仍面临规则"软约束"、联通"硬约束"、省以下财政体制机制改革等三大挑战。

第一，港澳与内地之间仍存在因体制不同导致的规则、机制、标准分化，制度设计和体制运行等"软约束"仍是高技术、高学历人才流动需要考量的问题之一，需进一步加快衔接机制规则的互联互通。据 2019 年中国香港统计处公布的统计调查数据①，约 14% 的受访居民指出，如果珠三角地区能够提供与香港类似的医疗服务或者香港与珠三角地区的社保福利能够实现共享，其流动到珠三角地区工作生活的意愿将提高（见图 11-7）。近年来粤港澳大湾区加快信息互通、资质互认、资源共享，在推动社保规则衔接、职业资格互认、就业创业扶持、教育交往交流等领域均作出创新突破，但当前港澳与内地之间的体制机制融合仍面临两大问题。

一方面，港澳居民社会保障措施的跨境可携性有待进一步提高。近年来，广东通过实施"社保通"工程、推进社保经办服务跨境协作、健全多层次社会保障体系等多方面举措，帮助港澳人员在粤参保，确保港澳居民在粤享受基本公共服务领域的市民待遇。截至 2021 年 10 月，港澳居民在内地参加基本养老保险达 16 万人，参加工伤保险超 8 万人，参加失业保险超 7 万人。但由于三地在社保制度上有显著差异，因人口流动而带来的公共服务社会权益保障的连贯性和可携性仍较为突出。以养老保险为例，劳动者如果在港澳缴纳一定年份的养老保险，跨境到广东就业后，其在港澳累积的年资不予计算。而根据现行规定，如果要在广东领取养老保险，则必须缴足 15 年才能享受相应待遇。对于跨境就

---

① 香港特区政府统计处：《主题性住户统计调查第 71 号报告书》，2020 年 6 月，见 https：//www. statistics. gov. hk/pub/B11302712020XXXXB0100. pdf。

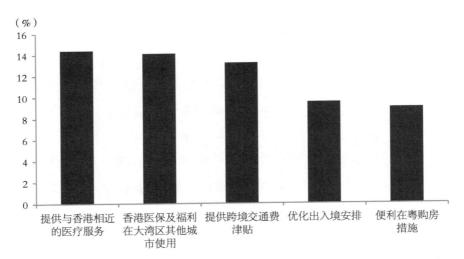

图 11-7　受访者对"提高前往粤港澳大湾区其他城市居住意愿的举措"的认可度
资料来源：香港特区政府统计处、粤开证券研究院。

业劳动者来说，损失了其在港澳累积的养老保险缴纳年份累计。由于社保保险给付取决于长期积累的效果，其可携性事关养老、医疗权益的维护，影响人才流动。

　　另一方面，对药品与医疗器械认证、专业人才跨境执业等标准对接与资格互认还需进一步扩大。三地不同的体制、相互独立的关税区等复杂制度环境，导致内地与港澳地区在药品与医疗器械的研发、生产、流通、使用，专业人才跨境执业等标准方面的协同发展仍面临较多困难。2021 年，响应《粤港澳大湾区药品医疗器械监管创新发展工作方案》号召，"港澳药械通"试点医院从香港大学深圳医院扩增至位于广州、深圳、珠海、中山的 5 家内地指定医疗机构，2023 年第二批指定医疗机构名单新增 14 家医疗机构。但除了少数试点医院中允许使用少数药械产品外，目前港澳本土研发、生产或已获准进口上市的药品、医疗器械，仍应根据国家药品监督管理局的要求进行注册或备案，仍无法在珠三角地区大范围流通使用。直接影响就业的职业资质方面，《关于推进粤港澳大湾区职称评价和职业资格认可的实施方案》《深圳市推进高度便利化的境外专业人才执业制度的实施方案》等正持续推动金融、税务、建筑、规划及文化旅游、医疗卫生、律师、会计、海事、安全生产、教育等 11 个领域境外人才执业便利，但覆盖职业及执业地区有待进一步扩充推广。

第二，大湾区基础设施互联互通水平等"硬约束"有待进一步提升。一方面，大湾区东岸和西岸（跨珠江口）之间通道能力较弱，大湾区在核心城市直连直通领域有待进一步加强。近年来大湾区交通互联互通全面推进，截至 2021 年年底，粤港澳大湾区高速公路通车里程已达 4972 公里，路网密度达 9.1 公里/百平方公里，在国内外主要城市群中位居前列。但香港—深圳、广州—佛山、澳门—珠海三极交通直连直通仍有待加强。当前，广佛一极已分别通过广深港高铁、广珠城际铁路实现与港深、珠澳两极的直连直通，但港深一极与珠澳一极之间互联互通较弱，尚无铁路直连通道。珠江口东西岸跨海通道仍处于建设初步阶段：除港珠澳大桥已通车、深中通道预计在 2024 年 6 月通车外，在建或规划中的深茂铁路、深珠通道等，距离建成通车仍需一定时间，伶仃洋通道还处于规划阶段，跨珠江口通道尤其是轨道交通通道仍然不足，同时通行费用也相对较高。尽管已开通高铁线路、客运码头等，深圳到江门、中山、珠海的大部分地区仍需要 2—3 个小时，导致人流、物流均受到限制。另一方面，港珠澳大桥的巨大潜力尚未得到有效发挥。2018 年，港珠澳大桥开通，珠海、澳门经陆路前往香港的平均时间从 3 小时缩短为半小时，成为助力粤港澳大湾区打造国际一流湾区和世界级城市群的重要突破。但由于配套基础设施、通行管理政策等方面限制，当前大桥在推动粤港澳大湾区要素高效流动方面的作用尚未充分发挥。

第三，珠三角 9 市经济发展程度不同、财力不均导致政府提供基本公共服务能力分化，转移支付制度有待进一步完善，户籍、医疗、教育等方面一系列体制机制的改革与协同有待进一步提高。

人口流入为常住地带来了人口红利和经济发展的同时，也大幅增加了基本公共服务的支出压力。当前珠三角内部公共服务的表面矛盾是人民对美好生活的向往与地方政府提供的基本公共服务数量与质量水平不足的供需矛盾，但更深层次的矛盾在于地方政府有限的财政收入与政绩考核机制的矛盾，前者决定了政府提供公共服务的能力，后者决定了公共服务支出责任的内在动力。在过往地方政府面临相对单一的 GDP 考核机制下，地方在有限财力的条件下，更倾向于侧重招商引资、改善营商环境、推动基础设施建设等能直接拉高 GDP 的支出手段，而弱化对部分群体的基本公共服务水平。当前逐渐从单一 GDP 考核转向多目标考核，但对基本公共服务供给考核仍以定性为主、定量为辅，地方对建立城镇教育、医疗卫生的公共服务与常住人口挂钩机制积极性有限。

此外，当前珠三角城市内部人户分离、医疗教育资源与户口绑定的情况仍然部分存在。2021 年年底广东省人民政府发布的《广东省劳动力要素市场化配置改革行动方案》指出，要探索居住证互认制度，在除广州、深圳市外的珠三角城市率先探索户籍准入年限同城化累计互认，并推动全面实施居住证互认制度，推动基本公共服务提供与居住年限等条件挂钩。这一方面将改善人户分离的情况，有利于人才流动，但另一方面也加大了对公共服务数量与质量的要求，进一步考验珠三角内部各地市提供公共服务的能力。

第四节　大湾区公共服务融合发展的建议

整体来看，粤港澳大湾区公共服务融合发展涉及一系列体制机制的改革与协调，建议以加强基本公共服务供给能力、优化体制规则对接、改善交通基础设施、提高普惠性非基本公共服务水平四大目标为抓手，以政府托底、市场改善的形式推动粤港澳大湾区公共服务融合共享、促进人才流动，构建宜居宜业宜游的优质生活圈。

一、加强基本公共服务供给能力

第一，建立完善的基本公共服务定量考核指标，构建有利于社会稳定、贯彻新发展理念、经济社会高质量发展的政绩考核体系。一方面，推动并设计公共服务水平政绩考核内容定量指标，突出对做好重点群体就业工作、公共卫生体系建设、教育体系建设等情况的考核；另一方面，可增强政绩考核群众参与度，注重分析群众主观感受指标，用好政务服务"好差评"、基本公共服务满意度调查结果，在政绩考核中充分体现群众对公共服务水平的评价与满意度。

第二，进一步加大省级统筹力度，推进"人地钱"挂钩政策，坚持"以人定地、钱随人走"。转移支付作为均衡地区间财力差异的重要工具，能够提高部分地市提供基本公共服务的能力，从而更好地促进珠三角地区基本公共服务均等化。目前，广东省内转移支付体系形成了一般性转移支付为主、专项转移支付为辅的结构。一般性转移支付规模较大、用途灵活，前两大类支出分别为共同财政事权转移支付与均衡性转移支付。在当前珠三角、非珠三角地区财力分化的背景下，持续推动省以下财政体制改革，健全共同财政事权转移支付与均衡性转移支付，对地方政府提高公共服务供给能力具有重要意义。具体来看，一是根据基本公共服务保障标准、支出责任分担比例、常住人口规模等，结合政策需要和财力可能等，足额安排共同财政事权转移支付。同时，在确定基本公共服务领域共同事权分级分档比例时，充分考虑人均一般公共预算支出因素影响，适时调整省级分担比例，加大对外来人口较多地区基本公共服务均等化的支持力度。二是研究建立转移支付同常住人口挂钩机制，提高均衡性转移支付等资金分配中外来人口基本公共服务折算比例，并结合基本公共服务常住人口全覆盖发展水平、建立动态调整机制，加快实现在资金分配中对外来人口和户籍人口一视同仁。三是完善转移支付高质量发展激励机制，使资金分配向发展效率高、发展质量好的地区倾斜，充分调动各地发展积极性。

二、优化机制规则对接与融合

第一，以兼容差异、同等待遇、允许累积为原则，推动大湾区社保跨境携带。应在允许港澳保留原有社会保险制度、在粤就业港澳人员享有内地居民相同的权利和义务的前提下，通过累计在三地的社会保障福利待遇从而保障跨境劳动者的社会保障权益，推动大湾区社保跨境携带。具体来看，可借鉴欧盟的跨境衔接方式，通过设立顶层第三方机构，厘清三地养老保险制度的差异，完善跨境养老保险转接的规定，采用现代数字信息技术促进三地社保保障运营机构信息互通共享，并通过"制度+技术"的方式，采取"工作地缴费，分段记录与计算，三地整体结算，第三方发放"的方式，实现养老保险跨境便利可携。在此前提下，跨境劳动者在工作地缴纳养老保险、跨境就业时，原养老保险关系保留，在达到养老金领取条件后，三地分别与第三方支付机构结算，劳动者根据自己退休后的生活况，选择领取地与第三方对接领取养老金。

第二，加快推进医药监管、行业规范、职业资格认定等规则衔接。香港、澳门拥有国际领先的生物医药研究水平和信誉良好的优质医疗服务体系，而珠三角9市拥有强大的产业基础和较为完整的产业门类，双方能够优势互补，形成协同效应。为充分利用港澳资源与优势，须加快推动港澳和内地间的人才互通、资格互认、市场互用，以及药品监管规则衔接。一是进一步扩大"港澳药械通"试点，并利用现有政策，加快广州南沙配合香港特区政府建立医疗机构"白名单"制度试点落地，扩大香港"长者医疗券"使用范围，推动将"白名单"内的南沙医疗机构纳入香港医疗费用异地结算单位，并逐步将支付范围从门诊扩大到住院。二是搭建三地医疗机构沟通交流平台，确定转诊合作试点医院，并探索居民转诊制度和医院管理、科研技术交流。深化三地医疗交流研讨、人才培训、服务发展等合作。三是提升粤港澳大湾区区域突发公共卫生事件应对能力。进一步畅通粤港澳公共卫生信息沟通渠道，完善突发公共卫生事件和重大传染病防治的应急信息交流机制，及时、定期互相通报重大传染病疫情情况，健全紧急医疗救援联动机制。

三、改善交通基础设施，加强大湾区互联互通

第一，支持粤港澳大湾区主动探索创新，加快推进通关便利化。一方面，加快推广"合作查验、一次放行"模式，并不断拓展其内涵和边界。当前"合作查验、一次放行"模式也已相继在港珠澳大桥珠澳通道、横琴新口岸、青茂口岸顺利实施，该模式下出入境人员无须经过两道关口、接受两次检查，只需"在一个大厅、排一次队、集中接受一次检查"即可完成内地和港澳的出入境手续，人员通关时间缩短至约 20 秒。在风险可控的前提下，可加快优化升级软硬件查验设备，将出入境人员通关"合作查验、一次放行"在大湾区主要口岸全面推广。另一方面，提升经常性通关需求专业化通关比例。在风险可控的前提下，对通勤、通学等经常性通关需求，通过开通专用通道、运用人脸识别技术等方式最大限度提高通关便利化程度。

第二，充分发挥港珠澳大桥作用，引领大湾区经济社会融合发展。为充分发挥港珠澳大桥作为"一国两制"沟通桥梁的巨大潜力，一是可加快港珠澳大桥西延线（黄茅海跨海通道等）建设，尽快缩短港澳居民经港珠澳大桥去往珠江西岸主要交通枢纽和城市的通行时间，进一步挖掘大桥在对接干线交通网络和促进区域产业协作中的潜在作用。二是尽快推动港澳双牌车审批改革，逐步放开港澳私家车申请双牌车数量的限制，同时允许除投资需求以外的旅游、就业、就医、访友等出行需求申请双牌车，

为尽可能多的港澳居民向大陆流动提供便利，促进经济社会交流和要素高效配置。2022年年底，广东省人民政府办公厅印发《广东省关于澳门机动车经港珠澳大桥珠海公路口岸入出内地管理办法的通知》，宣布打通"澳车北上"的牌证申领、保险购买、系统建设等关键环节，推动澳门单牌车直接入粤，粤澳两地人员车辆往来便利化程度进一步提升。

第三，努力加快推进粤港澳大湾区重大交通基础设施的建设。一是加快推进深珠通道建设，抢抓经济转型升级窗口期机遇。二是加密城际连接线，规划建设互联互通、高效便捷的珠江口西岸城际轨道交通网，积极争取中南虎城际早日实施，推进广佛江珠城际、深珠城际建设。三是加强城市轨道交通互联，积极推进广州、深圳、珠西都市圈内轨道建设。

四、提高普惠性非基本公共服务水平

加强政策引导，充分发挥社会资本的积极作用，推动有为政府和有效市场更好结合，鼓励和引导各类主体积极参与，扩大公共服务供给。

养老方面，一是引导提供多元化的养老服务，满足不同类型的养老需求。基本公共服务为老年人提供兜底性养老服务，社会资本发挥养老服务多元化服务产品的提供。鼓励引导社会资本投资建立养老院，增加大湾区内的养老床位数、建立老年人医疗康复中心、发展中高端老年人的养老业务，将新型养老社区服务本土化。二是要加强与港澳养老服务机构的合作，高度重视养老服务专业人才的选拔和培养，全面提高养老产业服务人员专业素质。大力发展以老年护理、母婴护理、家庭护理等为主要内容的家庭服务业。三是推动老年产品市场开发，加快养老产业发展。支持相关企业加强养老设备研发，推动构建养老设备制造产业集群。加大老年健康科技支撑力度，加快推动老年医学科技发展，促进生物技术和信息技术融合发展。加强老年辅助器具和辅助技术的研发应用，为老年人功能退化缺损提供智能科技代偿。

　　教育方面，加强三地高等教育资源的共享。粤港澳三地高等学校教育资源的共享与合作已经形成一定规模，特别是广州、深圳、珠海三市与香港的合作已经取得实效，香港科技大学（广州）等陆续设立，促进粤港澳大湾区内教育资源的国际化接轨。未来应进一步加大力度引入港澳高水平大学到广东合作办学，通过引进港澳优质高等教育资源提升现有广东高等院校办学层次与实力。加强三地高等学术交流，引入香港高层次师资等优质资源，竭力打造一批具有特色的高水平的学科品牌，拓宽广东高校与港澳高水平大学在人才培养上的合作领域。逐步推行学分互认、学历互认、自由选修、师生互换、学位等值、共同举办国际学术会议、教育资源的互补和援助等具体交流措施。扩大三地高校信息资源的合作，建立"信息互用，资源共享"的教育网络，提高信息资源的利用率。

　　卫生健康方面，扩展普惠医疗覆盖范围，坚持公立医院的公益属性，扩大非公优质医疗资源供给。一是引导非公立医疗机构向高水平、规模化方向发展，制定支持社会资本举办大型综合医院及专科医院的工作方案。二是发展多元化健康服务，鼓励公立医院吸引社会资本共建专业性健康体检机构，鼓励社会资本按规范化建设与运营要求发展连锁性医疗体检机构和专业性健康体检机构。

第四篇

行走大湾区——广州样板与黄埔样本

· 广州市：坚定不移推进"产业第一、制造业立市"

· 黄埔区、广州开发区：现代金融助力区域经济发展

第十二章

广州市：坚定不移推进"产业第一、制造业立市"

广州紧抓粤港澳大湾区建设重大机遇，坚定不移推进"产业第一、制造业立市"，积极构建以先进制造业、战略性新兴产业和现代服务业为核心的现代化产业体系，现已形成 6 个产值超千亿元的先进制造业集群、6 个增加值超千亿元的服务行业，吸引 335 家世界 500 强企业投资兴业。[①]《2022 年广州国民经济和社会发展统计公报》显示，广州先进制造业增加值占规模以上工业增加值的 61.6%，战略性新兴产业增加值占 GDP 的 30.8%，现代服务业产业规模占服务业比重超 67%。[②] 整体来看，广州智能网联与新能源汽车、生物医药和新一代信息技术表现较为突出。

第一节 智能网联和新能源汽车

广州是全国三大汽车生产基地之一，拥有以 12 家整车制造企业为核心，1200 多家零部件企业聚集，专精特新企业不断涌现的完整汽车产业

---

① 《广东举行 2022 粤港澳大湾区全球招商大会新闻发布会》，2022 年 12 月 15 日，见 http://www.scio.gov.cn/xwfbh/gssxwfbh/xwfbh/guangdong/Document/1734440/1734440.htm。

② 《2023 年广州市政府工作报告》，2023 年 1 月 7 日，见 https：//www.gz.gov.cn/gkmlpt/content/8/8783/mpost_ 8783131.html。

链，正逐步形成万亿级智能网联和新能源汽车产业集群。2022 年，广州汽车产业总产值 6471.7 亿元，同比增长 5.7%，汽车产量 313.7 万辆，同比增长 5.8%，连续四年保持全国汽车产量第一，占全国汽车总产量的 11.4%（见表 12-1）。新能源汽车产值、产量分别为 446.6 亿元和 31.4 万辆，同比分别增长 1.2 倍和 1.1 倍。乘联会零售数据显示，2022 年广汽丰田、东风日产乘用车销量分别为 97.1 万辆、89.8 万辆，居全国第 7、第 8 位，广汽本田销量居全国第 13 位。

表 12-1　2016—2022 年各城市汽车产量情况　　　单位：万辆

年份	广州	上海	北京	重庆	长春
2016 年	262.9	260.8	260.4	315.6	254.0
2017 年	310.8	291.3	225.0	299.8	276.9
2018 年	296.5	297.8	163.2	172.1	276.8
2019 年	292.3	274.9	164.0	138.3	288.9
2020 年	295.2	264.7	166.0	158.0	265.4
2021 年	296.6	283.3	135.5	199.8	242.1
2022 年	313.7	302.5	87.1	209.2	暂无数据

资料来源：各城市统计局、粤开证券研究院整理。

从创新看，广州汽车产业坚持技术创新与制度创新并重，全力打造全球知名"智车之城"。

广州整车企业技术创新实力强劲。广汽集团自主研发新能源"三电"核心技术，与腾讯、华为合作推出业内领先的智驾互联生态系统，打造国内首辆量产 5G 智能汽车"埃安 V"；东风日产从智能驾驶、智能动力、智能互联三大领域逐步导入技术以及 10 款日产智行科技车型，车联系统接入用户突破 200 万；小鹏汽车取得国内外核心专利超 2000 项，推出拥有 NGP 自动导航辅助驾驶系统的智能网联汽车 P7，销量突破 1.5 万辆。广州积极探索自动驾驶领域制度创新。作为首批开展自动驾驶汽车道路测试的城市之一，广州于 2021 年率先启动自动驾驶混行试点，并建立较为完整的智能网联汽车测试应用及商业化示范运营的政策体系，创下"全国第一个批准 5G 远程驾驶测试的城市""第一个发放载客测试牌照的城市""第一个自动驾驶研发企业取得网约车平台经营牌照的城市"等八项"全国第一"。凭借优良的制度环境，广州先后吸引百度阿波罗、文远知行、小马智行等自动驾驶企业落地，其中文远知行拥有全球领先的自动驾驶技术，小马智行则是国内估值较高的自动驾驶初创企业。截至 2023 年 1 月，全市累计开放测试道路 433 条，开通测试路段双向里程 1668 公里，共 13 家企业 25 款车型共 308 台测试车辆开展道路测试，累计测试里程超 970 万公里，累计测试里程居全国前列。

从政策来看，广州支持智能网联与新能源汽车产业集群化发展的政策体系较完善，呈现出布局早、覆盖广、力度大、反映快的特点。

一是政策起步时间早，前瞻布局，积极抢占产业发展先机。早在 2009 年，广州市就成立了新能源汽车发展工作领导小组，由市长任组长，统筹推进全市新能源汽车发展工作。2013—2015 年，广州市作为国家新能源汽车推广应用第二批试点城市，围绕完成 1 万辆新能源汽车推广应用目标任务，牵头制定了全市新能源汽车推广应用工作方案、年度工作计划等，并组织实施。

二是政策覆盖范围广，衔接有序，对产业上下游各个环节的规划清晰明确。2016 年后，广州相继出台实施《广州市新能源汽车发展工作方案（2017—2020 年）》《广州市推进新能源汽车发展的若干意见》等政策文件，并编制印发《广州市智能与新能源汽车创新发展"十四五"规划》。其中不仅提出了 2025 年广州产业规模再上新台阶、产能突破 500 万辆、新能源汽车渗透率超过 50% 等激进的目标，还对产业发展布局、重点技术路径、前沿技术创新提出明确的指示和规划。

三是政策扶持力度大，手段多元，保障了产业发展空间。资金支持方面，广州持续组织开展中央和省级财政资金申报及拨付，近年来累计下达财政资金近 25 亿元，2021 年下达 15.55 亿元。人才保障方面，广州市出台了《中共广州市委　广州人民政府关于加快集聚产业领军人才的意见》及配套文件（"1+4"政策）、高层次人才认定三个方案、博士后博士支持政策、粤港澳大湾区个人所得税优惠政策等，相关政策均将汽车行业人才作为重点支持对象。截至 2021 年年底，共评选支持汽车行业创新领军人才 8 人、产业高端人才 472 人、产业急需紧缺人才 710 人，为汽车行业高层次人才发放人才绿卡 188 张。

四是政策响应速度快，因势利导，应对突发危机。2022 年，疫情反复导致长三角领域汽车零部件厂商生产停摆，对广州汽车产业产生较大冲击。市委市政府快速响应此问题，统筹市发改委、工信局、商务局联动广汽等龙头企业成立保供应链工作专班，争取省给予更多倾斜支持，继续协调上海、江苏等地重点供应商复工复产工作，通过"进名单、早开工、找货物、通物流"四个环节保障重点供应链稳定。

从空间来看，广州加快打造以广汽智能网联新能源产业园为"一核"，东部、北部、南部整车及零部件产业集群为"三极"的智能网联与新能源汽车"一核三极多节点"空间格局。

"一核"充分发挥番禺区广汽智能网联新能源产业园全产业链优势，辐射带动番禺化龙汽车特色小镇发展，打造粤港澳大湾区自主品牌智能网联与新能源汽车产业群。"三极"依托优势整车企业龙头带动和吸附作用，推进产业集聚发展，形成特色鲜明、功能互补、极具竞争力的产业极点，其中东部集群包括天河、黄埔、增城片区，依托小鹏汽车、广汽本田、北汽广州等企业，重点打造小鹏汽车智能产业园、"湾区氢谷"及现有产线扩建等项目；北部集群包括花都片区，依托东风日产、东风启辰、风神汽车等企业，着力打造花都汽车智造功能区；南部集群包括南沙片区，依托广汽丰田、合创汽车、小马智行等企业，推进整车及零部件在建项目建设，并在自动驾驶领域全方位布局。"多节点"以全市具备人工智能和数字经济优势的产业园、试验区、产业基地等为重点，加速推动汽车电动化、智能化、网联化、共享化转型发展。

第二节　生物医药

广州生物医药产业规模增速快、培育主体数量多，实现集群化、融合化、生态化发展，已成为全市三大战略性新兴支柱产业之一。2021 年，广州生物医药与健康产业增加值为 1489.96 亿元，较 2018 年年均增长 16.0%，高于同期 GDP（平均增速 10.4%），其中医药制造业产值 499.98 亿元，医疗器设备及仪器仪表制造业产值 269.9 亿元。现有各类生物医药企业 6400 多家，总数居全国第三位；上市挂牌企业数接近 50 家（见表 12-2）；独角兽企业持续增长，2022 年"广州独角兽创新企业"系列榜单中入选生物医药企业共 44 家（次），涌现出麓鹏制药、云舟生物、必贝特等创新含量高、临床价值大的创新医药企业。

表 12-2　主要交易所上市的部分广州生物医药企业

序号	证券代码	公司中文名称	上市日期	主营业务
1	0874. HK	广州白云山医药集团股份有限公司	1997 年 10 月 30 日	中药、化学药、医药商业
	600332. SH	广州白云山医药集团股份有限公司	2001 年 2 月 6 日	
2	002030. SZ	广州达安基因股份有限公司	2004 年 8 月 9 日	医疗器械
3	300147. SZ	广州市香雪制药股份有限公司	2010 年 12 月 15 日	中药
4	300238. SZ	冠昊生物科技股份有限公司	2011 年 7 月 6 日	医疗器械
5	1681. HK	康臣药业集团有限公司	2013 年 12 月 19 日	中药、医疗器械

续表

序号	证券代码	公司中文名称	上市日期	主营业务
6	603309.SH	广州维力医疗器械股份有限公司	2015年3月2日	医疗器械
7	300404.SZ	博济医药科技股份有限公司	2015年4月24日	CXO
8	300482.SZ	广州万孚生物技术股份有限公司	2015年6月30日	医疗器械
9	603882.SH	广州金域医学检验集团股份有限公司	2017年9月8日	医学检验
10	300723.SZ	一品红药业股份有限公司	2017年11月16日	中药、化学药
11	688177.SH	百奥泰生物制药股份有限公司	2020年2月21日	生物药
12	688393.SH	广州安必平医药科技股份有限公司	2020年8月20日	医疗器械
13	6622.HK	兆科眼科有限公司	2021年4月29日	化学药、生物药
14	301033.SZ	广州迈普再生医学科技股份有限公司	2021年7月26日	医疗器械
15	688026.SH	广州洁特生物过滤股份有限公司	2020年1月20日	医疗器械及原材料
16	603233.SH	大参林医药集团股份有限公司	2017年7月31日	医药商业
17	0314.HK	思派健康科技有限公司	2022年12月23日	医药商业
18	2273.HK	固生堂控股有限公司	2021年12月10日	中医诊疗
19	2325.HK	云康集团有限公司	2022年5月18日	医学检验、医疗器械

资料来源：粤开证券研究院整理。

从优势领域来看，广州中药、医学检验等细分板块全国领先。

广州中医药底蕴深厚，拥有陈李济、采芝林、潘高寿等12个中华老字号中医药品牌，广药集团连续2年以中医药为主业迈进世界500强，连续11年位居中国中药企业排行榜第一名；医学检验产业起步早、基础好，金域医学检测项目总数居国内医学检验行业第一位，万孚生物是全国最大的抗体检测试剂盒生产企业；生物药产业快速发展，百济神州 PD-1 抗体累计销售额超 55 亿元，康方药物卡度尼利单抗注射液成为全国首个获批上市的双抗类药物。

从政策措施来看，广州构筑了生物医药全链条开放发展的产业生态。

广州密集出台《广州市加快生物医药产业发展实施意见》《广州市加快生物医药产业发展若干规定》《广州市生物医药与高端医疗器械产业高质量发展行动计划（2021—2023 年）》等一系列政策措施，在科技创新、功能平台、企业引育、成果转化等方面构建完善的政策体系，构建涵盖上游技术研发、临床试验，中游转化中试、生产制造，下游上市应用、流通销售的完整产业链，做强现代中药、化学药、医疗器械、再生医学、体外诊断、精准医疗等特色优势产业。

要素保障方面，一是强化资金扶持，建立从研发、产业化到上市流通的一体化奖补支持，加速政策资金流向创新研发、产业化和公共服务平台建设等项目，充分发挥市、区两级政府引导基金作用，助力洁特生物、安必平医药、迈普医学等成功上市，瑞博奥、华银医检等发展壮大；二是加速重大项目布局，百济神州、诺诚健华、龙沙、康方项目陆续建成，大分子生物制药规划产能近 60 万升，生物医药制造业加速向价值链中高端迈进；三是汇聚领军人才，集聚了生物医药领域 5 位诺贝尔奖获得者、23 位院士、229 位国家重大人才工程入选者等具有全球视野和国际水平的科学家、企业家，新引进大批战略科学家和高层次人才，不断激发创新创业活力。

开放合作方面，一是打造高端合作平台，发挥长期落户广州的中国生物产业大会作用，促成上百家企业达成合作意向和资源对接；二是深化穗港澳合作，港澳进口药品医疗器械使用管理初见成效，生物岛实验室与香港大学、香港中文大学、香港科技大学等共建联合研究中心，达安、金域、凯普等龙头企业与港澳国家重点实验室、医学院校、香港科技园开展研发合作，广药集团在澳门设立国际总部并建成青洲产业化基地，香雪制药与澳门大学共建中医药创新转化平台；三是加快国际合作步伐，搭建中以、中日、中俄等国际合作平台，其中中以基金与以色列企业合作，已完成 12 个项目的投资，累计投资达 3.8 亿元，涵盖眼科、脑科、骨科、远程医疗、智慧养老等领域。

从区域布局来看，广州已形成了以中新广州知识城、广州科学城、广州国际生物岛"两城一岛"为中心，广州粤港澳大湾区生命健康产业创新区、广州国际医药港等特色园区协调发展的"三中心多区域"生物医药与健康产业格局。

中新广州知识城发挥国家级双边合作项目优势，高标准建设生物医药价值创新园区，集聚世界生物医药龙头企业，加快打造世界级生物医药生产制造中心；广州科学城发挥国家级高新区核心园区优势，侧重中试和孵化，建设世界顶尖生物医药科技成果转化中心；广州国际生物岛发挥国家级生物医药专业孵化器优势，创建国家生物医药政策创新试验区及世界顶尖的生物医药和生物安全研发中心。

第三节　新一代信息技术

新一代信息技术产业是数字经济的主要驱动力，也是广州极富竞争力的战略性新兴产业。广州信息产业历史悠久，20 世纪 90 年代就有"北有中关村，南有五山科技街"之称。2021 年，广州信息传输、软件和信息技术服务业增加值为 1980.45 亿元，较 2015 年年均名义增长 22.6%，占全市地区生产总值的 7%，电子产品制造业规模以上工业总产值 3352.29 亿元，较 2015 年年均名义增长 4.8%。广州新一代信息技术制造业与服务业融合发展，尤其是超高清视频、软件、人工智能、工业互联网等领域已走在全国前列。目前，广州拥有大湾区唯一已进入量产的 12 英寸晶圆制造企业粤芯半导体；显示模组市场占有率全球第一，4K 板卡出货量全球第一，4K 电视销量全国第一；实现首批国产大型超高清转播车量产下线，整车设备、核心部件国产化率分别超过 70%、85%；网易、腾讯、唯品会、酷狗等已成为国内软件业龙头企业，40 多家软件企业在国内外上市；工业互联网资源居全省第一位；截至 2022 年 12 月，全市已建成 5G 基站超 7.64 万座，实现中心城区 5G 全覆盖。

一、广州大力建设"世界显示之都"和国家集成电路产业"第三极"核心区，超高清视频与新型显示、半导体与集成电路已成为高质量发展的标杆行业

第一，广州已成为国内技术最先进、生产规模最大、产出效益最高的超高清视频产业基地之一，位列"2022 新型显示十大城市"榜首。2021年，广州超高清视频与新型显示全产业链产值突破 2200 亿元，相当于全市规模以上工业总产值的 10%。现有主要企业 100 余家，覆盖"显、摄、编、存、传"全产业链。广州高世代面板制造产能领先，到 2023 年年底规划月产能将超过 500 万平方米，较第二名（深圳）高出近 100 万平方米；产品竞争力不断增强，视源电子在国内会议平板市场中的份额居首，扳手科技、博冠光电在国产超高清摄像机领域实现技术突破；视频制作能力持续提升，2021 年广州超高清节目储备超 1.7 万小时，4K/8K 影视制作能力全国第一；4K 电视网络应用率先普及，广东综艺、南国都市两个4K 频道开播上线，全市各运营商 4K 签约用户突破 350 万户。

第二，广州集成电路产业"从无到有"，制造、设计、材料等领域布局取得了突破性进展。广州半导体与集成电路相关企业超过 100 家，2021年总产值达 202.08 亿元，同比增长 52.3%。芯片制造打破大湾区"产业空白"，粤芯半导体 12 英寸晶圆制造项目一、二期全面达产，三期加快建设，并入选胡润 2022 年全球独角兽榜单，芯粤能车规级碳化硅芯片项目进入产品验证环节；芯片设计自主创新取得进步，高云半导体的 FPGA 芯片 EDA 开发软件实现 100% 自主知识产权，开发了国内首款通过车规认证的 FPGA 芯片，慧智微电子在全球率先量产可重构多频多模射频前端芯片，安凯微电子在物联网摄像机产品全球市场占有率超过 40%；封测及材料领域不断发展，兴森快捷是国内最大的印制电路样板快件制造商之一，汉源自主创新核心涂敷技术达国际先进水平。

二、广州将深入实施"强芯""亮屏""融网"等工程，发挥政策协同合力，做强做大新一代信息技术产业

广州树立"数产融合的全球标杆城市"发展目标，积极落实《广州人工智能与数字经济试验区建设总体方案》（粤大湾区〔2020〕1 号），围绕重点细分领域出台《广州市加快发展集成电路产业的若干措施》《广州市超高清视频产业发展行动计划（2021—2023 年)》《广州市加快软件和信息技术服务业发展的若干措施》等文件。具体包括：实施链长制和市区两级协同推进机制，加强新一代信息技术领域招商引资、项目建设、人才引进、技术创新、土地供应等工作协调；支持超高清视频产业重大项目建设和"5G+超高清直播""5G＋AR／VR"等软件直播与应用技术研发；对集成电路"设计—制造—封装—测试"全产业链企业给予不同力度的资金奖补；支持软件企业围绕云计算大数据、人工智能、区块链等开展技术攻关；建设制造、能源、安防、医疗等领域 5G 行业专网。力争2023 年超高清视频和新型显示产业总体规模超过 2500 亿元，带动超高清视频及数字内容产业规模超 4000 亿元，2024 年半导体与集成电路主营业务收入突破 500 亿元，2025 年软件和信息技术服务业营业收入规模超 900亿元。

第十三章
黄埔区、广州开发区：现代金融助力区域经济发展

　　黄埔区、广州开发区①是行政区与功能区融合发展的区域。作为首批国家级开发区、广州"东进"的龙头，黄埔区、广州开发区（下文简称"黄埔区"）积极把握全球产业变革新趋势、"一带一路"倡议等重大机遇，主动融入粤港澳大湾区建设，推动区域经济实现高质量发展。

　　2022年，黄埔区全面落实中央关于疫情要防住、经济要稳住、发展要安全的重大要求，在百年变局和世纪疫情冲击下，保持稳健发展。全年实现地区生产总值（GDP）4313.76亿元，同比增长1.5%，以占广州市6.5%的土地面积，创造了全市约40%的工业产值和15%的GDP。根据2021年数据，黄埔区规模以上工业总产值、固定资产投资完成额、一般公共预算收入、发明专利授权量等均居全市第一位。如今的广州黄埔，是当之无愧的实体经济主战场、科技创新主引擎，不仅助力广州"制造业当家"行稳致远、为"四个出新出彩"添砖加瓦，更用实践标注了中国经济开发区的发展高度。2022年商务部公布的国家级经济技术开发区综合发展水平考核评价结果中，黄埔区、广州开发区列第二位，连续六年上榜全国三甲。其中，实际使用外资项排名第一，连续两年居国家级经开区榜首。

---

　　① 广州开发区是广州经济技术开发区、广州高新技术产业开发区、广州出口加工区、广州保税区四区的统称，实行"一个机构、四块牌子"的管理体制。

伴随着实体经济日益强盛，区内微观主体对金融服务的需求也在不断提升。作为实体经济的血脉，现代金融服务体系已成为实体经济持续发展、科技创新不断突破的关键支撑。为此，黄埔区加大金融改革力度、提高金融服务能效，以服务实体经济为宗旨、从解决科技企业融资痛点出发，努力把金融业打造成为支柱产业，进而为打造"粤港澳大湾区高质量发展重要引擎"提供支撑。

第一节　黄埔区、广州开发区金融业发展现状

2021 年，黄埔区金融业增加值达到 151.92 亿元，同比增长 5.8%，基本形成了特色鲜明的金融业态，产业金融基础雄厚、科技金融特色凸显、创新金融方兴未艾、知识产权金融引领全国。

一、政策支持不断加码，发展目标逐步清晰

（一）在"金镶玉"产业政策基础上，出台系列金融政策，优化生态环境

一是大力发展风投创投，鼓励其"以资引资、投早投小"。早在 2017 年，黄埔区就制定出台了国内领先、覆盖风投业务全链条的《广州市黄埔区　广州开发区促进风险投资发展办法》（简称"风投 10 条"），凭借政策优势吸引了众多风投创投机构落户黄埔。2020 年，黄埔区对该政策升级优化，推出 2.0 版本，鼓励风投机构联合银行等金融机构为企业进行投后服务，同时鼓励风投机构为黄埔区引项目、引资本，发挥投资示范效应（见图 13-1）。例如，对投资的企业迁入本区 1 年以上且统计达到规模以上的，按其对该企业累计投资额的 5%给予最高 100 万元奖励。

二是持续引进银行、证券、保险的一级分支机构，引进支付结算中心、信息中心等功能性结构，鼓励区内企业利用资本市场做优做强。2019

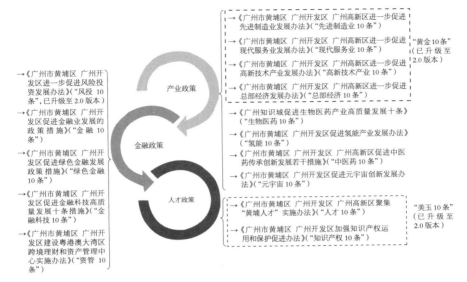

图 13-1 黄埔区、广州开发区现代化产业、金融、人才政策体系

资料来源：粤开证券研究院整理。

年，黄埔区出台《广州市黄埔区 广州开发区促进金融业发展的政策措施》（简称"金融 10 条"），从项目落户、场地购置等方面对落户黄埔区的金融机构予以最大力度的扶持资助。落户黄埔区的金融机构总部，若全面享受各项区级扶持资金（新迁入金融总部落户奖 5000 万元、增资扩股奖 1000 万元等），累计最高可获近亿元。

三是积极发展绿色金融等特色金融，推动科技赋能金融，提高金融服务能效。2020 年 7 月，黄埔区发布"绿色金融 10 条"，从机构奖励、企业贴息、机构风险补偿三方面综合施策，突破了其他绿色金融改革创新试验区仅对企业贴息的单一扶持维度。例如，对在境内外资本市场上市的绿色企业分阶段给予总额 800 万元奖励，对银行业金融机构设立绿色分行奖励 600 万元等，均为全国之最。① 2021 年，黄埔区出台"金融科技 10

---

① 黄宗超、黄于穗：《全国力度最大！黄埔"绿色金融 10 条"含金登场！多项措施国内首创》，2020 年 4 月 20 日，见 https：//mp. weixin. qq. com/s/IfrLG-xnOHF0nZqXpbpK3Q。

条"，通过政策补贴激励金融机构创新科技手段应用。例如，鼓励金融科技企业开展研发成果转化和产业化，并给予研发费用补贴，最高补贴 100万元；又如，对运行良好的供应链金融服务平台给予最高一次性 300 万元补贴。2022 年，黄埔区再出台"资管 10 条"，通过加大资管机构落户奖励、支持跨境投融资试点等方式，营造服务科技产业的资管生态链。例如，对于入驻黄埔港鱼珠片区资产管理机构集聚区的资产管理机构，将给予最高 1000 万元场地补贴。①

（二）金融业定位日渐清晰，明确提出"三中心、一高地"的发展目标

2021 年，黄埔区发布《广州市黄埔区、广州开发区金融发展"十四五"专项规划（2021—2025 年）》，该规划充分结合了黄埔区的现实禀赋，明确了建设创新资本中心、科技金融创新中心、可持续金融中心、金融科技高地的发展目标。沿着"三中心、一高地"的发展目标，黄埔区金融业也将蹚出一条与越秀、天河错位竞争的特色发展之路（见表 13-1）。

一方面，黄埔区金融业发展目标与市级规划一脉相承，深度内嵌在广州金融业的发展规划中。《广州市金融发展"十四五"规划》明确，市级层面的发展目标是建设"三中心、一标杆、一高地"，即高标准打造风险管理中心、面向全球的财富管理中心和具有重要影响力的国际化金融资源配置中心，支持广州创建数字金融标杆城市及建设引领全国、影响全球的绿色金融创新发展高地。回看黄埔区发展目标，其中"可持续金融中心"呼应了市级层面"绿色金融创新发展高地"的目标，"金融科技高地"是广州建设"数字金融标杆城市"的重要组成。

另一方面，黄埔区金融业发展目标特色鲜明，与越秀区、天河区形成错位发展的格局。黄埔区实体经济发达、科技创新突出、中小企业密集，

---

① 《黄埔区、广州开发区出台"资管 10 条"》，2022 年 5 月 9 日，见 http：//www. hp. gov. cn/hpqgzkfqzdlyzl/jycy/gzdt/content/post_ 8258087. html。

因此提出打造"创新资本中心""科技金融创新中心"的目标，着力发展产业金融、创新金融、知识产权金融等。在覆盖企业全生命周期金融链的基础上，更侧重"前半程"的服务、资本市场对创新要素的激励作用、资本市场对工业园区转型升级的引领支撑作用。

反观越秀区和天河区，其金融业起步较早，发展更成熟。2021年天河区金融业增加值占到全市的48.2%，相应地，其发展目标更多聚焦在具有国际竞争力的总部中心等方面，提出将广州国际金融城打造成国际化综合金融中心。因此，市级层面打造全球财富管理中心等目标，将更多落在天河、越秀等金融机构更密集的区域。其发展更侧重企业生命周期"后半程"的服务，资本市场在要素定价、风险对冲、资源配置、居民财富积累中的作用。

表 13-1　黄埔区、越秀区、天河区的金融业发展目标及定位

地区	发展目标	政策文件
广州市	（1）支持广州完善现代金融服务体系，建设区域性私募股权交易市场，建设产权、大宗商品区域交易中心，提升国际化水平。 （2）支持广州建设绿色金融改革创新试验区，研究设立以碳排放为首个品种的创新型期货交易所	《粤港澳大湾区发展规划纲要》
	"三中心、一标杆、一高地"： （1）高标准建设广州期货交易所，发展完整的期货产业链，吸引全球投资者和各类企业广泛参与，探索形成国际标准，打造风险管理中心。 （2）加快推进金融高端集聚功能区建设，汇集机构、人才、业务和资金，建设面向全球的财富管理中心和具有重要影响力的国际化金融资源配置中心。 （3）支持广州推进数字金融创新发展，创建数字金融标杆城市。 （4）以广州绿色金融改革创新试验区建设为核心，加快完善绿色金融机构体系、创新绿色金融服务产品、拓宽绿色融资渠道，建设引领全国、影响全球的绿色金融创新发展高地	《广州市金融发展"十四五"规划》

续表

地区	发展目标	政策文件
黄埔区	"三中心、一高地"： 全力打造服务粤港澳大湾区、具有国际影响力的创新资本中心、科技金融创新中心、可持续金融中心、金融科技高地	《广州市黄埔区、广州开发区金融发展"十四五"专项规划（2021—2025年）》
越秀区	"三中心"： 建成金融总部中心、金融科技中心、PE产业中心/金融商贸中心等三大中心，成为粤港澳大湾区金融业发展的重要一极	《广州市越秀区金融业发展第十四个五年规划》
天河区	粤港澳大湾区金融合作示范区、金融科技先行示范区、国际化综合金融中心： 广州国际金融城作为广州市做强人工智能与数字经济引擎的重大平台之一，要着力建设成为粤港澳大湾区金融合作示范区、金融科技先行示范区。 联动天河中央商务区，适度错位、协同发展，打造国际化综合金融中心	《广州国际金融城"十四五"产业发展规划》

资料来源：粤开证券研究院整理。

二、多层次资本市场纵深发展，金融要素资源加速聚集

（一）上市企业众多，风投机构聚集，资本运作活跃

其一，黄埔区是广州市上市企业数量最多的区域，在国家级经开区中也居于榜首。截至 2022 年年底，黄埔区境内上市公司累计达 67 家，占全市境内上市企业比重超过 1/3。汇聚了大量战略新兴行业的高成长性企业，仅生物医药领域就有香雪制药、达安基因、万孚生物、迈普医疗等14 家企业，占全市相关产业比重超 70%；更坐拥不少细分行业龙头企业，如电解液龙头天赐材料、传媒业龙头分众传媒。新三板挂牌企业存续 62家，占全市 1/4 以上。

其二，黄埔区通过政策资金扶持、空间载体优化，成为广州风投机构最为聚集的区域。截至 2022 年上半年，黄埔区风投机构累计达 660 家，

管理资金总规模累计超过 1500 亿元。一方面，在前述"风投 10 条"等政策带动下，黄埔区吸引了百度风投、创新工场、IDG 资本、韩国 KIP 等一批头部风投机构，并推动了冷泉港基金（总规模 100 亿元）、广东中医药大健康股权投资基金（总规模 300 亿元）、粤港澳大湾区科技创新产业投资基金（总规模 1000 亿元）等一批重大基金项目落户，2021 年，黄埔区金融局共向 23 家风投机构兑现风投政策奖励 3869 万元。另一方面，黄埔区积极优化风投机构的空间载体，拿出地铁上盖总部经济区优质物业，兴建了"中国风险投资科学城大厦"，吸引了元禾原点、赛伯乐投资、国民创投等知名机构入驻，并按实际发生租金给予 100% 补贴，助推了风投创投集聚发展之势。

其三，黄埔区积极设立引导基金，发挥财政资金的杠杆放大效应，加速创新资本形成和有效循环。例如，全省首创 10 亿元规模的"黄埔人才引导基金"，撬动超 60 亿元社会资本设立 22 只子基金，为 156 家企业提供股权资金支持约 40.7 亿元。又如，区财政出资 2000 万元，募资设立了 6500 万元的"广州开发区知识产权运营发展基金"，财政资金放大倍数达 3.25 倍。截至 2022 年上半年，该基金已助推洁特生物、鹿山新材两家企业上市。2021 年，黄埔区、广州开发区在 2020 年中国科技金融促进会风险投资专业委员会和母基金联盟主办的"2020 中国 LP 峰会"上入选"最佳政府 LP（区、县级）TOP10 榜单"第三名；2022 年，获得母基金研究中心"2022 最受投资机构欢迎的区县政府 LP TOP15"第三名。

（二）重大金融平台持续落地服务，金融基础设施不断完善

其一，黄埔区成功争取到广东辖区（不含深圳）唯一合法的区域性股权市场运营机构——广东股权交易中心落户。作为多层次资本市场体系的"塔基"，广东股权交易中心通过自身的平台优势整合区域内的金融要素，将银行、证券、担保、小贷及创投等金融公司进行优势整合，不仅为挂牌企业提供了私募股权、私募可转债等传统的非公开发行渠道，还提供了"智慧融""税银贷""股易贷"① 等富有创新性的间接融资方式，实现了本地资金与资产的高效对接。截至 2022 年年底，共计 5083 家企业在广东股权交易中心挂牌，融资金额达 1729.3 亿元，另有 19304 家展示企业、5283 家托管企业。此外，广东股权交易中心积极响应国务院《为"专精特新"中小企业办实事清单》等政策，设立"专精特新"专板（即广东股权交易中心的高成长板），提供"股融贷"② 等特色化融资工具，帮助专精特新企业发展壮大。

其二，黄埔区积极发展各类新型要素交易市场，广州商品交易所、广州知识产权交易中心、广州环境权益交易所、广东金融资产交易中心等要素交易市场相继落户黄埔区。例如，2022 年 2 月 28 日，广东金融资产交易中心股份有限公司（简称"新金交"）在黄埔区正式揭牌成立。之所以谓之"新"，在于其按照清理整顿各类交易场所部际联席会议"一省最多一家"的原则，整合了广东、广州两家金融资产交易中心。新金交定位为省级地方金融基础设施，是全省（不含深圳）唯一的金融资产交易场所，在丰富广东省地方金融企业融资渠道、盘活存量地方金融资源、提升金融资源跨境配置能力等方面发挥着积极作用。揭牌当日，首批 58 个项目涉及资产规模共 391 亿元。

---

① "智慧融"指广东股权交易中心挂牌企业以企业或股东持有的知识产权，经中心撮合的第三方机构评估，推荐给银行等金融机构实现知识产权质押融资。"税银贷"是由广东股权交易中心、各大商业银行和广东华南供应链金融科技有限公司携手推出，针对广东股权交易中心挂牌公司的税银融资产品，企业凭纳税记录即可在线申请并无抵押获得融资的融资工具。"股易贷"是指广东股权交易中心挂牌企业以其股东持有的一定比例股权作为债权担保，委托交易中心办理质押担保登记手续，通过交易中心向银行申请获得贷款的融资工具。

② "股融贷"是广东股权交易中心针对"高成长板（专精特新）"企业开发的专属信贷产品，通过联合银行、担保、政策补贴（最高 5% 补贴）和风险补偿金等政策支持，增加企业授信额度的同时降低企业融资成本。该产品由广东股权交易中心与会员机构一起给银行、担保机构按批量推荐"高成长板（专精特新）"优质企业，增强企业议价能力及授信审批效率。流程上，基于对企业的了解与前期服务，由广东股权交易中心与会员机构筛选出优质企业并推荐给担保公司与合作银行，企业提供股权质押（或知识产权质押）给担保公司，担保公司向银行出具保函，银行审批通过后为企业提供流动资金贷款，广东股权交易中心与会员机构协助借款企业申请政策支持及督促合作机构推进授信审批工作。

三、特色金融快速兴起，金融服务能力持续提高

（一）以知识产权金融为核心特色的科创金融引领全国

其一，政策先行先试，构建起覆盖范围最广、生态最优、扶持力度最大的知识产权扶持政策体系。黄埔区先后获批国家知识产权示范园区、国家知识产权投融资试点、国家知识产权强县工程示范区、国家级知识产权强国建设示范园区等，成为国内知识产权平台最多、层级最高的区域，全面跻身知识产权"国家队"行列。同时，颁布实施"知识产权10条"，开全国之先河，首创知识产权运用全链条扶持模式。

其二，大力搭建平台，畅通知识产权流转渠道。2014年12月，广州开发区成立国家、省、市、区联合共建的知识产权交易平台——广州知识产权交易中心，为技术及知识产权交易提供全链条服务。截至2022年8月，广州知识产权交易中心累计完成交易115609宗，交易金额约218.1亿元。该中心运用区块链技术布局知识产权国际交易网络，在线挂牌专利超2.8万件，累计促成知识产权交易68.76亿元。此外，广州开发区还支持建设了电力新能源产业知识产权运营中心、前沿新材料产业知识产权协同运营中心等一批国家级、省级重点产业知识产权运营中心，为知识产权的交易转化、质押融资、收购托管、分析评议等提供了平台支撑。

其三，丰富金融供给，知识产权质押融资、融资租赁、资产证券化齐发力，加速知识产权"变现"。例如，推动设立全省首家"知识产权特色支行"，大力发展知识产权质押融资。又如，2019年，黄埔区成功发行全国首支纯专利权知识产权证券化产品"兴业圆融——广州开发区专利许可资产支持计划"。该产品由广州开发区控股集团子公司广州凯得融资租赁有限公司作为原始权益人（发起人）；底层资产是华银医学、佳德环保等11家区内民营科技型中小企业的103件发明专利、37件实用新型专利；产品发行规模3.01亿元，票面利率为4.00%，债项评级达到AAA

级，开创了科技企业运用专利许可在资本市场融资的先河。2020 年 8 月，广州开发区再次发行两支知识产权证券化产品，聚焦新一代信息技术、生物医药两大战略新兴产业，凸显专利权使用价值和交换价值，实现了知识产权证券化 1.0 到 2.0 的跨越。2021 年 10 月，广州开发区推出 3.0 版知识产权证券化产品，底层资产包括 12 家企业的 58 个商标，总发行规模 2.89 亿元，为全国首支纯商标知识产权证券化产品。至此，广州开发区已累计发行 4 支知识产权证券化产品，共为 47 家次企业融资 10.25 亿元。

其四，强化知识产权保护，护航出海企业做强做大。近年来，黄埔区通过提高企业海外维权政策扶持力度、开展海外维权系列培训、组建海外维权专家库、开发完善知识产权海外侵权责任险等一系列方式，帮助企业平稳"出海"。2021 年 4 月，黄埔区签发国内首单千万保额知识产权海外侵权责任险；2021 年 10 月，成立全国首个知识产权保险中心；2022 年 6 月，创新推出知识产权海外侵权责任保险"全链条"服务体系。截至 2023 年 2 月，已有 58 家次企业投保知识产权海外侵权责任险，总保额达 1.79 亿元；已向 3 家企业兑现知识产权海外侵权责任险赔付，赔款金额近 230 万元。

（二）以绿色发展为核心宗旨的可持续金融逐步壮大

其一，培育发展了一批绿色金融组织，营造良好的生态环境。例如，推动商业银行设立绿色支行，加强绿色金融产品和服务供给。截至 2021 年年底，全区绿色信贷余额 332.83 亿元，绿色保险保费超 5000 万元，居全市前列。又如，建立广东环境·资源金融服务中心，为各类节能环保企业提供综合性金融服务。再如，推动成立全省首家绿色融资担保机构——科学城（广州）绿色融资担保公司，积极开展绿色金融担保、供应链融资担保等业务。

其二，搭建绿色金融产融对接平台，完善绿色资产评价体系，引导更多社会资本投入绿色产业。（1）建立完善"开绿融"系统。广州开发区绿色金融融资对接系统是依托于开发区金融服务超市而建立的绿色金融综合服务平台，集政策法规宣传、绿色项目和企业申报、入库项目，以及企业查询、信息公示、数据统计等功能于一体。在"开绿融"系统中，企业可以在线申报绿色企业和绿色项目，由第三方认证机构在线审核，主管机关在线审批，实现了认证流程自动化。（2）发布国内首个绿色资产评价体系"绿创通"。"绿创通"的建立整合了交易和金融业务资源，有效保障了交易的真实性以及各市场主体的合法权益。

其三，创新绿色金融产品服务，实现多项全国"首批"、全省"首创"。例如，落地全省首个排污权质押融资项目。再如，推动企业发行全国首批及粤港澳大湾区首笔碳中和债 20 亿元、粤港澳大湾区首笔地方国企碳中和中期票据 5 亿元、全国经开区及广州市首个绿色资产支持专项计划 2.75 亿元、大湾区绿色定向资产支持票据 13.5 亿元。

（三）以中小微企业为核心客户的普惠金融不断创新

作为"中小企业能办大事"这一重要论断的诞生地，黄埔区牢记嘱托，围绕中小企业需求，积极搭建融资平台，拓展服务链条，为中小企业"办成大事、办好大事、办更大事"提供源源不断的资本助力。

其一，首创门店式金融服务超市。2020 年 6 月 18 日，由广州开发区金融工作局与广州开发区控股集团联合打造的广州开发区金融服务超市揭牌运营，金融服务超市集金融产品、中介服务、政策咨询、信息共享等线上线下功能为一体，形成了基地式金融资源集聚效应。截至 2021 年年底，金融服务超市累计引进金融机构 96 家，发布金融产品超 200 种，促成融资额 244 亿元。

其二，2021 年，与深交所联合建立了全省首个区级深交所服务基地——深圳证券交易所广州服务基地（开发区），加强了拟上市企业与证券交易所发行上市部门的有效沟通，为中小企业精准对接资本市场提供了助力。

其三，推动广州科技金融路演中心、广州新三板企业路演中心、广州高新区科技金融路演中心落户，常态化地开展企业投融资路演，组织孵化园区推荐优质企业，开展上市对接和动员。

其四，为金融机构、区内企业搭建起沟通交流平台，常态化开展"融资汇""融智汇""创享汇"① 三大产融对接品牌活动。截至 2021 年年底，累计开展三大品牌活动 90 期，促成超 200 家企业项目与投资机构对接。

其五，搭建民营及中小微企业信用信息及融资对接平台，解决中小企业信贷过程中银企信息不对称问题。广州开发区民营及中小微企业信用信息和融资对接平台（简称"开信融"）通过全面归集涉企数据，绘制企业信用画像，打通信息不对称的堵点，为民营及中小微企业融资赋能。截至 2022 年 6 月底，该平台已归集整合区内信用、市场监管、税务、人社等 14 个部门单位共 109 大类、4 亿条涉企政务数据和公共数据，从企业经营、资质、创新发展等多个维度打上专精特新、绿色企业、高新技术、独角兽、瞪羚、税评 A 级、诚信企业、失信企业等 47 个标签，360 度全景式展现企业情况，为银企合作搭建"信用桥梁"。

（四）以服务提效为核心目的的金融科技蓬勃发展

金融科技的关键是技术，但本质是金融，目的是服务。

首先，黄埔区、广州开发区在关键技术领域率先布局，推动区块链技术、人工智能、大数据等底层技术的研发与成果转化，夯实了金融科技发

---

① "融资汇"服务平台以畅通区域投融资渠道，缓解中小微企业融资难、融资贵为目标，围绕特定融资需求，定期开展系列融资对接、业务培训、知识及经验交流活动，为区内企业提供个性化、专业化、精准化融资服务。"融智汇"专注于为区内企业搭建常态化的金融专业知识传播分享的平台，针对性地开展金融知识交流和培训，提升企业金融专业素养，帮助企业利用新型金融工具提升资本运作和市场竞争水平。"创享汇"是通过政府部门专家讲坛、投资机构精英讲座、行业领域培训课程、企业领袖分享交流等多渠道、多元化形式，为区内风投创投机构和创业企业、新三板企业、上市公司搭建政策解读、分享交流、投融对接的服务平台。

展的战略基础和支点支撑。早在 2017 年，黄埔区就率先成立了全省首家区块链协会——广州市区块链产业协会，建成了省内首个区块链总部大厦——百达丰区块链总部大厦，发行了全省首支区块链私募风投专项基金——蚁米戊星（区块链）股权投资基金，制定出台了国内支持力度最大、模式突破最强的"区块链 10 条 1.0"专项政策。

其次，黄埔区出台"金融科技 10 条"，并通过建设粤港澳大湾区金融科技创新中心等服务载体，营造了良好的金融科技发展环境。例如，建设粤港澳大湾区金融科技创新中心（金融科技产业聚集区），该中心位于鱼珠片区，用地面积 17.25 公顷，计容建筑面积 60 万平方米，预计将吸引 100 家以上金融科技及相关企业进驻。

最后，凭借相对完善的金融科技生态圈，黄埔区吸引了大批金融科技企业落户，提高了本地科技的金融科技投入，拓展了金融科技的应用场景，促使金融科技在黄埔区"蔚然成风"。例如，引入招商银行旗下金融科技子公司——招银云创；推动广东股权交易中心打造区块链创新服务平台，利用分布式账户、区块链等技术完成登记结算、信息披露等；加强与证监会监管链的对接联通，联合地方部门、征信机构、金融服务平台、大数据服务机构，探索开展企业评估和数据沉淀，提升中小微企业的直接融资便利性。

第二节　黄埔区、广州开发区金融业发展的基础与挑战

经济兴，金融兴；经济强，金融强。发达的实体经济是金融业发展的核心动力和根本保障，作为区域增长极、实体经济主战场的黄埔区也不例外。其雄厚的产业基础、强劲的创新能力、丰沛的外资项目、优越的营商环境为发展先进的现代金融服务业奠定了坚实基础。

一、黄埔区金融业的发展基础

（一）产业基础雄厚

其一，作为广州"工业一哥"，黄埔区工业发展规模全国领先。2022年，黄埔区工业总产值8873.82亿元，占广州市的近四成，持续领跑各区（见图13-2）。2018—2021年连续四年位居全国工业百强区前三甲。

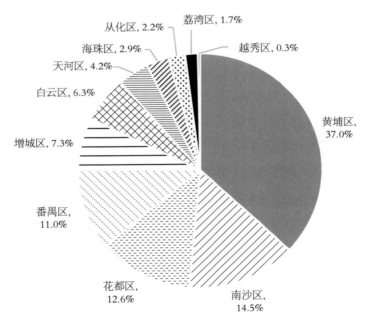

图13-2 2021年广州市各区工业总产值占比

资料来源：黄埔区人民政府官网、粤开证券研究院。

其二，工业投资保持强劲，2021年，固定资产投资完成额达1869.5亿元，居广州市第一位，同比增速13.1%。第二产业项目增速较快，同比增长14.3%，其中工业技改投资增长21.4%。

其三，先进制造业、高技术制造业成为支撑全区制造业增长的关键力量，产业链集群加速形成。2021年，规模以上高技术制造业产值2374.97

亿元，占全市的 68.4%。粤芯半导体、百济神州、诺诚健华、华星光电、小鹏汽车等 600 多个优质项目相继落户黄埔区，形成汽车、电子、能源三大"千亿级"产业集群和生物医药、化工、食品饮料、电气机械四大"五百亿级"产业集群。

（二）科技创新活跃

近年来，深谙科技实力是决定未来关键的黄埔区，对标美国硅谷、日本筑波等地的国际知名科创中心，瞄准深圳南山、北京中关村等科创高地，不断优化体制机制，提高研发投入，增强要素保障，在科技创新赛道上不断破局，已成为粤港澳大湾区打造国际科技创新中心的重要引擎。

其一，研发投入高。2021 年，黄埔区研发投入强度（研发支出占 GDP 比重）超 5.7%，达到国际先进水平，连续三年获国务院督查激励，连续四年科技创新能力居国家级经开区第一位。

其二，创新主体活跃，科研机构聚集，创新人才众多。黄埔区近 4 万家中小企业中，高新技术企业超 2500 家，国家级专精特新"小巨人"企业 61 家，国家级"单项冠军"18 家，不少企业成为解决"卡脖子"难题的重要载体。例如，洁特生物打破国际技术和品牌垄断，实现生物实验室耗材进口替代，成为国内实验室耗材科创板第一股；昊志机电自主研发的谐波减速器产品打破国外巨头垄断，成为全球电主轴产销规模最大的企业。此外，黄埔区还拥有文远知行、慧智微、如棋出行、奥动新能源和粤芯半导体 5 家全球独角兽企业；拥有全省一半的省级新型研发中心；聚集了钟南山、张伯礼、王晓东、施一公等院士 106 名，入选国家各级人才计划的高层次人才总数达到 1151 名，居广州市第一位、广东省前列。

其三，创新成果丰硕。2022 年上半年，全区专利授权量 12590 件。其中，发明专利 3025 件；PCT 国际专利申请量 422 件，居全市首位。

（三）外资利用率高

近年来，黄埔区积极打造"主导产业引领、核心企业带动、产业生态支撑"的招商新格局，围绕强链补链延链精准招商，大力吸引优质外资项目落户发展。先后引进了现代汽车集团首个海外氢燃料电池生产基地、丹纳赫大湾区总部、罗森大湾区总部等一批优质项目，涵盖新一代信息技术、生物医药、现代服务业等领域。与此同时，协助广汽本田、乐金显示、玛氏箭牌、西门子变压器等外资企业增资扩产，其中韩国乐金累计投资超 130 亿美元，有效带动了产业链集聚发展。2021 年，黄埔区实际使用外资 26.46 亿美元，同比增长 3.9%，占全市实际使用外资的 32.2%，连续六年达到 20 亿美元以上，稳居广州市第一名。实际利用外资金额稳居全国经开区首位，连续四年获得"国家级投资促进大奖"。

（四）营商环境优越

作为广州改革开放起步最早的地方，黄埔区以高质量建设广东省首个营商环境改革创新实验区为牵引，在营商环境改革创新上持续突破，相继推出营商环境改革 1.0 到 5.0 版本，连续三年营商环境指数列全国经开区第一位，蝉联"中国营商环境改革创新最佳示范区"，荣膺"2020 年国际化营商环境建设十佳产业园区"第一名。优越的营商环境，不仅充分激发了市场主体活力和创造力，更为区域经济高质量发展、建设现代化金融体系等提供了有力保障。

二、黄埔区金融业发展面临的挑战

黄埔区依托强大的实体经济，金融业迅速发展，尤其是产业金融、特色金融的比较优势正逐步形成，但仍然面临以下潜在挑战。

第一，省际、城际间金融资源竞争激烈。粤港澳大湾区同时拥有香港、深圳、广州、澳门四个核心城市，对广州进而对黄埔区吸引金融机构产生一定分流效应。例如深圳，毗邻香港且较早拥有全国性交易所——深交所，叠加"双区"建设的纵深推进，其金融业发展显著快于广州，而金融业具有明显的聚集效应。同时，深圳的城市发展格局正在西移，逐渐形成以伶仃洋东侧区域为重点的战略布局，东莞受深圳的辐射带动日益增强，而北接广州的进程明显较缓，对广州，尤其对广州东部的黄埔区构成一定压力。

第二，金融发展起步慢，先试先行的金融政策较稀缺，与其他区域的协同尚待强化。长期以来，黄埔区更强调工业发展，对金融业的关注主要集中在资金保障层面，对金融业更广泛的战略意义重视不足，导致金融人才等金融要素积累不足。金融要素从越秀区、天河区越过珠江新城和国际金融城进一步向东迁移，难以一蹴而就。与此同时，与南沙区相比，黄埔区缺少先行先试的金融政策支持，在金融机构招引、跨境金融业务创新等方面存在比较劣势。此外，与增城区的协同尚显不足，未能发挥出东部地区的区位、空间优势。

第三，区内法人金融机构仍然偏少，金融产品创新较多但应用数量尚待提升。近年来，黄埔区先后引进了恒丰银行广州分行、华农财产保险，持牌法人金融机构总部达到 7 家，但银行分支机构、商业保理公司、小额贷款公司等金融机构较越秀区、天河区仍显不足。在知识产权等领域具有较多金融创新，但金融产品多处于起步阶段，实际应用仍然有限。

第三节　黄埔区、广州开发区金融业发展未来展望

依托强大的实体经济基础，现代化金融发展的朝气更旺、金融改革的底气更足、金融创新的锐气更盛，黄埔区金融业将逐步成长为与全区实体经济相匹配的支柱产业，焕发出新的增长活力。

一是坚持特色发展原则，向着"三中心、一高地"的既定目标，深化金融供给侧结构性改革，围绕产业基础高级化、产业链现代化以及加快科技创新和可持续发展等需求，发展科创金融、可持续金融、金融科技等。

二是把握人民币国际化引领金融深度开放带来的机遇，利用好中新广州知识城作为中新两国国家级双边合作平台的优势，推进金融开放，积极发展跨境金融。

三是把握广州"东进"和"南拓"两条主线，加强与增城区和南沙区的战略协同，与南沙区建立政策拓展区，与增城区建立试验联动区，以黄埔区产业、科技为基石，探索更多金融领域的合作。

四是延续并完善现有的金融优惠政策，进一步引进各类金融机构，做大做强广发证券、粤开证券等本地持牌法人机构，做优广州开发区控股集团、科学城（广州）投资集团等区属国有金融资本，增加金融资源有效供给。

参考文献

蔡赤萌：《粤港澳大湾区城市群建设的战略意义和现实挑战》,《广东社会科学》2017 年第 4 期。

曾凯华：《欧盟人才流动政策对粤港澳大湾区发展的启示》,《科学管理研究》2018 年第 3 期。

陈向阳、陈晓云：《新发展格局下粤港澳大湾区金融合作机制构建》,《广东经济》2022 年第 4 期。

单菁菁、张卓群：《粤港澳大湾区融合发展研究现状、问题与对策》,《北京工业大学学报（社会科学版）》2020 年第 2 期。

冯奎、罗志恒：《展望 2022：如何实现量的合理增长》,《中国发展观察》2021 年第 24 期。

冯锐等：《粤港澳大湾区科技金融耦合度及其影响因素研究》,《地理研究》2020 年第 9 期。

符锦涛、田容至：《香港金融业的现状、发展趋势及对策分析》,《对外经贸》2022 年第 7 期。

管汉晖等：《中国的工业化：过去与现在（1887—2017）》,《经济学报》2020 年第 3 期。

郭文伟、王文启：《粤港澳大湾区金融集聚对科技创新的空间溢出效应及行业异质性》,《广东财经大学学报》2018 年第 2 期。

韩永辉等：《全球典型城市供给侧改革与发展经验比较研究——兼论加强粤港澳大湾区要素流动之广州作用》,《城市观察》2018 年第 2 期。

贺林平、陆娅楠：《粤港澳大湾区崛起世界级城市群》,《人民日报》2022 年 5 月 29 日。

李兰冰、刘秉镰：《"十四五"时期中国区域经济发展的重大问题展望》，《管理世界》2020年第5期。

刘佳宁：《粤港澳大湾区科技金融协同发展路径研究》，《南方金融》2020年第9期。

娄伟等：《新发展格局下的要素流动与区域合作——以粤港澳大湾区及贵州省为例》，《中国流通经济》2021年第8期。

卢文彬：《湾区经济：探索与实践》，社会科学文献出版社2018年版。

卢晓中、卓泽林：《湾区高等教育的形成与发展——基于粤港澳大湾区与旧金山湾区比较的视角》，《高等教育研究》2020年第2期。

罗志恒、马家进：《加快建设全国统一大市场 畅通国内大循环》，《金融博览》2022年第6期。

彭兴庭等：《全球大湾区资本形成机制比较研究》，《证券市场导报》2019年第3期。

邱坚坚等：《流空间视角下的粤港澳大湾区空间网络格局——基于信息流与交通流的对比分析》，《经济地理》2019年第6期。

邱育涛等：《要素流通如何影响区域经济均衡发展——以粤港澳大湾区和粤东西北地区为例》，《特区经济》2021年第7期。

覃曼卿：《粤港澳大湾区养老保险跨境可携性问题探究》，《特区经济》2021年第9期。

谭颖：《大湾区金融建设进程与未来展望》，《中国外汇》2021年第20期。

唐亚林、刘伟：《SGI框架下欧盟公共服务一体化的价值基础建构及其推进策略》，《中国行政管理》2017年第2期。

王淑伟：《破除要素流动障碍 加快粤港澳大湾区建设》，《中国经贸导刊》2020年第20期。

习近平：《推动形成优势互补高质量发展的区域经济布局》，《共产党员》2020年第2期。

徐维军、付志能：《粤港澳大湾区金融财税政策研究》，《华南理工大学学报（社会科学版）》2019年第4期。

杨凤华、侯小凤：《长江三角洲区域基本公共教育服务均等化水平测度与对策研究》，《江苏商论》2022年第4期。

姚迈新：《粤港澳大湾区公共物品供给的治理难题及对策》，《探求》2018年第1期。

张树剑、黄卫平：《新区域主义理论下粤港澳大湾区公共品供给的协同治理路径》,《深圳大学学报（人文社会科学版)》2020 年第 1 期。

张燕：《粤港澳大湾区与纽约、旧金山及东京国际一流湾区影响力比较》,《全球化》2021 年第 4 期。

责任编辑:曹　春

封面设计:汪　莹

图书在版编目(CIP)数据

粤港澳大湾区:新格局与大战略/严亦斌,罗志恒 著. —北京:人民出版社,
　2023.6

ISBN 978－7－01－025723－5

Ⅰ.①粤…　Ⅱ.①严…②罗…　Ⅲ.①城市群-区域经济发展-研究报告-
　广东、香港、澳门　Ⅳ.①F127.65

中国国家版本馆 CIP 数据核字(2023)第 087038 号

粤港澳大湾区:新格局与大战略

YUEGANG'AO DAWANQU XINGEJU YU DAZHANLÜE

严亦斌　罗志恒　著

人 民 出 版 社 出版发行

(100706　北京市东城区隆福寺街 99 号)

北京汇林印务有限公司印刷　新华书店经销

2023 年 6 月第 1 版　2023 年 6 月北京第 1 次印刷

开本:710 毫米×1000 毫米 1/16　印张:19.25

字数:280 千字

ISBN 978－7－01－025723－5　定价:88.00 元

邮购地址 100706　北京市东城区隆福寺街 99 号

人民东方图书销售中心　电话 (010)65250042　65289539